Paris

1853

Heine, Henri

De l'Allemagne

Tome 1

ŒUVRES

DE

HENRI HEINE

PARIS. -- TYP. DONDEY-DUPRÉ, RUE SAINT-LOUIS, 46

DE
L'ALLEMAGNE

PAR

HENRI HEINE

NOUVELLE ÉDITION

Entièrement revue et considérablement augmentée

TOME PREMIER

PARIS

MICHEL LÉVY FRÈRES, ÉDITEURS

RUE VIVIENNE, 2 BIS

—

1855

1856

AVANT-PROPOS

L'espace restreint d'un avant-propos ne m'aurait
pas permis de faire ici un ample exposé de tout ce
que j'avais de prime-abord à communiquer au public.
J'ai donc préféré de donner en entier ces aveux de
l'auteur dans la dernière partie de mon ouvrage, et
j'avoue même que le cher lecteur ne ferait pas mal de
commencer sa lecture par cette dernière partie. C'est
un avis important. Les personnes qui connaissent par
hasard la première édition de mon livre, découvriront
au premier coup d'œil que la nouvelle édition est
augmentée de plus de moitié, et qu'un grand nombre
de morceaux en ont été éliminés, de sorte que ce
livre *de l'Allemagne* a gagné une tout autre figure,
et que ce n'est plus le même livre.

Dans plusieurs parties nouvelles que j'ai ajoutées, principalement dans celles qui forment tout le second volume, je me suis imposé la tâche de dévoiler aux yeux du public français ce que le peuple allemand possède de plus intime et de plus national, et en quoi s'exprime pour ainsi dire toute son âme rêveuse et forte à la fois. Je parle de ces traditions et légendes qui vivent dans la bouche des pauvres gens, et dont les meilleures et les plus originales n'ont jamais été écrites. J'en communique ici plus d'une que j'ai moi-même recueillies au foyer d'humbles cabanes, où les racontaient quelque gueux vagabond, quelque grand'mère vieille et aveugle ; mais les reflets singuliers et mystérieux que les branchages flambants jetaient parfois sur le visage du narrateur, et les battements de cœur de l'auditoire qui écoutait avec un silence religieux, il m'était impossible de les rendre, et ces récits rustiques et presque barbares restent donc privés de leur charme natif le plus merveilleux.

Je m'abstiens de toute observation au sujet des éliminations que mon livre a subies. J'évite du moins ainsi le danger de me rendre coupable d'un manque de tact. J'ai supprimé des diatribes émanées autrefois d'une malice juvénile et injuste, et j'ai fait de même pour des hommages dédicatoires, qui seraient un anachronisme aujourd'hui, et dont la forme intempestive produirait surtout dans ce moment un effet tout contraire à celui où l'auteur visait lorsque parut la première édition de son livre. A cette époque, le nom auquel j'adressais ces hommages était pour ainsi dire un schibolet, et désignait le parti le plus avancé de l'émancipation humaine, qui venait d'être terrassé par les gendarmes et les courtisans de la vieille société. En patronisant les vaincus, je lançais un superbe défi à leurs adversaires, et je manifestais ouvertement mes sympathies pour les martyrs qu'on outrageait alors, et qu'on bafouait sans merci dans les journaux et dans le monde. Je ne craignais pas de m'exposer au ridicule, dont leur bonne cause était, il faut l'avouer, un peu entachée. Les choses ont changé depuis : les martyrs d'autrefois ne sont plus honnis ni persécutés, ils ne portent plus la croix, si ce n'est par hasard la croix de la Légion d'honneur; ils ne parcourent plus nu-pieds les déserts de l'Arabie pour y chercher la femme libre; — ces émancipateurs des liens conjugaux, ces briseurs de chaînes matrimoniales, à leur retour de l'Orient ils se sont mariés et sont devenus les épouseurs les plus intrépides de l'Occident, et ils ont des bottes. La plupart de ces martyrs sont à présent dans la prospérité; plusieurs d'entre eux sont néo-millionnaires, et plus d'un est arrivé aux places les plus honorifiques et les plus lucratives — on va vite avec les chemins de fer. Ces ci-devant apôtres qui ont rêvé l'âge d'or pour toute l'humanité, se sont contentés de propager l'âge de l'argent, le règne de ce dieu-argent, qui est le père et la mère de tous et de toutes — c'est peut-être le même dieu qu'on a prêché en disant : Tout est en lui, rien n'est hors de lui, sans lui on n'est rien — Mais ce n'est pas le dieu qu'adore l'auteur de ces lignes, je lui préfère même ce pauvre Dieu nazaréen qui n'avait pas le sou, et qui était le Dieu des gueux et des souffrants. Comme j'appartiens un peu à cette dernière catégorie, je ferais un acte de grande niaiserie, si je voulais préconiser par des compliments surannés les hautains triomphateurs, les heureux du jour, qui peuvent bien s'en passer.

Je ne puis assez faire ressortir la remarque que je n'avais pas l'intention de donner un tableau complet de l'Allemagne. Je voulais seulement, à différents endroits, soulever le voile qui couvre ce mystérieux pays; et si le lecteur n'a pas vu tout, ou n'a vu qu'une

petite partie, du moins il a vu cette petite partie dans
sa vérité naturelle, tandis qu'il ne s'instruira que bien
pauvrement, ou point du tout, par les livres où on lui
promet les renseignements les plus complets et qui,
au bout du compte, ne sont qu'une énumération et
une nomenclature sèches et stériles, bien qu'exactes
et sincères. Quant à la littérature allemande, mon
livre n'embrasse que l'histoire de l'école dite roman-
tique, et en me proposant de donner les informations
les plus précises sur les écrivains qui y appartiennent,
j'ai été forcé de parler d'eux avec plus de détails que
je n'en ai accordé à des poëtes allemands d'un ordre
supérieur et doués de beaucoup plus de talent, mais
qui ne font pas partie de l'école romantique. J'ai
même passé sous silence plusieurs grands auteurs
que l'on compte parfois parmi les adhérents de cette
école, mais qui, à mon sens, n'y appartiennent nulle-
ment, comme, par exemple, Henri de Kleist et feu
mes amis Charles Immermann et Christian Grabbé,
tous les trois hommes d'un grand génie. Ce sont des
géants, quand on les compare à ces auteurs de l'école
romantique dont j'ai parlé dans mon livre, et ils
peuvent sans contredit être regardés comme les poëtes
les plus distingués de l'Allemagne pendant la période

de Goëthe. En tout cas, ils n'ont pas été surpassés depuis, quoique le théâtre allemand de nos jours possède deux poëtes du mérite le plus rare en la personne de mes amis Frédéric Hebel, auteur de *Judith*, et Alfred Meissner, auteur de *la Femme d'Uria*. Le premier est de la parenté intellectuelle de Kleist et de Grabbé, et ce n'est pas l'affaire d'un critique banal que de savoir apprécier son esprit; l'autre, Alfred Meissner, est bien plus accessible à l'intelligence des masses, son public est plus grand; c'est une âme passionnée, et je suis persuadé qu'il saura un jour conquérir la popularité de Frédéric Schiller, dont il est l'héritier présomptif en Allemagne.

Je viens de faire remarquer que je n'ai pu parler dans mon livre de plusieurs de nos grands poëtes allemands, parce qu'ils n'entraient pas dans mon cadre, destiné exclusivement à l'école romantique. Parmi ces grands poëtes se trouvent aussi quelques poëtes lyriques qui s'approchent de ladite école par la tournure de leur esprit imbu de romantisme. Aussi, par erreur, on les nomme parfois des romantiques. De ce nombre sont quatre dont le talent égale celui de nos plus grands poëtes, ce sont : feu mon ami Adalbert de Chamisso, Français de naissance; puis le magnifique Frédéric Ruckert, dont l'imagination est d'une exubérance luxuriante et orientale ; le troisième est mon ami le comte d'Auersberg, connu sous le nom d'Anastasius Grün, poëte lyrique très-riche, presque trop riche en métaphores, et respirant une âme grande et noble ; enfin, le quatrième, le dernier venu, est Ferdinand Freiligrath, talent de premier ordre, coloriste puissant et doué d'une grande originalité.

Dans un autre ouvrage, que je ne désespère pas de finir, j'aurai l'occasion de parler amplement de beaucoup d'auteurs allemands, qui ont été mes contemporains, et dont je n'ai donné aucune information dans mon livre *de l'Allemagne*. Je rachèterai alors avec usure les lacunes de ce dernier ouvrage, et je me fais fort que ni le public, ni les écrivains dont je n'ai pu m'occuper aujourd'hui, n'auront rien perdu pour avoir attendu.

HENRI HEINE.

Paris, 15 janvier 1855.

PRÉFACE

DE LA PREMIÈRE ÉDITION

« Quand, après longues années, l'empereur Othon III vint
visiter le tombeau où reposait la dépouille mortelle de Char-
lemagne, il entra dans le caveau avec deux évêques et le
comte de Laumel qui a rapporté ces détails. Le corps n'était
point couché comme celui des autres morts, mais bien assis
sur un siége comme une personne vivante. Il avait une cou-
ronne d'or sur la tête, et tenait le sceptre entre ses mains, qui
étaient couvertes de gants ; mais les ongles avaient poussé et
percé le cuir des gants. Le caveau avait été solidement muré
avec du marbre et de la chaux. Pour y arriver, il avait fallu
briser une ouverture. Au moment où l'on y entra, on sentit
une odeur très-forte. Tous plièrent aussitôt le genou, et témoi-
gnèrent leur respect au mort. Othon lui mit une robe blanche,
lui coupa les ongles, et fit remettre en état tout ce qui
était devenu défectueux. Aucune partie des membres ne
s'était décomposée, à l'exception du nez, dont la pointe était
cassée. Othon y fit remettre une pointe d'or : puis il prit
dans la bouche de l'illustre mort une dent, fit murer de
nouveau le caveau, et s'en fut. La nuit suivante, Charle-
magne, dit-on, lui apparut en songe, et lui annonça que

lui, Othon, ne vivrait pas longtemps, et ne laisserait pas
d'héritiers. »

Voilà ce que racontent les *traditions allemandes ;* mais ce
n'est pas le seul exemple de cette espèce. C'est ainsi que votre
roi François Ier fit ouvrir le tombeau du célèbre Roland, pour
juger par lui-même si ce héros avait été aussi grand que les
poëtes voulaient bien le dire. Cela se passa quelque temps
avant la bataille de Pavie. C'est une pareille visite que le roi
Sébastien de Portugal fit aux caveaux de ses ancêtres, avant
de s'embarquer pour cette malheureuse campagne d'Afrique,
où les sables d'Alcanzar-Kébir devinrent son linceul. Il fit
ouvrir chaque cercueil et interrogea longtemps les traits des
anciens rois.

Étrange et horrible curiosité qui pousse souvent les hommes
à porter leurs regards dans les tombeaux du passé ! Cela
arrive à des périodes extraordinaires, à la fin d'une époque
accomplie, ou immédiatement avant une catastrophe. Nous
avons vu de notre temps un fait semblable : ce fut un grand
souverain, le peuple français, qui eut, un beau matin, la fan-
taisie d'ouvrir la tombe du passé, et de considérer à la clarté
du jour les siècles depuis longtemps expirés et oubliés. Il ne
manqua pas de savants fossoyeurs qui se mirent à l'œuvre
avec pelles et pioches, pour enlever les décombres et briser
l'ouverture des voûtes. On sentit une odeur forte, un haut-
goût gothique qui affecta fort agréablement les nez blasés sur
les parfums classiques. Les écrivains français s'agenouillèrent
respectueusement devant le moyen âge exhumé. L'un lui passa
une robe neuve, et l'autre lui fit les ongles ; un troisième lui
mit une pièce neuve au nez : ensuite survinrent quelques
poëtes qui lui arrachèrent les dents, tout comme avait fait
l'empereur Othon.

L'esprit du moyen âge a-t-il apparu en songe à ces arra-
cheurs de dents et restaurateurs de nez ? leur a-t-il prédit la

fin prochaine de leur souveraineté romantique ? C'est ce que j'ignore. Mon but principal, en parlant de cet événement dans la littérature française, est seulement de déclarer que je n'ai pas entendu la fronder directement ni indirectement, quand j'ai parlé, dans ce livre, en termes un peu durs, d'un fait semblable qui s'est passé en Allemagne. Les écrivains allemands qui relevèrent le moyen âge se proposaient un autre but, comme on le verra dans ces pages, et l'effet qu'ils purent produire sur la grande masse compromit la liberté et le bonheur de ma patrie. Les écrivains français n'eurent en tout ceci que des intérêts artistiques, et le public français ne voulut que satisfaire sa curiosité. Le plus grand nombre n'alla regarder dans le sépulcre du passé qu'à dessein d'y chercher un costume intéressant pour le carnaval. La mode du gothique n'était en France qu'une mode, et ne servait qu'à rehausser la joie des temps présents. On laisse flotter ses cheveux en longues boucles de moyen âge; mais il suffit d'une observation distraite du coiffeur qui vous dit que cela va mal, pour qu'on se fasse abattre du même coup de ciseaux la chevelure moyen-âge et les idées qui s'y rattachent. Hélas! c'est toute autre chose en Allemagne. La raison en est que le moyen âge n'y est pas entièrement mort et décomposé comme chez vous. Le moyen âge allemand ne gît point pourri dans son tombeau ; il est souvent animé par un méchant fantôme ; il apparaît au milieu de nous à la pleine clarté du jour, et suce la vie la plus colorée de notre cœur.

Hélas! ne voyez-vous pas comme l'Allemagne est pâle et triste, et avec elle la jeunesse allemande, naguère encore si joyeusement enthousiaste? Ne voyez-vous pas le sang à la bouche du vampire plénipotentiaire qui réside à Francfort, et y suce avec une si horrible et ennuyeuse patience le cœur du peuple allemand ?

Ce que j'ai dit du moyen âge s'applique encore tout particulièrement à la religion de cette époque. La loyauté exige que je distingue de la manière la plus nette le parti qu'on appelle ici catholique, de ces drôles qui portent le même nom en Allemagne. C'est de ces derniers seulement que j'ai parlé dans ce livre, et en termes qui m'ont paru, il est vrai, beaucoup trop doux encore. Ce sont les ennemis de ma patrie, reptiles d'une hypocrisie insolente et d'une invincible lâcheté. Cela siffle à Berlin, cela siffle à Munich; et, pendant que vous vous promenez tranquillement sur le boulevard Montmartre, vous sentez soudain la morsure au talon. Mais nous lui écrasons la tête au vieux serpent. C'est la milice du mensonge, ce sont les familliers de la sainte-alliance, les restaurateurs de toutes les misères, de toutes les horreurs, de toutes les folies du passé. A quelle immense distance d'eux se placent les hommes du parti catholique d'ici, dont les chefs appartiennent aux écrivains les plus remarquables de la France! Quoiqu'ils ne soient pas nos frères d'armes, ils combattent pourtant pour les mêmes intérêts que nous, pour les intérêts de l'humanité. C'est dans cet amour commun que nous sommes unis : nous ne nous séparons que sur la question de ce qui doit le mieux servir l'humanité. Ils croient, eux, qu'elle n'a besoin que de consolation spirituelle ; et nous pensons, au contraire, nous, que la satisfaction corporelle lui est avant tout nécessaire. Quand le parti catholique français, méconnaissant sa véritable mission, s'annonce comme le parti du passé, comme les restaurateurs de la foi du vieux temps, nous devons le protéger contre ses propres assertions. Le xviiie siècle a si complétement vaincu le catholicisme en France qu'il l'a presque laissé sans signe de vie, et que celui qui veut rétablir chez vous le catholicisme, a l'air d'un homme qui prêche une religion toute nouvelle. Par la France, j'entends Paris et non pas la province; car ce que pense la province importe aussi peu que ce que nos jambes pensent. C'est

la tête qui est le siége de nos pensées. On m'a dit que les
Français provinciaux étaient bons catholiques : je ne puis l'af-
firmer ni le nier. Les gens que j'ai trouvés en province me
faisaient l'effet des bornes milliaires qui portent inscrit sur
leur front leur éloignement, plus ou moins grand, de la capi-
tale. Les femmes y cherchent peut-être dans le catholicisme
une consolation au chagrin de ne pouvoir vivre à Paris. A
Paris même, le catholicisme n'a plus existé de fait depuis la
révolution, et, longtemps auparavant, il y avait perdu toute
importance réelle. Il se tenait aux aguets dans les recoins des
églises, tapi comme une araignée, et bondissait précipitamment
hors de sa retraite quand il pouvait saisir un enfant au berceau
ou un vieillard au cercueil. C'était seulement à ces deux périodes
de la vie, quand il arrivait au monde et quand il le quittait,
que le Français tombait sous la main du prêtre chrétien. Pen-
dant tout l'espace intermédiaire, il appartenait à la raison et
riait de l'eau bénite et des saintes huiles. Est-ce donc là dites-
moi, le règne du catholicisme ? C'est parce qu'il était complé-
tement éteint en France, qu'il a pu, sous Louis XVIII et
Charles X, attirer à soi par l'attrait de la nouveauté quelques
esprits désintéressés. Le catholicisme était alors quelque chose
si inouï, si neuf, si inattendu ! La religion qui régnait avant
ce temps en France était la mythologie classique, et cette belle
religion avait été prêchée avec un tel succès au peuple français,
par ses écrivains, ses poëtes et ses artistes, qu'à la fin du siècle
précédent, la vie extérieure et la vie intellectuelle en France
portaient tout à fait le costume païen. Pendant la révolution, la
religion classique fleurit dans sa plus énergique magnificence.
Ce n'était pas là une singerie à la manière des Grecs-Alexan-
drins. Paris apparaissait comme la continuation naturelle d'A-
thènes et de Rome. Sous l'empire, cet esprit antique s'éteignit
insensiblement ; les dieux de la Grèce ne régnèrent plus que
sur le théâtre, et la vertu romaine ne posséda plus que les

champs de bataille. Une nouvelle foi avait surgi qui se résuma dans un seul nom, NAPOLÉON ! Cette foi règne encore aujourd'hui dans la masse. On a donc tort de dire que le peuple français est irréligieux, parce qu'il ne croit plus au Christ et à ses saints ; dites plutôt : l'irréligiosité des Français consiste à croire maintenant à un homme au lieu de croire aux dieux immortels. Dites encore : les Français sont irréligieux, parce qu'ils ne croient plus à Jupiter, plus à Diane, plus à Minerve, plus à Vénus. Ce dernier point est contestable ; je sais au moins qu'à l'égard des Grâces, la France est toujours restée orthodoxe.

J'espère qu'on n'interprétera pas mal ces observations : elles avaient pour but de prévenir le lecteur contre de fâcheux malentendus. Dans les trois premières parties de ce livre, j'ai parlé avec quelque développement des luttes entre la religion et la philosophie en Allemagne ; j'avais à expliquer cette révolution intellectuelle de mon pays, sur laquelle madame de Staël a répandu pour sa part tant d'erreurs en France. Je le déclare franchement : je n'ai cessé d'avoir en vue le livre de cette grand'mère des doctrinaires, et c'est dans une intention de redressement que j'ai donné au mien ce même titre : DE L'ALLEMAGNE.

Paris, le 8 avril 1835.

PREMIÈRE PARTIE

— DE L'ALLEMAGNE JUSQU'A LUTHER —

Après avoir travaillé pendant longtemps à faire comprendre la France en Allemagne, à détruire ces préventions nationales que les despotes savent si bien exploiter à leur profit, j'entreprends aujourd'hui un travail semblable et non moins utile en expliquant l'Allemagne aux Français.

La Providence, qui m'a imposé cette tâche, me donnera aussi les lumières nécessaires. J'accomplis une œuvre profitable à deux pays, et j'ai pleine foi dans ma mission.

Autrefois, l'ignorance la plus parfaite régnait en France à l'égard de l'Allemagne intellectuelle, ignorance qui devenait très-funeste en temps de guerre. Aujourd'hui, au contraire, surgissent un demi-savoir, une interprétation erronée de l'esprit allemand, une confusion de doctrines tudesques, qui est redoutable et très-dangereuse en temps de paix.

La plupart des Français se sont imaginé qu'il suffit de connaître les chefs-d'œuvre de l'art allemand pour comprendre la pensée de l'Allemagne : mais l'art n'est qu'une seule face de cette pensée ; et encore pour la comprendre, il faut connaître les deux autres faces de la pensée allemande : la religion et la philosophie.

Ce n'est que par l'histoire de la réforme religieuse, proclamée par Luther, qu'on peut apprendre comment la philosophie a pu se développer chez nous, et seulement par l'exposition de nos systèmes philosophiques, on saurait apprécier cette grande révolution littéraire, qui a commencé par la théorie, par les principes d'une nouvelle critique, et qui a produit ce romantisme que vous avez tant admiré. Vous avez admiré des fleurs dont vous ne connaissiez ni les racines ni le langage symbolique. Vous n'avez vu que les couleurs ; vous n'avez senti que les parfums.

Pour dévoiler la pensée allemande, je dois donc parler d'abord de la religion. Cette religion, c'est le christianisme.

Ne vous alarmez pas, âmes pieuses ! je ne blesserai pas vos oreilles par des plaisanteries profanes. Elles peuvent encore avoir quelque portée en Allemagne, où il est peut-être utile de neutraliser en ce moment l'influence de la religion ; car, nous autres Allemands, nous sommes dans la situation où se trouvait la France avant sa révolution, lorsque le christianisme était inséparablement lié à l'ancien régime. L'un ne pouvait être ébranlé tant que l'autre eût continué d'exercer son influence sur la multitude. Il fallut que Voltaire fît entendre son rire tranchant avant que Samson pût laisser tomber sa hache. Mais le rire de Voltaire n'a rien prouvé; il a produit un effet tout brutal, comme l'ignoble hache de Samson. Voltaire n'a fait que blesser le corps du christianisme : tous ses sarcasmes, puisés dans l'histoire de l'église; toutes ses épigrammes sur le dogme et le culte, sur la Bible, ce saint livre de l'humanité, sur la Vierge Marie, la plus belle fleur de la poésie; tout ce carquois, hérissé de flèches philosophiques qu'il décocha contre le clergé et la prêtrise, ne blessa que l'enveloppe mortelle du christianisme, et non pas son essence intérieure; il ne put atteindre ni les profondeurs de son génie ni son âme immortelle.

Car le christianisme est une idée; et, en cette qualité, il est indestructible, immortel, comme le sont les idées. Mais cette idée, qu'est-elle ?

C'est parce qu'on n'a pas encore conçu clairement cette idée, parce qu'on a pris ses formes extérieures pour sa réalité, qu'il n'existe pas une histoire du christianisme. Bien que deux partis opposés écrivent l'histoire de l'église, et se contredisent constamment, ils sont cependant d'accord en cela qu'ils ne disent précisément ni l'un ni l'autre ce qu'est après tout cette idée qui fut l'essence du christianisme, cette idée qui s'efforce de se révéler dans sa symbolique, dans son dogme et dans son culte, et qui

1.   1.

s'est manifestée dans la vie réelle des peuples chrétiens. Ni Baronius, le cardinal catholique, ni Schrœckh, le conseiller aulique protestant, n'abordent cette idée. Feuilletez toute la collection des actes des conciles, le code de la liturgie, toute l'histoire ecclésiastique de Saccarelli, vous n'apprendrez pas ce que fut l'idée du christianisme. Que voyez-vous dans la soi-disant histoire des églises d'Orient et d'Occident ? Dans la première, des subtilités dogmatiques, à l'aide desquelles les vieux sophistes grecs cherchent à se renouveler ; dans la seconde, rien que des questions de discipline, des querelles que font naître les intérêts ecclésiastiques, et où l'esprit casuistique des anciens Romains se manifeste de nouveau. Comme on s'était disputé à Constantinople sur le *logos*, on se bat à Rome pour les rapports des puissances temporelle et spirituelle ; là on s'attaque sur *homousios*, ici sur l'investiture. Mais les questions byzantines :

Si le *logos* est *homousios* à Dieu le père ?

Ou si Marie doit être appelée mère de l'homme ou mère de Dieu ?

Si le Christ manquant d'aliments devait mourir de faim, ou s'il n'avait faim que parce qu'il voulait avoir faim ? Toutes ces questions ne s'appuyaient au fond que sur des intrigues de cour, et la solution dépendait de ce qui se passait à la sourdine dans les petits appartements du *palatii sacri*. Tout se rapporte à des caquets de femmes et d'eunuques. Il y a un homme au fond de chaque question, et dans l'homme un parti qu'on sert ou qu'on poursuit. Les choses ne se passaient pas mieux en Occident. Rome voulait toujours dominer. Quand ses légions succombaient, elle envoyait des dogmes dans les provinces. Toutes les discussions de croyances avaient des usurpations romaines pour bases. Il s'agissait de consolider la puissance suprême de l'évêque de Rome. Celui-ci était toujours très-tolérant pour les articles de foi proprement dits, mais il vomissait feu et flamme dès qu'on touchait aux droits de l'Église. Il ne disputait pas beaucoup sur les personnes en Jésus-Christ, mais beaucoup sur les conséquences des décrétales d'Isidore. Il centralisait son pouvoir par le droit canonique, par l'installation des évêques, par le rabaissement de l'autorité des princes, par des fondations d'ordres monastiques, par le célibat des prêtres, etc.

Mais tout cela était-ce le christianisme? L'idée du christianisme se révèle-t-elle à nous pendant la lecture de cette histoire? Et cette idée, je le demande encore, quelle est-elle?

En jetant un regard libre de préjugés dans l'histoire des Manichéens et des Gnostiques, on pourrait déjà découvrir, dans le premier siècle de l'ère chrétienne, comment cette idée s'est formée, et comment elle s'est manifestée dans le monde. Bien que les uns aient été déclarés hérétiques, que les autres soient décriés, et que l'église les ait condamnés tous, leur influence sur le dogme s'est cependant conservée, l'art chrétien s'est développé de leurs symboles, et leur façon de voir s'est

identifiée à la vie entière de tous les peuples chrétiens.
Dans leurs dernières raisons, les manichéens ne diffèrent
pas beaucoup des gnostiques. La doctrine des deux prin-
cipes, le bon et le mauvais, qui se combattent, leur est
commune. Les uns, les manichéens, empruntèrent ce
dogme à l'ancienne religion des Parsis, où Ormuz, la
lumière, est opposé à Ariman, la nuit ou les ténèbres.
Les autres, les véritables gnostiques, croyaient plus à
la préexistence du bon principe, et expliquaient la nais-
sance du mauvais principe par l'émanation, par géné-
ration d'*Eons* qui se détérioraient d'autant plus qu'ils
s'éloignaient de leur origine. D'après Cerynthus, le
créateur de notre monde n'est nullement le Dieu très-
haut, mais seulement une émanation de lui, un de ces
Eons, le véritable *demiourgos*, qui a insensiblement
dégénéré, et qui s'est placé en adversaire vis-à-vis du
logos, le bon principe émané directement du Dieu su-
prême. Cette cosmogonie gnostique est d'origine in-
dienne; elle entraîne avec elle la doctrine de l'incarna-
tion de Dieu, de la mortification de la chair, de la vie
contemplative; elle a donné naissance à l'ascétisme, à
l'abnégation monastique, qui est la fleur la plus pure de
l'idée chrétienne. Cette idée n'a pu se manifester que
très-vaguement dans le dogme, et n'apparaître que
confusément dans le culte. Toutefois nous voyons appa-
raître partout la doctrine des deux principes; le per-
vers Satan est partout opposé au Christ; le monde spi-
rituel est représenté par le Christ; le monde matériel

par le diable. Au premier est notre âme, au se-
cond notre corps. Le monde entier, la nature, sont
dévolus par leur origine au mal. C'est par eux
que Satan, le prince des ténèbres, veut nous en-
traîner à notre perte, et il faut renoncer à tous les
plaisirs sensuels de la vie, martyriser notre corps,
inféodé à Satan, afin que l'âme s'élève plus majestueu-
sement aux lumières du ciel, au royaume éblouissant du
Christ.

Ce système, qui est *l'idée du christianisme*, s'était
répandu avec une incroyable rapidité dans tout l'empire
romain ; ces souffrances, cette fièvre, cette tension
extrême, durèrent pendant tout le moyen âge, et nous
autres modernes nous en ressentons encore souvent de
la douleur et de la faiblesse dans tous les membres. Si
quelqu'un de nous est déjà guéri, il ne peut cependant
échapper à l'atmosphère d'hôpital qui l'entoure, et il se
trouve malheureux comme un homme bien portant
parmi des malades. Un jour, quand l'humanité sera
pleinement revenue à la santé, quand la paix aura été
conclue entre le corps et l'âme, et qu'ils reparaîtront
dans leur harmonie primitive, alors la querelle factice
que le christianisme a fait naître, paraîtra à peine com-
préhensible. Les générations plus belles et plus heu-
reuses, qui naîtront de libres hyménées, s'élèveront
florissantes au sein d'une religion de plaisir, souriront
douloureusement en songeant à leurs pauvres ancêtres,
dont la vie s'est tristement passée dans l'abstinence de

toutes les joies de cette belle terre, et où les chaudes et brillantes émotions des sens étaient frappées d'une mortelle flétrissure. Oui, je le dis avec certitude, nos descendants seront plus beaux et plus heureux que nous; car je crois au progrès, et je tiens Dieu pour un être clément qui a destiné l'humanité au bonheur. En parlant ainsi, je crois l'honorer plus que ceux qui pensent que l'homme est né pour souffrir. Déjà, sur cette terre, je voudrais voir cette félicité s'établir par les fruits des institutions politiques et industrielles fondées sur la liberté, ce qui, selon la pensée des âmes dévotes, n'aura lieu qu'au ciel, après le jugement dernier. Ce sont peut-être là, des deux parts, de folles espérances, et peut-être n'y a-t-il à espérer de résurrection pour l'humanité ni dans le sens politique ni dans le sens religieux. L'humanité est peut-être destinée à d'éternelles misères, condamnée à être foulée aux pieds par les despotes, exploitée par leurs suppôts, et bafouée par leurs laquais. Hélas, s'il en était ainsi, ce serait un devoir pour ceux-là même qui regardent la religion comme une erreur, que de la maintenir; qu'ils parcourent alors l'Europe, les pieds nus et sous des capuchons de moines, qu'ils prêchent le néant et la renonciation à tous les biens terrestres, qu'ils montrent aux hommes enchaînés et avilis la consolante image du crucifix, et qu'ils leur promettent après leur mort toutes les joies du ciel.

La durée des religions a toujours dépendu de leur nécessité. Pendant dix-huit siècles, le christianisme a été un bienfait pour l'humanité; il a été providentiel, divin, saint. Tout ce qu'il a fait en faveur de la civilisation, en affaiblissant les forts, en donnant des forces aux faibles, en liant les nations par un même sentiment, par un même langage, et tout ce que ses apologistes lui ont attribué de grand, tout cela est encore peu de chose comparé à cette immense consolation qu'il répandait parmi les hommes. Une gloire éternelle appartient au symbole de ce Dieu souffrant, de ce Dieu crucifié, à la couronne d'épines, dont le sang a coulé comme un baume adoucissant sur les plaies de l'humanité. Le poëte surtout doit reconnaître avec respect la sainte sublimité de ce symbole. L'ensemble de tels symboles qui éclate dans les arts et dans la vie du moyen âge, excitera, dans tous les temps, l'admiration du poëte. Quelle colossale unité dans l'art chrétien, quelle unité dans ses œuvres! Voyez ces dômes gothiques, comme ils s'harmonisent avec le culte, et comme se révèle bien ici l'idée de l'Église elle-même! Ici tout s'élève vers le ciel, tout se transsubstancie : la pierre s'élance en bourgeons, en feuillage, et devient arbre; les fruits de la vigne et du froment deviennent du sang et de la chair; l'homme devient Dieu; Dieu devient pur esprit! Quelle source précieuse et féconde pour les poëtes que cette vie chrétienne du moyen âge! Le christianisme seul pouvait répandre sur cette terre tant de hardis contrastes, des douleurs si colorées, des beautés si hasardées; tout cela est si grand, si merveilleux, si inouï, qu'on dirait que rien de pareil n'a jamais existé dans la réalité, et que tout cela a été enfanté dans le délire d'une fièvre, dans le délire colossal de quelque dieu fou. Dans cette sublime époque de la religion chrétienne, la nature elle-même semblait alors se travestir sous des formes fantastiques; et bien que l'homme, plongé dans les profondeurs de ses abstractions, se détournât d'elle avec chagrin, elle l'éveillait quelquefois d'une voix à la fois si douce et si terrible, si prodigieusement tendre, si enchanteresse et si puissante, que l'homme écoutait involontairement, souriait, s'effrayait et en mourait quelquefois. L'histoire du rossignol de Bâle me revient en ce moment à la mémoire; et comme, sans doute, vous ne la connaissez pas, je veux vous la conter.

Un jour de mai 1433, du temps du concile de Bâle, une société d'ecclésiastiques alla se promener dans un bois, près de la ville. Il y avait des prélats, des docteurs, des moines de toutes les couleurs, et ils disputaient sur des points de difficulté théologique, distinguant, argumentant, s'échauffant sur les annates, les expectatives et les restrictions, recherchant si Thomas d'Aquin a été un plus grand philosophe que Bonaventure; que sais-je, moi? Tout à coup, au milieu de leurs discussions dogmatiques et abstraites, ils se turent et restèrent comme enracinés dessous un tilleul en fleurs, où se cachait un rossignol qui roucoulait et soupirait les mélodies les plus molles et les plus tendres. Tous ces savants personnages se sentirent merveilleusement

touchés, leurs cœurs scolastiques et monastiques s'ou-
vrirent à ces chaudes émanations du printemps; ils se
réveillèrent de l'engourdissement glacial où ils étaient
plongés; ils se regardèrent avec surprise et ravissement,
— lorsqu'un d'eux remarqua subtilement que tout ceci
ne lui semblait pas très-canonique, que ce rossignol
pourrait bien être un démon, que ce démon les détour-
nait de leur conversation chrétienne par ses chants
séducteurs, qu'il les entrainait à la volupté et aux doux
péchés, et il se mit à l'exorciser avec la formule alors
usitée : *adjuro te per eum qui venturus est judicare
vivos et mortuos*, etc. On dit que l'oiseau répondit à
cet exorcisme : « Oui, je suis un malin esprit ! » et qu'il
s'envola en riant. Pour ceux qui l'avaient entendu chan-
ter, ce jour-là même ils tombèrent malades et mouru-
rent bientôt.

Cette histoire n'a pas besoin de commentaire. Elle
porte l'effroyable cachet d'un temps où tout ce qui était
doux et aimable était taxé de sorcellerie diabolique. Le
rossignol lui-même était calomnié, et l'on faisait un signe
de croix quand il chantait. Le vrai chrétien marchait les
sens soigneusement bouchés, comme une abstraction,
comme un spectre, au milieu de la riante nature. Je
reviendrai plus tard sur ce rapport entre les âmes chré-
tiennes et la nature; car, pour faire connaître l'esprit
de l'école romantique moderne, je serai forcé d'exposer
les superstitions populaires allemandes. Pour le mo-
ment, je me bornerai à remarquer que des écrivains

français, égarés par l'autorité de quelques Allemands, sont tombés dans une grande erreur, en admettant que, pendant le moyen âge, les croyances populaires avaient été les mêmes dans toute l'Europe. Ce n'est que sur le bon principe, sur le royaume de Jésus-Christ, que l'Europe entière nourrissait les mêmes vues; l'église de Rome y pourvoyait, et quiconque s'éloignait de l'opinion prescrite, était un hérétique. Mais sur le mauvais principe, sur l'empire de Satan, les vues variaient selon les pays, et dans le nord on s'en faisait une autre idée que dans les contrées romantiques du sud. Cela venait de ce que les prêtres chrétiens ne rejetaient pas comme des songes vides les vieilles divinités nationales, mais qu'ils leur accordaient une existence réelle, en assurant toutefois que les dieux étaient autant de diables et de diablesses, qui avaient perdu pouvoir sur les hommes par la victoire du Christ, et qui cherchaient maintenant à les attirer à eux de nouveau, par la ruse et la volupté. Tout l'olympe était devenu un enfer dans l'espace, et les poëtes du moyen âge avaient beau chanter avec grâce les divinités grecques, le pieux lecteur chrétien ne voyait là que démons et revenants. Le sombre anathème des moines tomba surtout bien rudement sur la pauvre Vénus. Elle passait pour une fille de Belzébuth, et le bon chevalier Tanhauser lui dit même en face :

> O Vénus, ma belle déesse,
> Vous êtes une diablesse !

Ce Tanhauser, Vénus l'avait entraîné dans ce lieu merveilleux qu'on nommait la montagne de Vénus, où la belle déesse et ses nymphes menaient, au milieu des jeux et des danses, la vie la plus dissolue. Diane elle-même, en dépit de sa chasteté, était accusée de courir les bois dans la nuit avec ses nymphes ; de là les légendes du Féroce chasseur et de la Chasse nocturne. Ici se montre tout à fait le point de vue gnostique de la détérioration des choses divines, et l'idée du christianisme se révèle de la manière la plus sensible dans cette transformation de l'antique culte national.

La foi nationale en Europe, mais plus au nord qu'au sud, était panthéiste. Ses mystères et ses symboles reposaient sur un culte de la nature ; dans chaque élément on adorait un être merveilleux ; dans chaque arbre respirait une divinité ; toutes les apparitions du monde sensible étaient divinisées. Le christianisme retourna cette manière de voir ; au lieu de diviniser la nature, il la diabolisa. Mais les riantes images de la mythologie grecque, inventées par les artistes, et qui régnaient avec la civilisation dans le midi, n'étaient pas aussi faciles à changer en masques sataniques que les dieux de la Germanie, à la création desquels nulle pensée artiste n'avait présidé, et qui étaient déjà aussi chagrins que le nord même. Ainsi, en France, on ne put créer un empire du

diable aussi formidable et aussi noir que chez nous, et
le monde des esprits et des sorciers y prit une forme
sereine. Combien les légendes populaires de la France
sont belles, éclatantes et claires, comparées aux légendes
de l'Allemagne, ces tristes enfantements pétris de sang
et de nuages, dont les formes sont si grises et si bla-
fardes, et l'aspect si cruel! Nos poëtes du moyen âge,
qui choisissaient, la plupart, des sujets que vous autres
de la Bretagne et de la Normandie, vous aviez trouvés
et traités les premiers, donnèrent peut-être à dessein, à
leurs ouvrages, ces agréables formes de l'ancien esprit
français. Mais dans nos compositions nationales, et dans
nos légendes populaires traditionnelles, domina ce
sombre esprit du nord dont vous pouvez à peine vous
faire une idée. Vous avez, ainsi que nous, plusieurs
sortes d'esprits élémentaires, mais les nôtres diffèrent
autant des vôtres qu'un Allemand diffère d'un Français.
Que les démons de vos fabliaux sont nets et propres en
comparaison de la canaille infernale de nos esprits
infects et mal léchés! Vos fées, vos lutins, de quelque
pays que vous les tiriez, du pays de Galles ou de l'Ara-
bie, semblent parfaitement naturalisés chez vous. Vos
Ondines et vos Mélusine, par exemple, sont des prin-
cesses; les nôtres sont des blanchisseuses. Quelle
frayeur éprouverait la fée Morgane, si elle rencontrait
une sorcière allemande, toute nue, enduite d'onguent,
et courant, à cheval sur un balai, au sabbat du Broken,
cette montagne qui sert de rendez-vous à tout ce qui a

été conçu de plus hideux et de plus sombre! A sa cime est assis Satan, sous la forme d'un bouc noir. Chaque sorcière s'approche de lui, un cierge à la main, et le baise là où cesse le dos. Puis, toutes ces sœurs infernales dansent en rond autour de lui. Le bouc bêle, et l'infernale *chahut* lance au loin un cri de joie féroce. Quand les sorcières perdent un de leurs souliers dans cette danse, c'est pour elles un triste présage; cela signifie qu'elles seront brûlées dans le cours de l'année. Mais la folle musique du sabbat, digne de Berlioz, dissipe toutes les craintes et tous les pressentiments, et quand la pauvre sorcière se réveille le matin de son ivresse, elle se retrouve nue et accablée sur la cendre, près de son foyer éteint.

On trouve les meilleures notions sur ces sorcières dans la *Démonologie* de l'honorable et savant docteur Nicolas Remigius, juge criminel de son altesse sérénissime le duc de Lorraine. Cet homme perspicace était, il est vrai, dans la meilleure situation du monde pour connaître les sorcières, car il instruisait leurs procès, et, dans son temps seulement, plus de huit cents femmes montèrent, en Lorraine, sur le bûcher, comme atteintes et convaincues de sorcellerie. L'épreuve consistait particulièrement en ceci : on leur liait les mains et les pieds ensemble, puis on les plongeait dans l'eau. Si elles tombaient au fond et se noyaient, elles étaient innocentes; mais flottaient-elles au-dessus de la rivière, on

les tenait pour coupables et on les brûlait sans miséri-
corde. C'était la logique du temps.

Comme base du caractère des démons allemands,
nous voyons que tout ce qui est idéal leur a été enlevé,
et que l'horrible est allié en eux à l'ignoble. Plus ils se
montrent lourdement familiers, plus l'impression qu'ils
produisent est effroyable. Rien n'est plus repoussant
que nos revenants, nos kobolds et nos farfadets. Præto-
rius, dans son *Antropodemus plutonicus* donne une
page à ce sujet, que je copie :

« Les anciens n'ont pu dire autre chose des kobolds,
sinon que c'étaient des hommes véritables, de forme
semblable aux petits enfants, avec de petits habits ba-
riolés ; quelques-uns ajoutent qu'ils portent un couteau
qui sort de leurs reins, par quoi ils sont très-laids à voir,
ayant été autrefois méchamment assassinés avec cet
instrument. Les superstitieux pensent que ce doivent
être les âmes de gens tués dans la maison où ils appa-
raissent ; et ils rapportent beaucoup d'histoires, disant
que les kobolds rendent de si bons services aux servantes
et aux cuisinières et se font tant aimer, que beaucoup
de celles-ci les ont pris en affection au point de désirer
ardemment leur vue et de les appeler. Mais ces esprits
ne se rendent pas volontiers à leurs désirs, car ils disent
qu'on ne peut les voir sans frissonner à en mourir. Ce-
pendant, quand les servantes insistent, les kobolds
désignent un endroit de la maison où ils se présentent

en personne; ils préviennent qu'il faut avoir soin d'apporter avec soi un seau d'eau froide. C'est qu'il est arrivé souvent que le kobold est venu s'étendre tout nu sur un carreau, avec son grand couteau qui lui sortait du dos, et que la servante effrayée est tombée en défaillance. Là-dessus, le petit être se levait, prenait l'eau, et il en inondait la créature pour qu'elle revînt à elle. Et aussitôt la servante perdait son envie et ne demandait plus jamais à revoir le petit Chim. Il faut savoir que les kobolds ont tous des noms particuliers, mais qu'ils se nomment ordinairement *Chim*. On dit aussi qu'ils se livrent à toutes sortes de travaux pour les valets et les servantes auxquels ils se sont adonnés, étrillant les chevaux, faisant la litière de l'écurie, lavant tout, tenant la cuisine en bon ordre, faisant l'ouvrage de la maison, et donnant tant d'attention à tout, que le bétail engraissait et profitait beaucoup sous leur surveillance. Il faut, pour cela, que la valetaille caresse beaucoup les kobolds, qu'on ne leur fasse pas la moindre peine, qu'on ne rie jamais d'eux, et qu'on ne leur refuse jamais les mets qu'ils affectionnent. Quand une cuisinière a pris une de ces petites créatures pour son aide secret, elle doit chaque jour, à la même heure, au même lieu, lui porter un plat bien préparé et bien assaisonné, et s'en aller sans regarder derrière elle; après cela, elle peut paresser tout à son aise, dormir le soir, elle ne trouvera pas moins son ouvrage fait dès le matin. Oublie-t-elle une fois son devoir et néglige-t-elle de porter le plat du kobold à l'heure dite, elle est forcée de faire toute seule sa tâche, et rien ne lui réussit. Tantôt elle se brûle dans l'eau bouillante, tantôt elle brise les pots et la vaisselle, elle renverse les sauces, etc.; ce qui la fait infailliblement gronder et punir par le maître ou la maîtresse du logis, cas auquel on entend souvent le kobold se moquer et rire. De leur côté, les kobolds ont coutume de rester dans la maison même quand on y change de servantes. Souvent une servante qui s'en allait recommandait le kobold à celle qui prenait sa place, et quand celle-ci ne tenait pas compte de ses recommandations, les malheurs ne lui manquaient pas, et elle était forcée à son tour de quitter bientôt la maison. »

L'anecdote suivante est peut-être une des plus terribles aventures de ce genre.

Une servante avait eu pendant bien des années un invisible esprit familier qui s'asseyait près d'elle au foyer, où elle lui avait fait une petite place, s'entretenant avec lui pendant les longues nuits d'hiver. Un jour la servante pria Heinzchen (elle nommait ainsi l'esprit) de se laisser voir dans sa véritable forme. Mais Heinzchen refusa de le faire. Enfin, après de longues instances, il y consentit, et dit à la servante de descendre dans la cave où il se montrerait. La servante prit un flambeau, descendit dans le caveau, et là, dans un tonneau ouvert, elle vit un enfant mort qui flottait au milieu de son sang.

Or, longues années auparavant, la servante avait mis secrètement un enfant au monde, l'avait égorgé, et l'avait caché dans un tonneau.

Les Allemands sont ainsi faits, qu'ils cherchent leurs meilleures bouffonneries dans les choses terribles, et les légendes populaires qui parlent des kobolds sont souvent remplies de traits plaisants. Les histoires les plus amusantes sont celles du *Hudeken*, un kobold qui faisait ses tours dans le XIIe siècle, à Hildesheim, et dont il est question dans nos chroniques, dans nos romans merveilleux et dans nos veillées. J'emprunte à la chronique du cloître de Hirschau, par l'abbé Trithême, le passage suivant :

« En l'an 1132, apparut à beaucoup de gens de l'évêché d'Hildesheim, et pendant un certain temps, un très-malin esprit. Il avait la forme d'un manant, et portait un chapeau sur sa tête. C'est pourquoi les paysans le nommaient en langue saxonne *Hudeken* (petit chapeau). Cet esprit trouvait son plaisir à hanter les hommes, à être tantôt visible et tantôt invisible, à leur faire des questions, et à répondre à celles qu'on lui faisait. Il n'offensait personne sans motif. Mais quand on se moquait de lui, ou lorsqu'on l'injuriait, il rendait le mal avec usure. Le comte Burchard de Luka ayant été tué par le comte Hermann de Wissembourg, et son pays se trouvant en danger de devenir la proie de ce dernier, Hudeken alla réveiller l'évêque Bernhard de Hildesheim dans son sommeil, et lui cria : « Lève-toi, tête chauve ! la comté de Wissembourg est abandonnée et vacante par le

meurtre de son seigneur, et tu pourras facilement l'oc-
ouper. » L'évêque rassembla vitement ses gens d'armes,
tomba sur les domaines du comte félon, et les réunit,
avec l'assentiment de l'empereur, à son évêché. L'esprit
avertit bien souvent ledit évêque de toutes sortes de
dangers, et se montra souvent dans les cuisines du
palais épiscopal, où il s'entretenait avec les marmitons,
et leur rendait toutes sortes de services. Comme on était
devenu très-familier avec Hudeken, un jeune marmiton
se permettait de le harceler et de lui jeter de l'eau mal-
propre chaque fois qu'il paraissait. Enfin l'esprit pria le
maître-queux ou le principal cuisinier de défendre ces
espiégleries à ce garçon mal courtois, le maître-queux
répondit : « Tu es un esprit, et tu as peur d'un pauvre
gars ! » A quoi Hudeken répondit d'un ton menaçant:
« Puisque tu ne veux pas châtier ce garçon, je te mon-
trerai dans quelques jours si je le redoute ! » Bientôt
après, le garçon qui avait offensé l'esprit se trouva
dormir tout seul dans la cuisine. L'esprit le saisit, le
poignarda, le mit en pièces, et jeta tous les lambeaux
de son corps dans les pots qui étaient sur le feu ; quand
le cuisinier découvrit ce tour, il se mit à maudir l'esprit,
et le jour suivant Hudeken gâta tous les rôts qui étaient
à la broche, en y versant du venin et du sang de vipère.
La vengeance porta le cuisinier à de nouvelles injures ;
alors l'esprit l'entraîna sur un faux-pont enchanté, et le
fit périr dans les fossés du château. Depuis ce temps, il
passa les nuits sur les remparts et les tours de la ville,

inquiétant beaucoup les sentinelles, en les forçant à faire une rigoureuse surveillance. Un bourgeois qui avait une femme infidèle, dit un jour en plaisantant, au moment de se mettre en voyage : « Hudeken, mon ami, je te recommande ma femme ; garde-la bien. » Dès que le bourgeois se fut mis en route, la femme déloyale fit venir tous ses amants les uns après les autres. Mais Hudeken n'en laissa pas approcher un seul, et les jeta tous du lit sur le plancher. Lorsque le mari revint de son voyage, l'esprit alla au-devant de lui, et lui dit : « Je me réjouis de ton retour, qui me délivre du lourd service que tu m'avais imposé. J'ai préservé ta femme du péché d'infidélité avec une peine incroyable, mais je te prie de ne plus la mettre sous ma garde. J'aimerais mieux garder tous les pourceaux du pays de Saxe, qu'une femme qui veut se jeter dans les bras de ses amants. »

Je dois remarquer, pour l'exactitude historique, que le chapeau qui couvrait toujours la tête de Hudeken s'éloigne du costume ordinaire des kobolds ; ceux-ci sont habituellement vêtus de gris, et portent un petit bonnet rouge. Du moins c'est sous cet affublement qu'on les trouve en Danemark, où ils sont encore dans le plus grand nombre. Autrefois, je croyais qu'ils avaient choisi ce pays pour séjour à cause de sa belle orge rouge ; mais un jeune poëte danois, M. Anderson, que j'ai eu le plaisir de connaître à Paris, cet été, m'a positivement assuré que les *nissen*, ainsi qu'on nomme les kobolds en Danemark, préfèrent pour leur nourriture la panade au beurre. Quand ces kobolds se sont introduits dans une maison, ils ne se montrent pas facilement disposés à la quitter. Toutefois, ils ne viennent jamais sans être annoncés, et ils préviennent le maître du logis de la façon suivante. La nuit, ils portent dans la maison une grande quantité de petits éclats de bois, et ils répandent de la fiente de bétail dans les vases où l'on conserve le lait; si le maître ne jette pas les éclats de bois, s'il consomme avec sa famille ce lait ainsi souillé, les kobolds s'installent chez lui pour toujours. Un pauvre Jutlandais devint si chagrin de la présence incommode d'un de ces singuliers commensaux, qu'il résolut de lui abandonner sa maison. Il chargea ses misérables effets sur une brouette, et se mit en chemin pour aller s'établir dans le village prochain. Mais s'étant retourné une fois sur la route, il aperçut le petit bonnet rouge et la petite tête du kobold, qui s'avançait hors d'une des barattes au beurre, et qui lui cria amicalement : *wi flutten !* (nous déménageons) !

Je me suis arrêté peut-être un peu trop longtemps près de ces petits démons, et il est temps que je passe aux grands. Mais toutes ces histoires donnent une idée des croyances et du caractère du peuple allemand. Cette croyance était jadis aussi puissante que la foi en l'Église. Lorsque le savant docteur Remigius eut achevé son grand ouvrage sur la sorcellerie, il se regarda comme si bien instruit de sa matière, qu'il crut pouvoir se livrer lui-même à la magie, et, consciencieux docteur qu'il était, il ne manqua pas de se dénoncer aux tribunaux comme sorcier. Il fut brûlé publiquement par suite de ces aveux.

Ces horreurs ne provenaient pas directement de l'église catholique, mais indirectement sans aucun doute, car elle avait si artificieusement interverti la vieille religion germanique, que le système panthéistique des Allemands était devenu pandémonique, et les divinités populaires avaient été changées en diables affreux. L'homme n'abandonne pas volontiers ce qui a été cher à ses pères, ses prédilections s'y cramponnent secrètement et souvent à son insu, même quand on l'a mutilé et défiguré. Aussi cette superstition populaire, toute travestie qu'elle soit, durera-t-elle peut-être en Allemagne plus longtemps que le culte officiel de nos jours, qui n'a pas, comme elle, sa racine dans l'antique nationalité. Au temps de la réformation, le souvenir des légendes catholiques s'effaça rapidement, mais nullement la croyance aux enchantements et aux sorciers. Luther ne croit plus aux miracles du catholicisme ; mais il croit encore à la puissance du diable. Ses *propos de table* sont pleins d'histoires anciennes et curieuses où il est question des tours que fait Satan, des kobolds et des sorcières. Lui-même, souvent, il crut lutter avec le diable en personne. A la Wartbourg, où il traduisit le Nouveau-Testament, il fut si fortement troublé par le diable, qu'il lui jeta son écritoire à la tête. Depuis ce temps, le diable a une grande horreur de l'encre, mais peut-être encore plus du noir d'imprimerie. Dans ces *propos de table*, il est bien souvent question de la finesse et de l'astuce du diable, et je ne puis me dispenser de vous citer encore une histoire.

Le docteur Martin Luther conte qu'un jour quelques bons compagnons étaient assis et devisaient dans un cabaret. Il y avait parmi eux un garçon impatient, emporté et sauvage, qui s'était mis à dire que si quelqu'un voulait lui donner une bonne pinte de vin, il lui vendrait son âme.

Peu de moments après, un homme entra dans la chambre, s'assit près de lui, but avec lui, et lui dit :

— Écoute, tu as dit tout à l'heure que si quelqu'un voulait te donner une bonne pinte de vin, tu lui vendrais ton âme ?

Celui-là répéta encore : — Oui, je le veux bien ; aujourd'hui buvons, faisons des folies et soyons de bonne humeur.

L'homme, qui était le diable, dit oui, et bientôt après il disparut. Lorsque le même buveur eut passé joyeusement toute la journée, et se trouva ivre, le même homme, le diable, revint, s'assit près de lui, et dit aux autres compagnons de débauche :

— Mes chers sires, quand quelqu'un achète un cheval, la selle et la bride ne lui appartiennent-elles pas aussi ? Que vous en semble ? Tous eurent une grande frayeur. Mais finalement l'homme leur dit :

— Allons, parlez nettement.

Ils en convinrent, et répondirent : — Oui, la selle et la bride lui appartiennent aussi. Alors le diable s'empara de ce garçon emporté, l'enleva par le toit, et personne ne sut jamais où il était allé.

Bien que je porte le plus grand respect à notre grand maître Martin Luther, il me semble qu'il a complétement méconnu le caractère du diable. Celui-ci ne parla jamais du corps avec autant de mépris qu'il le fait en cette circonstance. Quelque mal qu'on ait dit du diable jusqu'ici, on ne saurait l'accuser d'être spiritualiste.

Mais Martin Luther méconnut encore plus les sentiments du pape et de l'église catholique. Dans une stricte impartialité, je dois les défendre tous deux, comme j'ai défendu le diable contre le zèle par trop ardent du grand homme. En vérité, si on s'adressait à ma conscience, je conviendrais que le pape Léon X n'avait pas du tout tort au fond, et que Luther n'a nullement compris les dernières raisons de l'église catholique. Luther n'avait pas compris, en effet, que l'idée fondamentale du christianisme, l'anéantissement de la vie sensuelle, était trop en contradiction avec la nature humaine pour être jamais entièrement exécutable; il n'avait pas compris que le christianisme, tel qu'il se trouvait alors, était un concordat entre Dieu et le diable, c'est-à-dire entre l'esprit et la matière, où la domination absolue de l'esprit était admise en théorie, mais où la matière était mise en état d'exercer par la pratique tous ses droits annulés. De là un prudent accommodement que l'Église avait établi au profit des sens, bien que conçu sous une forme qui flétrissait tout acte de la sensualité et consacrait la superbe usurpation de l'esprit. — Il t'est permis d'obtempérer aux battemens de ton cœur et d'embrasser une jolie fille ; mais nous t'obligeons à reconnaître que c'est un péché abominable, un péché pour lequel tu feras pénitence. — Que ce péché et d'autres pussent être rachetés par de l'argent, c'était une pensée aussi bienfaisante pour l'humanité que profitable à l'Église. L'Église faisait payer rançon, pour ainsi dire, à chaque jouissance charnelle, et il en advint une taxe pour toutes sortes de péchés. Il y eut de religieux colporteurs qui offraient dans le pays, au nom de la sainte église romaine, des indulgences d'après le tarif de tous les péchés taxables. Tetzel, l'un de ces colporteurs, fut celui contre lequel s'éleva d'abord Luther. Nos historiens disent que cette protestation contre le trafic des indulgences fut une circonstance peu importante, et que ce ne fut que poussé par la raideur de Rome, que Luther, qui ne s'élevait d'abord que contre un abus, attaqua l'autorité de l'Église à son sommet le plus culminant. Mais c'est encore là une erreur : le trafic des indulgences n'était pas un abus ; c'était une conséquence de tout le système de l'Église ; en l'attaquant, Luther attaqua l'Église, et l'Église dut le condamner comme hérétique. Léon X, ce superbe Florentin, l'élève de Politien, l'ami de Raphaël, ce philosophe grec, couronné de la tiare que lui conféra le conclave, peut-être parce qu'il souffrait d'une maladie qui n'était assurément pas le produit de l'abstinence chrétienne, et qui était alors encore très-dangereuse, Léon de Médicis dut bien rire de ce pauvre, simple et

chaste moine, qui s'imaginait que l'Évangile était la
charte du christianisme, et que cette charte devait être
une vérité ! Il n'a peut-être jamais deviné ce que voulait
Luther, tant il était occupé de la construction de l'église
Saint-Pierre, dont le trafic d'indulgences faisait les frais,
si bien que le péché procura l'argent à l'aide duquel on
éleva cette église, qui devint ensuite un monument des
extravagances sensuelles, comme la pyramide de Rho-
dope, qu'une fille de joie égyptienne éleva avec le produit
de ses prostitutions. On pourrait dire de cette maison de
Dieu ce qu'on dit de la cathédrale de Cologne, qu'elle
a été bâtie par le diable. Le triomphe du spiritualisme,
qui faisait bâtir le plus beau de ses temples par le sen-
sualisme, qui tirait de la grande quantité de concessions
qu'on faisait à la chair les moyens de rendre un magni-
fique hommage à l'esprit ; ce triomphe, on ne pouvait le
comprendre dans le nord, en Allemagne, car là, mieux
que sous le ciel chaud de l'Italie, il était possible d'établir
un christianisme qui fît le moins de concessions possible
à la sensualité. Nous autres, gens du nord, nous sommes
d'un sang plus froid, et nous n'avions pas besoin d'autant
d'indulgences pour les péchés charnels que nous en en-
voya notre bon père Léon X. Le climat nous facilite
l'exercice des vertus chrétiennes. Le 31 octobre 1516,
lorsque Luther afficha ses thèses contre les indulgences,
sur la porte de l'église des Augustins, les fossés de Wit-
temberg étaient sans doute gelés, on pouvait y patiner, ce

qui est un plaisir très-froid, et non un péché par consé-
quent.

Je viens de me servir des mots *spiritualisme* et *sensua-
lisme*. Je les expliquerai plus tard, quand je parlerai de
la philosophie allemande. Il me suffit ici de faire observer
que je n'emploie pas ces expressions en vue de systèmes
philosophiques, mais seulement pour distinguer deux
systèmes sociaux, dont l'un, le spiritualisme, est basé
sur le principe qu'il faut annuler toutes les prétentions
des sens pour donner la domination entière à l'esprit,
qu'il faut mortifier, flétrir, écraser notre chair pour glo-
rifier d'autant plus notre âme, pendant que l'autre
système, le sensualisme, revendique les droits de la chair,
qu'on ne devrait et qu'on ne pourrait pas annuler.

Les commencements de la réforme révèlent déjà
toute sa portée. Aucun Français n'a encore compris la
signification de ce grand fait. Les idées les plus erronées
règnent en France au sujet de la réforme; et je dois
ajouter que ces idées empêcheront peut-être les Fran-
çais d'arriver jamais à une juste appréciation de la vie
allemande. Les Français n'ont jamais compris que le
côté négatif de notre réforme religieuse : ils n'y ont vu
qu'un combat contre le catholicisme; et, comme ils ont
combattu aussi contre cette croyance, ils se figurent
aussi quelquefois qu'on soutint le combat de l'autre
côté du Rhin, par les mêmes motifs qu'on avait en
France. Ces motifs sont tout différents. La lutte contre

le catholicisme en Allemagne ne fut qu'une lutte entreprise par le spiritualisme, lorsqu'il entrevit qu'il n'avait que le titre du pouvoir, quand il s'aperçut qu'il ne régnait que *de jure*, tandis que le sensualisme s'était sourdement emparé sous main de la domination réelle et gouvernait *de facto*. Les porteurs d'indulgences furent chassés ; les belles concubines des prêtres furent remplacées par de froides femmes légitimes ; les séduisantes images de madones furent brisées, et un véritable puritanisme prit possession du pays. Le combat qu'on livra, pendant le xviie et xviiie siècle, en France, contre le catholicisme, fut au contraire une guerre que le sensualisme entreprit, lorsque, se voyant souverain *de facto*, il ne voulut plus souffrir que le spiritualisme, qui n'existait que *de jure*, condamnât chacun de ses actes comme illégitimes et les honnît de la façon la plus cruelle. Au lieu de combattre sérieusement et chastement comme en Allemagne, on soutint la guerre par des épigrammes et des plaisanteries ; et à la place des disputes théologiques du nord, ici on composa de joyeuses satires. L'objet de ces satires était ordinairement de montrer la contradiction dans laquelle tombe l'homme quand il veut être tout esprit ; et ce fut le bon temps des belles histoires de tous ces pieux personnages qui succombèrent involontairement sous leurs appétits sensuels, et voulurent conserver l'apparence de la sainteté, tout en se livrant aux jouissances terrestres. La reine de Navarre avait déjà longuement traité ce sujet dans ses nouvelles.

Les rapports des moines avec les femmes forment son thème ordinaire. L'œuvre la plus malicieuse de toute cette polémique gaillarde est sans contredit le *Tartufe* de Molière ; car cette comédie n'est pas seulement dirigée contre le jésuitisme de son temps, mais contre le catholicisme lui-même, je dis plus contre l'idée du christianisme, contre le spiritualisme. L'effroi que cause à Tartufe le sein nu de Dorine, les paroles qu'il dit à Elmire :

> Le ciel défend, de vrai, certains contentements,
> Mais on trouve avec lui des accommodements...

toutes ces choses ne tendent pas seulement à persifler l'hypocrisie ordinaire, mais aussi le mensonge universel qui dérive nécessairement de l'impossibilité d'accomplir l'idée spiritualiste, et encore tout le système de concessions que le spiritualisme est obligé de faire au sensualisme. Vraiment les jansénistes avaient bien plus de motifs que n'en avaient les jésuites de se sentir blessés par la représentation du *Tartufe*, et Molière serait aujourd'hui aussi insupportable aux méthodistes protestants qu'il l'était aux dévots catholiques de son temps. Ce qui fait Molière si grand, c'est qu'il est, comme Aristophane, comme Cervantes, un poëte qui n'a pas seulement bafoué les travers contemporains, c'est que ses railleries sublimes tombent sur les éternelles, sur les indestructibles faiblesse de l'humanité. Voltaire qui s'at-

taque toujours aux choses présentes, à son temps, reste,
sous ce rapport, bien au-dessous de Molière.

Ce persiflage auquel s'est si bien livré Voltaire a rem-
pli sa mission en France, et quiconque voudrait le con-
tinuer se montrerait inhabile et intempestif. Si on
s'appliquait à anéantir les derniers restes visibles du
catholicisme, il pourrait facilement arriver que l'idée
spiritualiste prît une forme nouvelle, qu'elle revêtît
un nouveau corps, et que, déposant jusqu'à son nom
chrétien et sa bannière de la croix, elle devînt encore plus
embarrassante et plus obsessive dans cette transfigura-
tion que sous sa vieille forme caduque et discréditée.
Nous pouvons nous féliciter que le spiritualisme soit
représenté par une religion qui a perdu ses meilleures
forces et par des ministres qui se sont placés en oppo-
sition directe avec l'esprit de liberté de notre temps.
Mais pourquoi le spiritualisme trouve-t-il en nous des
adversaires ? Est-ce donc une chose si mauvaise ? Nulle-
ment ! L'essence de roses est une chose précieuse, et une
fiole de cette essence paraît délicieuse à ceux qui pas-
sent leur vie dans les appartements d'un harem. Mais
nous ne voulons pas qu'on effeuille et qu'on écrase
toutes les roses de cette vie pour en extraire quelques
gouttes, si enivrantes qu'elles soient. Nous ressemblons
plutôt au rossignol, qui fait ses délices de la rose elle-
même, et qui jouit autant de la vue de ses couleurs que
de son vaporeux parfum.

J'ai avancé que ce fut le spiritualisme qui engagea en

Allemagne la lutte avec la foi catholique. Mais ceci ne peut s'appliquer qu'aux commencements de la réformation. Dès que le spiritualisme eut fait une brèche dans le vieil édifice de l'Église, le sensualisme s'y précipita avec sa brûlante ardeur, contenue depuis si longtemps, et l'Allemagne devint le théâtre tumultueux où s'ébattit une foule ivre de liberté et avide de joies sensuelles. Les paysans comprimés avaient trouvé dans la doctrine nouvelle des armes intellectuelles pour soutenir la guerre contre l'aristocratie, et ils s'y livrèrent avec le feu de gens qui nourrissaient ce désir depuis bien des siècles. A Munster, le sensualisme courait tout nu dans les rues, sous la figure de Jean de Leyde, et se couchait avec ses douze femmes dans le lit monstrueux qu'on y montre encore aujourd'hui à l'hôtel de ville. Les portes des monastères s'ouvraient partout; et moines et nonnes, se jetant dans les bras les uns des autres, se caressèrent sans vergogne. L'histoire allemande de cette époque ne consiste guère qu'en émeutes sensualistes. Plus tard, je dirai combien peu cette réaction eut de résultats, comment le spiritualisme étouffa tous ces émeutiers, comment il assura sa puissance dans le nord, et comment il fut blessé à mort par la philosophie, cet ennemi qu'il avait élevé dans son sein. C'est une histoire très-confuse, très-difficile à débrouiller. Le parti catholique sait trouver les plus méchantes raisons; et, à l'entendre parler, il ne s'agissait que de légitimer la luxure la plus impudente et de piller les biens de l'Église. Sans doute, les intérêts intellectuels doivent toujours faire alliance avec les intérêts matériels, s'ils veulent vaincre ; mais le diable avait si bien mêlé les cartes, qu'on ne reconnut plus rien aux intentions.

Les personnages illustres qui s'étaient rassemblés, le 17 avril 1521, à Worms dans la grande salle de la diète, pouvaient avoir dans l'âme des pensées qui différaient de leurs paroles. Là siégeait un jeune empereur qui s'enveloppait de sa pourpre neuve avec toute la joie et l'ardeur que met la jeunesse à s'emparer de la puissance, et qui se réjouissait secrètement de voir le fier pontife romain, dont la main avait si rudement pesé sur les empereurs et dont les prétentions n'étaient pas encore abandonnées, en butte lui-même à de rudes attaques. De son côté, le représentant de Rome avait le plaisir secret de voir la division s'introduire parmi les Allemands qui s'étaient si souvent jetés sur la belle Italie pour la piller comme des barbares ivres, et qui la menaçaient de nouvelles incursions. Les princes temporels se réjouissaient de pouvoir mettre la main sur les biens de l'Église, au moyen des idées que répandait la nouvelle doctrine. Les éminents prélats délibéraient déjà s'ils n'épouseraient pas leurs cuisinières, pour léguer à leurs descendants mâles leurs électorats, leurs évêchés et leurs abbayes. Les bourgeois des villes se réjouissaient de l'extension de leur indépendance tant temporelle que spirituelle. Bref, chacun avait quelque chose à gagner, et tout le monde songeait aux intérêts terrestres.

Cependant il se trouvait là un homme qui, j'en suis
sûr, ne songeait pas à lui, mais aux intérêts divins qu'il
allait défendre. Cet homme était Martin Luther, ce
pauvre moine que la Providence avait choisi pour briser
cette grande puissance de Rome, contre laquelle les
plus vaillants empereurs et les philosophes les plus
hardis étaient venus échouer. Mais la Providence sait
très-bien sur quelles épaules elle dépose ses fardeaux.
Il fallait ici une force non pas seulement morale, mais
physique encore. Il fallait un corps fortifié par une lon-
gue discipline monacale et le vœu de la chasteté, pour
supporter les fatigues d'une pareille mission. Notre cher
maître était encore très-maigre et très-pâle alors, si
bien que les seigneurs rubiconds et bien nourris qui
assistaient à la diète, regardaient presque avec pitié ce
pauvre homme décharné sous sa robe noire. Mais il
était plein de force et de santé, et ses nerfs étaient si
vigoureux, qu'il ne se laissa pas émouvoir le moins du
monde par cette foule brillante; et ses poumons de-
vaient être d'une grande force, car, après la longue
défense qu'il venait de prononcer, il lui fallut la répéter
en langue latine, vu que sa majesté impériale ne con-
naissait pas le haut allemand. Je ne puis me dispenser
d'un mouvement d'humeur chaque fois que je songe à
cette circonstance; car notre cher maître Martin Luther
était debout près d'une fenêtre, exposé à un courant
d'air très-vif, tandis que la sueur découlait le long de
son front. Son long discours l'avait sans doute beaucoup

fatigué, et il paraît que son gosier était devenu très-sec.
— Cet homme doit avoir sans doute grand'soif, — pensa
le duc de Brunswick qui était assis près de lui ; du moins
nous lisons qu'il envoya chercher pour lui, à son auberge,
trois cruchons de la meilleure bière d'Eimbeck. Je n'ou-
blierai jamais cette noble action, qui fait tant d'honneur
à la maison de Brunswick.

On a conçu en France une idée aussi fausse de la
réformation que du principal personnage qui y figurait.
La principale cause de ces erreurs, est que Luther ne fut
pas seulement le plus grand homme, mais qu'il est aussi
l'homme *le plus allemand* qui se soit jamais montré
dans nos annales ; que son caractère réunit au plus haut
degré toutes les vertus et tous les défauts des Allemands,
et qu'il représente réellement tout le merveilleux de
l'esprit germanique. Il avait en effet des qualités que
nous voyons rarement réunies, et que nous regardons
d'ordinaire comme incompatibles les unes avec les au-
tres. C'était à la fois un rêveur mystique et un homme
d'action. Ses pensées n'avaient pas seulement des ailes,
elles avaient encore des mains. Il parlait, et chose rare,
il agissait aussi ; il fut à la fois la langue et l'épée de son
temps. En même temps Luther était un froid scolastique,
un éplucheur de mots et un prophète exalté, ivre de la
parole de Dieu. Quand il avait passé péniblement tout le
jour à s'user l'âme en discussions dogmatiques, le soir
venu, il prenait sa flûte, et contemplant les étoiles, il se
mettait à fondre en mélodies et en pensées pieuses. Le

même homme qui pouvait engueuler ses adversaires comme une poissarde, savait tenir un suave et tendre langage, comme une vierge amoureuse. Il était quelquefois sauvage et impétueux comme l'ouragan qui déracine les chênes, puis doux et murmurant comme le zéphyr qui caresse légèrement les violettes. Il était plein de la sainte terreur de Dieu, prêt à tous les sacrifices en l'honneur de l'Esprit saint, il savait s'élancer dans les régions les plus pures du royaume céleste; et cependant il connaissait parfaitement les magnificences de cette terre, il savait les apprécier, et de sa bouche est tombé ce fameux proverbe :

> Wer nicht liebt Wein Weiber und Gesang,
> Der bleibt ein Narr sein Lebenlang.

> Quiconque n'aime ni les femmes, ni le vin, ni le chant,
> Celui-là est un sot, et le sera sa vie durant.

Bref, c'était un homme complet. Le nommer un spiritualiste, ce serait se tromper aussi fort que le qualifier du titre de sensualiste. Que dirai-je ? Il avait quelque chose de primesautier, d'originel, de miraculeux, d'inconcevable ; il avait ce qu'ont tous les hommes providentiels, quelque chose de terriblement naïf, quelque chose de gauchement sage ; il était sublime et borné.

Le père de Luther était mineur à Mansfeld. L'enfant descendait souvent avec lui dans les entrailles du sol où croissent les puissants métaux, où coulent les sources primitives : ce jeune cœur s'appropria, peut-être à son insu, les forces secrètes de la nature, et peut-être encore fut-il enchanté par les esprits de la terre. C'est de là sans doute que tant de matière terreuse, que tant de restes de la scorie des passions, lui sont restés accolés, comme on l'a souvent reproché à sa mémoire. On lui fait injure en cela, car sans tout ce mélange terrestre, eût-il pu jamais devenir un homme d'action ? Les purs esprits ne savent pas agir. Ne lisons-nous pas, dans le traité des Spectres de Jung Stilling, que les esprits peuvent prendre la forme et l'apparence des créatures humaines, qu'ils peuvent marcher, courir, danser comme les vivans, mais qu'ils ne sauraient faire rien de matériel, ni déranger le moindre meuble de sa place.

· Gloire à Luther ! honneur éternel à cet homme illustre, à qui nous devons le salut de nos biens les plus chers, et dont les bienfaits nous font encore vivre à cette heure ! Il nous appartient bien peu de nous plaindre des étroites limites de ses vues. Le nain qui est monté sur les épaules d'un géant, peut sans doute voir plus loin que celui-ci, surtout quand il s'avise de prendre des lunettes ; mais de cette haute position, il nous manque le sentiment élevé, le cœur du géant que nous ne pouvons pas nous approprier. Il nous convient encore moins de laisser tomber une sentence rigoureuse sur ses fautes ; ses fautes nous ont été plus utiles que les vertus de milliers d'autres. La finesse d'Érasme et la mansuétude de Mélanchthon ne nous eussent jamais fait faire autant de progrès que la brutalité du frère Martin. Oui, ses erreurs elles-mêmes, que

j'ai signalées, ont produit des fruits précieux, des fruits
que l'humanité tout entière savoure aujourd'hui. Du jour
de la diète où Luther nia l'autorité du pape et déclara
ouvertement qu'il fallait réfuter ses doctrines par des
motifs tirés de la *raison* ou par des passages des *saintes
Ecritures*, de ce jour commença en Allemagne une ère
nouvelle. La chaîne par laquelle saint Boniface attacha
l'église allemande au siége pontifical de Rome, fut rom-
pue. Cette Église, qui faisait partie intégrante de la grande
hiérarchie, devint une démocratie religieuse. La religion
elle-même devint tout autre. Au lieu du spiritualisme
indien gnostique, du boudhisme de l'Occident, qui s'était
changé en Église romaine, naquit le spiritualisme judaïco-
déiste, qui reçoit, sous le nom de foi évangélique, un
développement conforme aux temps et aux lieux. Cette
dernière croyance n'est pas outrée comme ce gnosticisme
indien, elle peut être plus aisément mise en pratique,
elle laisse à la chair ses droits naturels; la religion rede-
vient une vérité, le prêtre, un homme qui accomplit ce
que Dieu lui a commandé, en prenant une femme et en
montrant au grand jour ses enfants. D'un autre côté, Dieu
redevient un célibataire céleste; la légitimité de son fils
est rudement contestée, les saints sont médiatisés, on
coupe les ailes aux anges; la mère de Dieu perd ses droits
à la couronne du ciel, et défense lui est faite de faire
des miracles. Dès lors, en effet, en même temps que les
sciences naturelles font des progrès, les miracles cessent.
Soit que Dieu n'ait pas été satisfait de voir les physiciens

le regarder aux doigts avec tant de défiance, soit par tout
autre motif, toujours est-il que, même dans ces derniers
temps où la religion s'est trouvée en très-grand péril, il
a refusé de la soutenir par un éclatant miracle. Peut-être
désormais les nouvelles religions qu'il daignera établir
sur la terre, s'appuieront seulement sur la raison, ce qui
sera beaucoup plus raisonnable. Ce qui est certain, c'est
que l'établissement du saint-simonisme, qui est la plus
nouvelle religion, n'a pas produit un seul miracle, sinon
qu'un ancien mémoire de tailleur que Saint-Simon avait
laissé sur la terre, fut payé dix ans après par ses dis-
ciples. Je vois encore l'excellent père Olinde se dressant
avec enthousiasme sur les planches de la salle Taitbout
et montrant à la communauté étonnée le compte du tail-
leur acquitté. Et les épiciers, de se regarder l'un l'autre
la bouche béante ; et les tailleurs, de commencer à
croire.

Cependant, si l'Allemagne perdit beaucoup de poésie
en perdant les miracles que dissipa le protestantisme, elle
eut d'amples dédommagements. Les hommes devinrent
plus vertueux. Le protestantisme eut la plus grande in-
fluence sur cette pureté de mœurs et le rigoureux accom-
plissement des devoirs qu'on nomme la morale ; le
protestantisme a même pris une direction qui l'identifie
parfaitement à cette morale. Nous voyons partout un
heureux changement dans la vie des ecclésiastiques. Avec
le célibat disparaissent les vices et les débordements des
moines, qui font place à de dignes ministres pour lesquels

les vieux stoïques eux-mêmes eussent éprouvé du respect.
Il faut avoir parcouru à pied le nord de l'Allemagne, en
pauvre étudiant, pour savoir combien de vertu, et, pour
y ajouter une belle épithète, combien de vertu évan-
gélique, se trouve dans une modeste habitation de pas-
teur. Que de fois, dans les soirées d'hiver, ai-je trouvé
là une réception hospitalière, moi étranger, sans autre
recommandation que la faim et la fatigue dont j'étais
accablé! Quand j'avais bien satisfait mon appétit, quand
j'avais fait un bon somme, me voyant le lendemain dis-
posé à partir, le vieux pasteur, en robe de chambre,
venait à moi et me donnait sa bénédiction pour le chemin,
bénédiction qui ne m'a jamais porté malheur. La bonne
et loquace femme du pasteur me glissait dans la poche
quelques tartines, qui ne m'étaient pas moins utiles; et,
derrière la mère, dans un parfait silence, les jolies filles
du vieux prêtre se serraient avec leurs joues rougissantes
et leurs doux yeux couleur de violette, dont le feu timide
ranimait mon cœur pour toute cette longue journée
d'hiver.

En posant comme thèse que sa doctrine devait être
discutée ou réfutée au moyen de la Bible ou par des no-
tions tirées de la raison, Luther accorda à l'intelligence
humaine le droit de s'expliquer les saintes Écritures, et
la raison fut appelée comme juge suprême dans toutes
les discussions religieuses. De là résulta en Allemagne
la liberté de l'esprit ou de la pensée, comme on voudra
la nommer. La pensée devint un droit, et les décisions

de la raison devinrent légitimes. Sans doute, depuis quelques siècles, on avait pensé et parlé avec une assez grande liberté, et les scolastiques ont disputé sur des sujets scabreux que nous nous étonnons de voir même aborder dans le moyen âge. Mais cela provenait de la distinction qu'on faisait des vérités théologiques et philosophiques, distinction au moyen de laquelle on se gardait expressément de l'hérésie, et cela avait lieu seulement dans les salles des universités, et dans un latin gothique que le peuple ne pouvait comprendre. L'Église avait donc peu de choses à craindre de toutes ces discussions. Cependant elle n'avait jamais positivement permis ces procédés, et, de temps en temps, comme pour protester, elle brûlait quelque pauvre scolastique. Depuis Luther, au contraire, on n'a pas fait de distinction pour la vérité théologique et la vérité philosophique, et l'on a disputé sur la place publique, et en langue allemande, sans avoir rien à craindre. Les princes qui ont accepté la réforme ont légitimé cette liberté de la pensée, et la philosophie allemande est un de ses résultats les plus importants.

Nulle part, pas même en Grèce, l'esprit humain n'a pu s'exprimer et se développer aussi librement qu'il l'a fait en Allemagne, depuis le milieu du dernier siècle jusqu'à la révolution française. En Prusse, surtout, régnait une liberté de penser sans bornes. Le marquis de Brandebourg avait compris que lui, qui ne pouvait devenir roi légitime de la Prusse que par le principe protestant, devait maintenir la liberté de penser protestante. Depuis ce temps les choses ont changé, et le chaperon naturel de notre liberté protestante s'est entendu avec le parti ultramontain pour l'étouffer ; il a même traîtreusement fait servir à ses desseins une arme trouvée et tournée contre nous par le papisme : la censure.

Quelle bizarrerie! Nous autres Allemands, nous sommes le plus fort et le plus ingénieux de tous les peuples. Les princes de notre race occupent tous les trônes de l'Europe; nos Rothschild gouvernent les bourses du monde entier; nos savants règnent dans toutes les sciences; nous avons inventé la poudre à canon et l'imprimerie; et cependant, quand quelqu'un de nous tire un coup de pistolet, il paie trois thalers d'amende ; et, quand un de nous veut faire insérer ces mots dans la *Gazette de Hambourg* : « Je préviens mes amis et connaissances que ma femme est heureusement accouchée d'un enfant beau comme la liberté ! » M. le docteur Hoffmann prend un crayon rouge et efface « la liberté. »

Cela durera-t-il encore longtemps ? Je n'en sais rien. Mais je sais que la question de la liberté de la presse, qu'on débat si violemment à cette heure en Allemagne, se lie significativement à toutes les questions que je viens de traiter; et je crois que la solution ne sera pas difficile, si l'on songe que la liberté de la presse n'est autre chose que la conséquence de la liberté de penser, et par consé-quent un droit protestant. Or l'Allemagne a déjà versé son meilleur sang pour des droits de ce genre, et il se pourrait qu'elle fût appelée, par cette même cause, à rentrer en lice.

Cette remarque est applicable à la question de liberté académique qui agite aussi vivement les esprits en Allemagne. Depuis qu'on a cru découvrir que c'est dans les universités que règne le plus d'excitation politique, c'est-à-dire d'amour de la liberté, on insinue de toutes parts aux souverains qu'il faut étouffer ces institutions, ou du moins les changer en écoles ordinaires. De nouveaux plans sont apportés de toutes parts, et le pour et le contre discutés avec ardeur. Mais les adversaires avoués des universités, tout aussi bien que ceux de leurs défenseurs qui se sont présentés jusqu'ici, ne paraissent pas avoir bien saisi le véritable côté de la question. Ils ne comprennent pas que la jeunesse est partout animée d'enthousiasme pour la liberté, et que, les universités fermées, cette enthousiaste jeunesse, comprimée jusqu'alors dans ces universités, se répandra en d'autres lieux, fera alliance avec la jeunesse des villes de commerce et de la classe des artisans, et s'exprimera avec plus de force. Les défenseurs des universités ne cherchent qu'à prouver que la science de l'Allemagne sera anéantie avec les universités, que la liberté académique sert aux études, qu'elle permet aux jeunes gens d'envisager les choses sous des aspects divers; comme si quelques vocables grecs ou quelques rudesses de plus ou de moins faisaient quelque chose à l'affaire ! Et qu'importent aux princes la conservation de la science, l'étude et la civilisation

si la sainte sécurité de leur trône est en péril ? Ils seraient
assez héroïques pour sacrifier tous ces biens relatifs à un
seul bien absolu, à leur absolue domination ! Car ce bien-
là leur a été confié par Dieu ; et, quand le ciel commande,
toutes considérations terrestres doivent céder. Il y a donc
malentendu aussi bien du côté des pauvres professeurs
qui défendent les universités que du côté des délégués
du pouvoir qui les attaquent. La propagande catholique
en Allemagne comprend seule la question. Celle-là est
l'ennemie secrète de notre système d'universités, qu'elle
attaque par la ruse et le mensonge ; et, quand un des
pieux frères de l'association fait mine de prendre intérêt
pour les universités, on découvre bientôt que sous ses
paroles se cache une lâche intrigue. Ceux-là savent par-
faitement ce qui se trouve au jeu et quelle sorte de gain
on peut y faire ; car l'église protestante tomberait avec
les universités, cette Église qui, depuis la réformation,
n'a de racines que là, racines si profondes que toute
l'histoire de l'église protestante de ces derniers siècles ne
consiste que dans les discussions théologiques des doctes
universités de Wittemberg, de Leipzig, de Tubingue et
de Halle. Les consistoires ne sont que le faible reflet de
la faculté de théologie ; ils perdraient toute tenue et tout
caractère, et tomberaient sous la dépendance des minis-
tères, ou même de la police.

Mais je ne veux pas me livrer à ces considérations fâ-
cheuses ; surtout ayant encore à parler de cet homme
providentiel par lequel tant de grandes choses ont été

faites en faveur du peuple allemand. J'ai montré comment il nous a fait arriver à la plus grande indépendance de la pensée. Cependant Luther ne nous donna pas seulement la liberté de nos mouvements, mais aussi les moyens de nous mouvoir. Il donna un corps à l'esprit; à la pensée il donna la parole. Il créa la langue allemande.

Cela se fit en traduisant la Bible.

L'auteur divin de ce livre paraît avoir su, aussi bien que nous autres, que le choix d'un traducteur n'est pas du tout une chose indifférente. Il créa lui-même le sien, et le doua de la faculté merveilleuse de faire passer son œuvre d'une langue qui était dès longtemps morte et enterrée dans une autre langue qui était encore à naître.

On possédait, il est vrai, la Vulgate, qu'on comprenait, et les Septante, qu'on commençait à comprendre; mais la connaissance de l'hébreu était complétement perdue dans le monde chrétien. Les Juifs seuls, qui se tenaient cachés çà et là, dans un coin de ce monde, conservaient encore les traditions de ce langage. Comme un fantôme qui garde un trésor qu'on lui a confié lorsqu'il était vivant, cette nation égorgée, ce peuple-spectre retiré dans ses *ghettos* obscurs, y conservait la Bible hébraïque; et l'on voyait les savants allemands se glisser furtivement dans des culs-de-sac pour s'emparer du trésor de la science. Le clergé catholique s'aperçut qu'un danger le menaçait de ce côté; voyant que le peuple pouvait arriver par cette route à la véritable parole divine, et découvrir les falsifications romaines, il s'efforça d'étouffer aussi les traditions des Israélites, et se disposa à détruire tous les livres hébreux. Dès lors commença aux bords du Rhin cette guerre aux livres contre laquelle s'éleva si glorieusement l'excellent docteur Reuchlin. Les théologiens de Cologne qui agissaient alors, et particulièrement Hochstraten, n'étaient pas aussi bornés que le vaillant champion de Reuchlin, Ulrich de Hutten, les représente dans ses *Litteræ obscurorum virorum.* Il s'agissait de l'anéantissement de la langue hébraïque. Quand Reuchlin eut vaincu, Luther put commencer son œuvre. Dans une lettre qu'il écrivit à cette époque à Reuchlin, il semble déjà comprendre toute l'importance de cette victoire remportée par celui-ci dans une situation difficile et dépendante, tandis que lui, le moine augustin, jouissait de toute sa liberté; dans cette lettre, Luther dit très-naivement : *Ego nihil timeo, quia nihil habeo.*

Jusqu'à cette heure il m'a été impossible de comprendre comment Luther arriva à ce langage dont il s'est servi pour traduire la Bible. Le vieux dialecte souabe avait complétement disparu avec la poésie chevaleresque du temps des empereurs de la maison de Hohenstauffen. Le vieux dialecte saxon, qu'on nomme le *plat allemand*, n'était répandu que dans une partie du nord de l'Allemagne, et, en dépit de tout ce qu'on a tenté, il n'a jamais pu servir à un usage littéraire. Si Luther s'était servi pour sa traduction de la Bible du langage qu'on parle aujourd'hui dans la Saxe, Adelung aurait eu raison de prétendre que le langage saxon, surtout le dialecte de Meissen, était le *haut allemand*, c'est-à-dire notre langage littéraire. Mais cette erreur a été réfutée depuis longtemps, et je n'en parle que parce qu'elle est accréditée en France. Le saxon d'aujourd'hui n'a jamais été un dialecte du peuple allemand, aussi peu que le silésien, car l'un et l'autre sont nés de la coloration slave. Je le répète, je ne sais comment est née la langue que nous trouvons dans la Bible de Luther ; mais je sais que par cette Bible dont la jeune presse jeta des milliers d'exemplaires parmi le peuple, la langue luthérienne se répandit dans toute l'Allemagne, et servit partout de langage littéraire. Elle règne encore en Allemagne, et donne à ce pays, fracturé religieusement et politiquement, une unité littéraire. Cet immense service nous dédommage de ce que cette langue, telle qu'elle est aujourd'hui, manque de cette intimité qu'on trouve dans les langues qui se forment d'un seul dialecte. Mais le style de Luther dans la Bible offre ce caractère d'intimité, et ce vieux livre est une source éternelle de rajeunissement pour notre langue. Toutes les expressions et toutes les tournures qu'on trouve dans la Bible de Luther sont essentiellement allemandes, les écrivains peuvent toujours les employer ; et comme ce livre est dans les mains des classes les plus pauvres, elles n'ont pas besoin de leçons savantes pour s'exprimer dans une forme littéraire.

Les écrits originaux de Luther n'ont pas moins contribué à fixer le langage allemand. Ils pénétrèrent profondément dans les esprits par la vivacité et la passion de sa polémique. Le ton qui y règne n'est pas toujours très-délicat; mais on ne fait pas non plus les révolutions religieuses à la fleur d'orange. Pour fendre des souches grossières, il fallait quelquefois prendre un coin grossier. Dans la Bible, le langage de Luther conserve toujours une certaine dignité par respect pour la présence de l'esprit divin. Dans ses écrits polémiques, il s'abandonne au contraire à une rudesse plébéienne qui est encore aussi repoussante que grandiose. Ses expressions et ses métaphores ressemblent assez à ces gigantesques images de pierre qu'on trouve dans les temples égyptiens ou hindous, et dont la laideur et les couleurs bizarres nous attirent et nous repoussent en même temps. Au milieu de ce style baroque et rocailleux, le hardi moine apparaît quelquefois comme un Danton religieux, comme un prédicateur de la Montagne qui, debout à sa cime, fait rouler sur ses adversaires ses paroles éclatantes comme des quartiers de rocher.

Ce qui est plus curieux et plus significatif que ces écrits en prose, ce sont les poésies de Luther, ces chansons qui lui ont échappé dans le combat et dans la tourmente du jour. On dirait une fleur qui a poussé entre les pierres, un rayon de la lune qui éclaire une mer irritée. Luther aimait la musique, il a même écrit un traité sur cet art, aussi ses chansons sont-elles très-mélodieuses. Sous ce rapport, il a aussi mérité son surnom de cygne d'Eisleben. Mais il n'était rien moins qu'un doux cygne dans certains chants où il ranime le courage des siens, et s'exalte lui-même jusqu'à la plus sauvage ardeur. Le chant avec lequel il entra à Worms, suivi de ses compagnons, était un véritable chant de guerre. La vieille cathédrale trembla à ces sons nouveaux, et les corbeaux furent effrayés dans leurs nids obscurs, à la cime des tours. Cet hymne, la *Marseillaise* de la réforme, a conservé jusqu'à ce jour sa puissance énergique, et peut-être entonnerons-nous bientôt dans des combats semblables ces vieilles paroles retentissantes et bardées de fer :

Notre Dieu est une forteresse,
Une épée et une bonne armure ;
Il nous délivrera de tous les dangers
Qui nous menacent à présent.
Le vieux méchant démon
Nous en veut aujourd'hui sérieusement,
Il est armé de pouvoir et de ruse,
Il n'a pas son pareil au monde.

Votre puissance ne fera rien,
Vous verrez bientôt votre perte ;
L'homme de vérité combat pour nous,
Dieu lui-même l'a choisi.
Veux-tu savoir son nom ?
C'est Jésus-Christ,
Le vrai grand seigneur,
Il n'est pas d'autre dieu que lui,
Il gardera le champ, il donnera la victoire.

Si le monde était plein de démons,
Et s'ils voulaient nous dévorer,

Ne nous mettons pas trop en peine,
Notre entreprise réussira cependant.
Le prince de ce monde,
Bien qu'il nous fasse la grimace,
Ne nous fera pas de mal,
Il est condamné,
Un seul mot le renverse.

Ils nous laisseront la parole,
Et nous ne dirons pas merci pour cela.
La parole est parmi nous
Avec son esprit et ses dons.
Qu'ils nous prennent notre corps,
Nos biens, l'honneur, nos enfants...
Laissez-les faire,
Ils ne gagneront rien à cela ;
A nous restera l'empire.

J'ai montré comment nous devons à notre cher docteur Martin Luther la liberté de penser dont la littérature moderne avait besoin pour son développement. J'ai montré comment il nous créa la parole, la langue par laquelle devait s'exprimer cette littérature. J'ai encore à ajouter qu'il ouvre en personne cette littérature; que les belles-lettres, proprement dites, commencent avec Luther; que ses chansons spirituelles en sont le premier monument important, et qu'elles révèlent déjà tout son caractère. Quiconque voudra parler de la littérature moderne de l'Allemagne doit donc débuter par Luther, et non pas par ce bon bourgeois de Nuremberg, nommé Hans Sachs, comme il est arrivé à quelques littérateurs romantiques de mauvaise foi. Hans Sachs, ce troubadour de l'honorable corporation des cordonniers, dont les maîtres-chants ne sont qu'une informe parodie des anciennes chansons des troubadours, et les drames un absurde travestissement des vieux mystères; ce farceur pédant, qui singe péniblement la libre naïveté du moyen âge, est peut-être le dernier poëte des temps anciens, mais assurément il n'est pas le premier poëte des temps nouveaux.

DEUXIÈME PARTIE

— DE LUTHER JUSQU'A KANT —

———◦◦◦———

Dans la première partie de ce livre, nous avons traité de la grande révolution religieuse dont Martin Luther était le représentant en Allemagne. Maintenant nous avons à parler de la révolution philosophique qui résulta de la première, et qui n'est même autre chose que la dernière conséquence du protestantisme. Mais avant de raconter comment cette révolution éclata par Emmanuel Kant, il nous faut rappeler les événements philosophiques qui se passèrent à l'étranger, l'importance de Spinosa, le sort de la philosophie de Leibnitz, les transactions respectives de cette philosophie et de la religion, et leurs dissidences. D'un autre côté, nous ne perdrons jamais de vue celles des questions de la philosophie auxquelles nous attribuons une importance sociale, et à la solution desquelles elle concourt avec la religion.

C'est de la nature de Dieu qu'il s'agit d'abord. Dieu est le commencement et la fin de toute sagesse, disent les croyants dans leur humilité, et le philosophe, dans tout l'orgueil de sa science, est obligé de se rallier à cette pieuse sentence.

Ce n'est point Bacon, ainsi qu'on l'enseigne ordinairement, mais René Descartes qui est le père de la philosophie moderne, et nous allons démontrer fort clairement quel est le degré de filiation de la philosophie allemande par rapport à lui.

René Descartes est un Français, et c'est encore à la grande France qu'appartient ici la gloire de l'initiative ; mais la grande France, la terre bruyante, agitée et babillarde des Français, n'a jamais été un sol propice à la philosophie, et celle-ci n'y réussira peut-être jamais. C'est bien ce que sentit René Descartes, et il s'en fut dans les Pays-Bas, dans le pays calme et taciturne des Trekschuites et des Hollandais. C'est là qu'il écrivit ses ouvrages ; c'est là seulement qu'il put affranchir son esprit du formalisme traditionnel, et élever tout un édifice philosophique de pures pensées qui ne sont empruntées ni à la foi ni à l'empirisme, condition qu'on a exigée depuis de toute philosophie véritable. C'est là seulement qu'il put s'enfoncer si profondément dans les abîmes de la pensée, qu'il la saisit dans les derniers replis de la conscience de soi, et qu'il put en même temps

constater la conscience de soi par la pensée dans la cé-
lèbre proposition : *Cogito, ergo sum.*

Peut-être aussi Descartes ne pouvait-il nulle part ail-
leurs qu'en Hollande risquer d'enseigner une philosophie
qui rompait en visière avec toutes les traditions du passé.
C'est à lui qu'appartient l'honneur d'avoir fondé l'auto-
nomie de la philosophie, qui n'eut plus besoin dès lors
de demander à la théologie la permission de penser, et
qui put désormais se placer à côté d'elle comme science
indépendante ; je ne dis point s'opposer à elle, car dans
ces temps régnait le principe : « Les vérités auxquelles
nous arrivons par la philosophie sont en dernier lieu les
mêmes que nous révèle la religion. » Les scolastiques,
comme je l'ai déjà remarqué précédemment, avaient au
contraire, non-seulement accordé la suprématie à la
religion sur la philosophie, mais encore déclaré celle-ci
un jeu futile, un vain exercice d'escrime, aussitôt qu'elle
arrivait à contredire les dogmes religieux. Pour les sco-
lastiques, le point principal était d'exprimer leurs pen-
sées, n'importe sous quelle condition. Ils disaient
d'abord : « Une fois un fait un, » et ils le prouvaient ;
mais ils ajoutaient en souriant : « C'est là une des er-
reurs de la raison humaine qui se trompe toujours
quand elle se met en contradiction avec les décisions
des conciles œcuméniques ; une fois un fait trois, et
c'est là la vérité vraie, telle qu'elle nous a été révélée
depuis par la grâce du Père, du Fils et du Saint-Esprit. »
Les scolastiques formaient en secret une opposition·

philosophique à l'Église, mais en public ils feignaient la plus grande et la plus hypocrite soumission. En mainte occasion ils combattirent pour l'Église, et ils paradaient à sa suite dans les grandes cérémonies, à peu près comme les députés français de l'opposition dans les solennités de la restauration.

La comédie des scolastiques dura plus de six siècles, et elle devint de plus en plus triviale. En détruisant le scolasticisme, Descartes détruisait l'opposition caduque du moyen âge ; les vieux balais s'étaient émoussés par suite d'un trop long service ; trop d'ordures s'y étaient attachées, et le temps nouveau avait besoin de balais neufs. A la suite d'une révolution, il faut que la précédente opposition abdique, sans quoi il se fait de grandes sottises. Nous-mêmes l'avons vu. Dans les temps dont je parle, ce fut moins l'église catholique elle-même que ses vieux adversaires, la mauvaise queue des scolastiques, qui s'éleva contre la philosophie cartésienne. Le pape ne la défendit qu'en 1663.

Je dois supposer chez les Français une connaissance suffisante de la philosophie de leur grand compatriote, et n'ai pas besoin de démontrer ici comment les doctrines les plus opposées ont pu lui emprunter les matériaux qui leur étaient nécessaires : je parle d'abord de l'idéalisme et du matérialisme.

Comme on désigne ordinairement, surtout en France, ces deux doctrines sous les noms de spiritualisme et de sensualisme, et que j'ai l'habitude d'employer dans une autre acception ces dernières dénominations, je dois, pour prévenir toute confusion d'idées, tout malentendu, bien définir ce que j'entends par ces deux expressions.

Il existe, depuis les temps les plus reculés, deux opinions opposées sur la nature de la pensée humaine, c'est-à-dire sur les sources dernières de la connaissance intellectuelle, sur l'origine des idées. Les uns soutiennent que nous ne recevons nos idées que du dehors, que notre esprit n'est qu'un alambic vide où s'élaborent les impressions recueillies par les sens, à peu près comme la nourriture apportée dans notre estomac. Pour employer une meilleure image, ces gens considèrent l'esprit comme une table rase, où l'expérience écrit successivement et chaque jour quelque chose de nouveau, d'après certaines règles graphiques déterminées. Les autres, qui professent des vues opposées, soutiennent que les idées sont nées dans l'homme, que l'esprit humain est le siége originaire des idées, et que le monde extérieur, l'expérience et les sens, qui sont les intermédiaires, ne nous amènent qu'à reconnaître ce qui était déjà déposé dans notre esprit, et ne font qu'y éveiller les idées sommeillantes.

La première doctrine a reçu le nom de sensualisme, quelquefois d'empirisme; on a nommé l'autre spiritualisme ou bien encore rationalisme. Cependant il peut facilement résulter des malentendus de ces dénominations. Nous désignons aussi depuis quelque temps sous

ces noms de spiritualisme et de sensualisme deux sys-
tèmes sociaux qui se produisent dans toutes les mani-
festations de l'existence. Nous appliquons en effet le
nom de spiritualisme à cette outrageante prétention de
l'esprit qui, tendant à obtenir la glorification pour lui
seul, s'efforce de fouler aux pieds la matière, ou tout
au moins de la flétrir. Le nom de sensualisme, nous
l'attribuons à l'opposition qui se révolte contre cette
prétention, opposition qui a pour but une réhabilitation
de la matière, et revendique les droits inaliénables des
sens, quoiqu'elle ne nie pas pour cela les droits ni même
la suprématie de l'esprit.

Je laisse donc à ces deux systèmes sociaux les noms
de spiritualisme et de sensualisme. Quant aux opinions
philosophiques sur l'origine de nos connaissances, je
leur donne de préférence les dénominations d'idéalisme
et de matérialisme, et désigne par la première la doc-
trine des idées innées, des idées *à priori*, et par l'autre
la doctrine de la connaissance par l'expérience, par les
sens, la doctrine des idées *à posteriori*.

C'est un fait fort significatif, que le côté idéaliste de
la philosophie cartésienne n'a jamais pu réussir en
France. Plusieurs jansénistes renommés suivirent pen-
dant quelque temps cette direction; mais ils se per-
dirent bientôt dans le spiritualisme chrétien. Peut-être
l'idéalisme dut-il à cette circonstance d'être discrédité
chez les Français. Les peuples ont un pressentiment
instinctif de ce qu'il leur faut pour accomplir leur mis-

sion. Les Français étaient déjà sur la route de cette révolution politique qui n'éclata que vers la fin du XVIIIe siècle, et pour laquelle ils avaient besoin d'une hache et d'une philosophie matérialiste non moins froide, non moins tranchante. Le spiritualisme chrétien combattait dans les rangs de leurs ennemis : le sensualisme devint alors leur allié naturel. Comme les sensualistes français étaient ordinairement matérialistes, on crut faussement que le sensualisme ne procédait que du matérialisme. Non, le sensualisme peut aussi bien se produire comme un résultat du panthéisme, et alors il apparaît beau et imposant. Nous ne voulons cependant nier en aucune manière les services rendus par le matérialisme français. Ce matérialisme fut un contre-poison efficace contre le mal du passé, un remède corrosif dans une maladie désespérée, une panacée souveraine pour un peuple infecté. Les philosophes français choisirent Locke pour leur maître : c'était le sauveur dont ils avaient besoin. Son *Essay on the human understanding* devint leur évangile : c'est sur cet évangile qu'ils jurèrent. John Locke était allé à l'école chez Descartes, et avait appris de lui ce qu'un Anglais peut apprendre, la mécanique, l'analyse et le calcul. Il n'y eut qu'une seule chose qu'il ne put comprendre : ce furent les idées innées. Il perfectionna donc la doctrine d'après laquelle nous obtenons toute connaissance par l'expérience extérieure. Il fit de l'esprit humain une sorte de mécanique, et l'homme entier devint entre ses mains une machine anglaise. Cela s'applique aussi à l'homme tel que l'ont construit les disciples de Locke, quoiqu'ils veuillent se distinguer de lui par diverses dénominations. Ils ont une peur affreuse des dernières conséquences de leur principe dominant, et le disciple de Condillac s'effraie d'être rangé dans la même catégorie qu'un Helvétius, voire même qu'un Holbach, ou enfin qu'un Lamétrie; et cependant cela est inévitable, et il me faut donner aux philosophes français du xviii° siècle et à leurs continuateurs d'aujourd'hui le nom de matérialistes. *L'homme machine* est la dernière conséquence de la philosophie française, et le titre de ce livre en trahit déjà le dernier mot.

Ces matérialistes étaient pour la plupart partisans du déisme, car une machine suppose un mécanicien, et la plus haute perfection de cette machine consiste à ce qu'elle sache reconnaître et apprécier la science technique d'un pareil artiste, soit dans sa propre construction, soit dans ses autres ouvrages.

Le matérialisme a rempli sa mission en France. Il accomplit peut-être actuellement la même tâche en Angleterre, et c'est sur Locke que s'appuient dans ce pays les partis révolutionnaires, notamment les benthamistes, les prédicants de l'utilité. Ceux-ci sont des esprits puissants qui ont saisi le véritable levier avec lequel on peut remuer John Bull. John Bull est né matérialiste, et son spiritualisme chrétien est en grande partie une hypocrisie de tradition, ou même seulement une résignation stupide ; sa chair se résigne, parce que l'esprit ne lui vient pas en aide. Il en est tout autrement en Allemagne, et les révolutionnaires allemands se trompent, quand ils s'imaginent qu'une philosophie matérialiste y favorisera leurs projets.

L'Allemagne a toujours manifesté de l'éloignement pour le matérialisme : aussi devint-elle pendant un siècle et demi le véritable domicile de l'idéalisme. Les Allemands aussi sont allés à l'école chez Descartes, et son grand disciple eut nom Gottfried Wilhelm Leibnitz. Celui-ci suivit la tendance idéaliste du maître, comme Locke en avait choisi la tendance matérialiste. C'est chez Leibnitz que nous trouvons de la manière la plus déterminée la doctrine des idées innées. Il combattit Locke dans ses *Nouveaux Essais sur l'entendement humain*. Avec lui éclata chez les Allemands une grande ardeur pour les études philosophiques. Il éveilla les esprits et les conduisit dans de nouvelles voies. La douceur intime, le sentiment religieux, qui animaient ses écrits, réconcilièrent jusqu'à un certain point avec sa hardiesse les esprits récalcitrants, et l'effet en fut prodigieux. La hardiesse de ce penseur se montre surtout dans sa doctrine des monades, hypothèse des plus remarquables qui soit sortie de la tête d'un philosophe. C'est ce qu'il a fait de mieux, car on y voit déjà poindre le pressentiment des lois les plus importantes que notre philosophie actuelle ait reconnues. La doctrine des monades n'était peut-être qu'une faible manière de formuler les mêmes lois qui ont été proclamées de nos jours en de meilleures formules par les philosophes naturalistes. Je devrais même ici, au lieu du mot lois, n'employer, à proprement parler, que celui de formules; car Newton remarque avec une grande justesse que ce que nous nommons loi dans la nature n'existe pas, et que ce ne sont que des formules qui viennent au secours de notre intelligence pour expliquer une suite de faits dans la nature. La *Théodicée* est de tous les écrits de Leibnitz celui dont on a le plus parlé en Allemagne. C'est pourtant sa plus faible production. Ce livre, comme quelques autres écrits où s'exprime le sentiment religieux de Leibnitz, lui valut un mauvais renom et l'a fait bien cruellement méconnaître. Ses ennemis l'accusèrent de faiblesse intellectuelle et de *sensiblerie*, et ses amis, pour le défendre, le présentèrent comme un hypocrite rusé. Le caractère de Leibnitz demeura pendant longtemps chez nous un sujet de controverse: les plus bienveillants n'ont pu l'absoudre de l'accusation de duplicité; ceux qui le décrièrent le plus furent les esprits forts et les amis des lumières. Comment pouvaient-ils pardonner à un philosophe d'avoir défendu la Trinité, les peines éternelles de l'enfer et la divinité du Christ? Leur tolérance ne s'étendait pas aussi loin. Mais Leibnitz ne fut ni un sot ni un misérable, et de sa hauteur harmonique il put fort bien défendre intégralement le christianisme. Je dis intégralement, car il le défendait contre le semi-christianisme. Il montra que les orthodoxes étaient conséquents dans leur système, ce qu'on ne pouvait dire de leurs adversaires. Il n'a jamais voulu davantage. Et il était placé alors sur ce point de l'indifférence où les divers systèmes n'apparaissent que comme les faces diverses d'une même vérité. Ce point d'indifférence, M. J. Schelling l'a reconnu plus tard, et Hegel l'a établi d'une manière scientifique comme un système des systèmes. C'est dans une vue semblable que Leibnitz s'occupa d'une correspondance entre Platon et Aristote. Ce problème a été encore proposé assez fréquemment chez nous en des temps postérieurs. A-t-il été résolu?

Non, en vérité, non ! car ce problème n'est autre qu'un accommodement de la lutte entre l'idéalisme et le matérialisme. Platon est tout à fait idéaliste et ne connaît que des idées innées. L'homme apporte avec soi ses idées en naissant, et quand il en a la conscience, elles lui apparaissent comme des souvenirs d'une existence antérieure. De là le vague et le mysticisme de Platon, qui ne fait que se souvenir plus ou moins clairement. Chez Aristote, au contraire, tout est clair, intelligible, certain, car ses connaissances ne se manifestent pas à lui avec les réminiscences d'un monde antérieur, mais il reçoit tout de l'expérience et sait tout classer de la manière la plus précise : aussi demeure-t-il à jamais le modèle des empiriques, et ceux-ci ne savent assez remercier le bon Dieu de ce qu'il fit d'Aristote le maître d'Alexandre, qui, par ses conquêtes, lui donna tant de moyens pour l'avancement de la science, et lui fit présent de tant de milliers de *talents* pour faciliter ses recherches zoologiques. Le vieux pédagogue a employé consciencieusement cet argent, j'en suis sûr, et pour ce prix, il a disséqué un nombre respectable de mammifères, empaillé des oiseaux en quantité suffisante et fait les plus scrupuleuses observations ; mais, avec tout cela, il a omis d'étudier le grand bipède qu'il avait eu le plus fréquemment sous les yeux, que lui-même avait élevé et qui était bien le plus curieux. En effet, il nous a laissé sans notion aucune sur la nature de ce roi adolescent dont la vie et les actions sont pour nous un merveilleux sujet d'étonnement et une énigme. Quel était Alexandre ? qu'a-t-il voulu ? fut-il fou ou dieu ? Nous n'en savons encore rien, mais Aristote nous donne des renseignements d'autant plus complets sur les quadrupèdes de l'Assyrie, les perroquets indiens et les tragédies grecques, qu'il a également ment disséquées.

Platon et Aristote ! Ce ne sont pas seulement les deux systèmes, mais encore les deux types des différentes natures d'hommes qui, de temps immémorial, sous tous les costumes, se sont posées plus ou moins hostilement en face l'une de l'autre. On combattit ainsi surtout pendant la durée du moyen âge jusqu'à nos jours, et cette lutte est la partie essentielle de l'histoire de l'église chrétienne. Quelques noms qu'on mette en avant, c'est toujours de Platon et d'Aristote qu'il s'agit. Les tempéraments rêveurs, mystiques, platoniques, révèlent au fond de leur âme les idées chrétiennes et les symboles qui y correspondent. Les intelligences pratiques, régulières, aristotéliciennes, construisent avec ces idées et ces symboles un système solide, le dogme et le culte. L'Église finit par enfermer dans son sein ces deux natures d'hommes dont les uns prirent position dans le clergé séculier, et les autres se retranchèrent dans les monastères, sans cesser pour cela de se combattre. La même lutte se manifeste dans l'église protestante : c'est la dissidence entre les piétistes et les orthodoxes qui répondent, jusqu'à un certain point, aux mystiques et aux dogmatistes du catholicisme. Les piétistes protestants sont des mystiques sans imagination, et les orthodoxes protestants sont des dogmatistes sans esprit.

Nous trouvons ces deux partis protestants engagés dans un combat acharné au temps de Leibnitz, et sa philosophie intervint plus tard quand Christian Wolf s'en empara, l'accommoda aux besoins du temps, et, ce qui était le plus important, la professa en langue allemande. Mais avant de parler de cet écolier de Leibnitz, du résultat de ses efforts et du sort ultérieur du luthéranisme, nous devons faire mention de l'homme providentiel qui s'était formé avec Locke et Leibnitz à l'école de Descartes, qui n'excita pendant longtemps que le mépris et la haine, et pourtant arrive aujourd'hui à gouverner les esprits.

Je parle de Benoît Spinosa.

Un grand génie se forme à l'aide d'un autre, moins par assimilation que par frottement. Un diamant polit un

diamant. Ainsi la philosopie de Descartes a , non pas en-
fanté , mais fait éclore celle de Spinosa. C'est pourquoi
nous trouvons chez le disciple la méthode du maître , ce
qui est un grand avantage. Puis nous rencontrons chez
Spinosa , comme chez Descartes , la démonstration em-
pruntée aux mathématiques , ce qui est un grand défaut.
La forme mathématique donne un air âpre et dur à Spi-
nosa ; mais c'est comme l'écorce de l'amande , la chair
n'en paraît que plus savoureuse. La lecture de Spinosa
nous saisit comme l'aspect de la plus grande nature dans
son calme vivant, c'est une forêt de pensées hautes comme
le ciel , dont les cimes fleuries s'agitent en mouvements
onduleux , tandis que les troncs inébranlables plongent
leurs racines dans la terre éternelle. On sent dans ses
écrits flotter un certain souffle qui vous émeut d'une ma-
nière indéfinissable. On croit respirer l'air de l'avenir.
L'esprit des prophètes israélites planait-il encore sur leur
arrière-descendant ? Il y a aussi en lui un sérieux, une
fierté qui a conscience de sa force , une *grandeza* de la
pensée , qui semble un héritage ; car Spinosa faisait par-
tie de ces familles-martyres que les rois très-catholiques
avaient alors chassées d'Espagne. Ajoutez-y la patience
du Hollandais, qui ne s'est pas plus démentie dans les
écrits de l'homme que dans sa vie.

Il a été constaté que la vie privée de Spinosa fut
exempte de blâme, et qu'elle demeura pure et sans
tache comme celle de son divin parent, Jésus-Christ.
Comme lui, il souffrit pour sa doctrine ; comme lui, il

porta la couronne d'épines. Partout où un grand esprit proclame ses pensées, se retrouve le Golgotha.

Cher lecteur, si jamais tu vas à Amsterdam, fais-toi montrer la synagogue espagnole. C'est un bel édifice, et le toit repose sur quatre colonnes colossales. Au milieu s'élève la chaire où fut lancé l'anathème sur le traître à la loi mosaïque, le hidalgo Benoît de Spinosa. On souffla en cette occasion dans un cornet à bouquin qui se nomme *schofar*. Il faut que des idées bien effrayantes se rattachent à ce cornet, car j'ai lu, dans la vie de Salomon Maïmon, que le rabbin d'Altona entreprit un jour de le ramener, lui, disciple de Kant, à la foi de ses pères, et comme il persistait dans ses hérésies philosophiques, le rabbin le menaça et lui montra le schofar en lui disant d'un air sombre : « Connais-tu ceci? » Le disciple de Kant ayant répondu fort tranquillement : « Je sais que c'est la corne d'un bouc, » le rabbin tomba d'horreur à la renverse.

Cette corne fit donc un accompagnement à l'excommunication de Spinosa : il fut solennellement chassé de la communauté d'Israël et déclaré indigne de porter à l'avenir le nom de Juif. Ce nom, ses ennemis chrétiens furent assez magnanimes pour le lui laisser; mais les Juifs, Cent-Suisses du déisme, furent inexorables, et l'on montre encore la place, devant la synagogue espagnole, à Amsterdam, où ils assaillirent Spinosa avec leurs longs poignards.

Je ne pouvais m'abstenir de rappeler l'attention sur

I. 5

ces mésaventures personnelles qui atteignirent l'homme : il se forma, non-seulement par les leçons de l'école, mais par celles de la vie. C'est ce qui le distingue de la plupart des philosophes, et nous reconnaissons dans ses écrits les influences indirectes de la vie réelle. La théologie ne fut pas seulement une science pour lui : il l'apprit, ainsi que la politique, par la pratique autant que par la théorie. Le père de sa maîtresse avait été, en punition de crimes politiques, pendu dans les Pays-Bas ; et il n'est sur la terre aucun endroit où l'on soit pendu plus mal que dans les Pays-Bas. Vous n'avez aucune idée des interminables préparatifs et cérémonies qui ont lieu en pareil cas. Le patient meurt déjà d'ennui, et le spectateur a tout le temps de la réflexion. Je suis donc convaincu que Benoît Spinosa avait beaucoup réfléchi sur l'exécution du vieux Vande Ende ; et, comme il avait auparavant compris la religion avec ses poignards, il comprit alors la politique avec ses cordes. Lisez son *Tractatus politicus.*

Ma tâche est seulement d'indiquer comment les philosophes sont plus ou moins parents les uns des autres, et je me borne à rapporter leurs degrés de parenté et leur généalogie. Cette philosophie de Spinosa, troisième fils de René Decartes, telle qu'il l'enseigne dans son ouvrage principal, dans son *Éthique*, est aussi éloignée du matérialisme de son frère Locke que de l'idéalisme de son frère Leibnitz. Spinosa ne se tourmente pas d'une manière analytique avec la question des dernières raisons de nos connaissances. Il nous donne sa grande synthèse, son explication de la divinité.

Benoît Spinosa enseigne qu'il n'existe qu'une seule substance, qui est Dieu. Cette substance unique est infinie ; elle est absolue : toutes les substances finies émanent de lui, sont contenues en lui, surnagent en lui, plongent en lui ; elles n'ont qu'une existence passagère, accidentelle. La substance absolue se manifeste tant par la pensée infinie que par l'étendue infinie. Toutes deux, la pensée infinie et l'étendue infinie, sont deux attributs de la substance absolue. Nous ne reconnaissons que ces deux attributs : Dieu, la substance absolue, a peut-être encore beaucoup d'autres attributs que nous ne connaissons pas. *Non dico me Deum omnino cognoscere, sed me quædam ejus attributa, non autem omnia, neque maximam intelligere partem.*

La sottise et la méchanceté purent seules donner à une telle doctrine la qualification d'athée. Personne ne s'est jamais exprimé sur la divinité d'une manière plus sublime que Spinosa. Au lieu de dire qu'il niait Dieu, on pourrait dire qu'il nie l'homme. Toutes les choses finies ne sont pour lui que des modes de la substance infinie ; toutes les substances finies sont contenues en Dieu ; l'esprit humain n'est qu'un rayon lumineux de la pensée infinie ; le corps de l'homme n'est qu'un atome de l'étendue infinie : Dieu est la cause infinie de tous deux, des esprits et des corps, *natura naturans.*

Dans une lettre à madame Du Deffant, Voltaire se montre tout charmé d'une idée de cette dame qui avait dit que toutes les choses que l'homme ne peut connaître sont sûrement de telle nature, qu'il ne lui servirait absolument à rien de les connaître. Je pourrais appliquer cette remarque à ce passage de Spinosa, que j'ai cité plus haut, et d'après lequel appartiendraient à la divinité, non-seulement les deux attributs reconnaissables de pensée et d'étendue, mais encore d'autres attributs que nous ne pouvons connaître. Ce que nous ne pouvons pas connaître n'a aucun prix pour nous, du moins sous le point de vue social où il s'agit de réaliser en fait sensible ce qui a été reconnu dans l'idée. Dans notre explication de la nature de Dieu, nous n'avons donc égard qu'à ces deux attributs reconnaissables. Et d'ailleurs tout ce que nous nommons attributs de Dieu n'est à la fin qu'une forme différente de notre faculté de concevoir, et ces formes différentes sont identiques dans la substance absolue. La pensée n'est à la fin que l'étendue invisible, et l'étendue n'est que la pensée visible. Nous nous rencontrons ici avec la partie essentielle de la philosophie allemande de l'identité, qui ne diffère au fond nullement de celle de Spinosa. M. J. Schelling aura beau se débattre pour prouver que sa philosophie est autre que le spinosisme, qu'elle est bien plus *un amalgame vivant de l'idéal et du réel*, qu'elle s'éloigne du spinosisme comme la perfection des statues grecques s'éloigne de la raideur des originaux égyptiens; je n'en dois pas moins déclarer que, dans sa première période, à l'époque où il était encore philosophe, M. J. Schelling ne se distinguait pas le moins du monde de Spinosa. Il a seulement pris un autre chemin pour arriver à la même philosophie, et c'est ce qu'il me reste à expliquer plus tard quand je raconterai comment Kant a ouvert une nouvelle route, comment Fichte l'y a suivi, comme quoi M. Schelling a marché en reprenant la trace de Fichte, et comment, errant un beau jour dans les sombres forêts de la philosophie de la nature, il s'y est trouvé enfin face à face avec la grande figure de Benoît Spinosa.

La moderne *Philosophie de la nature* n'a que le mérite d'avoir démontré de la façon la plus pénétrante l'éternel parallélisme qui règne entre l'esprit et la matière; je dis esprit et matière, et j'emploie ces expressions comme équivalentes de ce que Spinosa nomme pensée et étendue; je regarde aussi ces expressions comme synonymes de ce que les philosophes allemands nomment esprit et nature ou l'idéal et le réel.

Dans la suite, je donnerai le nom de panthéisme moins au système qu'au point de vue de Spinosa. Comme dans le déisme, on y admet l'unité de Dieu; mais le Dieu des panthéistes est dans le monde même, non pas qu'il le pénètre de sa divinité, comme jadis saint Augustin essaya de l'expliquer, quand il comparait Dieu à un grand lac et le monde à une éponge qui nage au milieu et se gonfle de divinité; non, le monde n'est pas seulement gonflé et imprégné de Dieu, il est identique avec Dieu. Dieu, que Spinosa nomme la substance unique, et les philosophes allemands l'absolu, « est tout ce qui est, » il est la matière autant que l'esprit; tous les deux sont également divins, et quiconque insulte la matière sainte est impie autant que celui qui pêche contre le Saint-Esprit.

Le Dieu des panthéistes se distingue donc de celui des déistes en ce qu'il est dans le monde même, pendant que celui-ci est en dehors, ou, ce qui revient au même, est au-dessus du monde. Le Dieu des déistes gouverne le monde de haut en bas comme un établissement séparé de chez lui; ce n'est que sur le mode de ce gouvernement que les déistes se divisent entre eux. Les Hébreux se représentent Dieu comme un tyran armé d'un tonnerre; les chrétiens, comme un père rempli d'amour; les élèves de Rousseau et toute l'école genevoise en font un artiste habile qui a fabriqué le monde à peu près comme leurs pères confectionnent leurs montres; et en qualité de connaisseurs, ils admirent l'ouvrage et glorifient le maître qui est là-haut.

Pour le déiste, qui admet un Dieu extra-mondain ou super-mondain, il n'y a de saint que l'esprit, parce qu'il le considère, pour ainsi dire, comme le souffle divin que le créateur du monde a inspiré au corps humain, ouvrage de ses mains, pétri de limon. Les Juifs regardaient en conséquence le corps comme quelque chose de méprisable, comme la misérable enveloppe du rouach, du souffle divin, de l'esprit; ce n'est qu'à celui-ci qu'ils accordaient leur considération, leur respect, leur culte. Ils furent donc, à proprement parler, de préférence le peuple de l'esprit, chastes, sobres, sérieux, abstraits, entêtés, propres au martyre, et Jésus-Christ les résuma de la manière la plus sublime. Celui-ci fut, dans la véritable acception du mot, l'esprit incarné, et l'on trouve un sens bien profond dans la belle légende qui le fait enfanter par une vierge pure de corps et fécondée par la seule opération de l'esprit.

Mais si les Juifs n'avaient regardé le corps qu'avec dédain, les chrétiens, les ultras du spiritualisme, allèrent encore plus loin qu'eux dans cette voie et proclamèrent le corps comme réprouvable, mauvais, comme le mal même. Nous voyons, quelques siècles après Jésus-Christ, s'élever une religion qui fera l'éternel étonnement de l'historien et arrachera aux générations de l'avenir l'admiration la plus frémissante. Oui, c'est une grande et sainte religion que le christianisme, pleine d'une douceur infinie, qui voulut conquérir pour l'esprit la domination la plus absolue dans ce monde... Mais cette religion était par trop sublime, trop pure, trop bonne pour cette terre où l'idée n'en put être proclamée qu'en théorie, sans jamais passer complétement dans la pratique. L'essai d'une réalisation de cette idée a enfanté dans l'histoire une foule d'actes d'enthousiasme, et les poëtes de tous les temps en auront ample matière à dire et à chanter. Mais la tentative de réaliser l'idée du christianisme a pourtant, comme nous le voyons enfin, échoué de la manière la plus déplorable, et cet essai avorté a coûté à l'humanité des sacrifices incalculables; et nous en retrouvons les tristes conséquences dans le malaise social que nous ressentons aujourd'hui par toute l'Europe. Si, comme beaucoup de gens le croient, l'humanité est encore dans sa jeunesse, le christianisme est sans doute une de ses plus généreuses illusions de collége, qui font plus d'honneur à son cœur qu'à son jugement. Toute la matière, le christianisme l'abandonna à César et aux banquiers talmudistes, et se contenta de dénier la suprématie au premier et de flétrir les autres dans l'opinion publique... Mais voyez! le glaive détesté et l'argent méprisé obtiennent pourtant à la fin la puissance suprême, et les représentants de l'esprit sont obligés d'entrer en arrangement avec eux. Oui, et cet accord est même devenu une alliance solidaire. Ce ne sont pas seulement les prêtres de Rome, mais encore ceux d'Angleterre et de Prusse, enfin tous les prêtres privilégiés, qui se sont confédérés avec César et consorts pour opprimer les peuples. Pourtant l'effet de cette alliance est de ruiner plus promptement la religion du spiritualisme. C'est ce que comprennent déjà quelques prêtres; et, pour sauver la religion, ils renoncent à cette alliance pernicieuse, et se jettent dans nos rangs en s'affublant de nos couleurs...

Vains efforts, peines perdues ! L'humanité soupire après des mets plus solides que le sang et la chair symbolique de l'eucharistie. L'humanité sourit de pitié sur les rêves de sa jeunesse, qui n'ont pu se réaliser en dépit de ses pénibles tentatives, et elle devient virilement pratique. L'humanité sacrifie aujourd'hui au système d'utilité terrestre ; elle pense sérieusement à un établissement de bourgeoise aisance, à un ménage raisonnablement ordonné, à la vie confortable pour ses vieux jours. Le principal, pour le moment, est de revenir à la santé, car nous éprouvons encore une grande faiblesse dans les membres : les saints vampires du moyen âge nous ont sucé tant de sang précieux ! Et puis, il faudra offrir encore à la matière de grands sacrifices expiatoires pour qu'elle pardonne les vieilles offenses. Il ne serait même pas mal qu'on instituât des fêtes sensualistes, et qu'on indemnisât la matière pour ses souffrances passées, car le spiritualisme nazaréen, incapable de l'anéantir, l'a flétrie en toute occasion ; il a rabaissé les plus nobles jouissances ; les sens furent réduits à l'hypocrisie, et il y eut partout mensonge et péché. Il faut revêtir nos femmes de chemises neuves et de sentimens neufs, et passer toutes nos pensées à la fumée des parfums, comme après les ravages d'une peste.

Le but le plus immédiat de toutes nos institutions modernes est ainsi la réhabilitation de la matière ; sa réintégration dans sa dignité, sa reconnaissance religieuse, sa sanctification morale, sa réconciliation avec l'esprit. Pourousa est unie de nouveau à Pakriti ; c'est de leur violente séparation, comme le démontre si ingénieusement le mythe indien, qu'est venu le grand déchirement du monde, le mal.

Savez-vous à présent ce qu'est le mal dans le monde? Les spiritualistes nous ont toujours reproché que, dans les idées panthéistiques, toute distinction cessait entre le bien et le mal; mais le mal, d'une part, n'existe que dans leur fausse manière d'envisager le monde, et de l'autre, il n'est réellement qu'un produit de leur propre arrangement des choses ici-bas. D'après leur point de vue, la matière est mauvaise par elle-même et en elle-même, ce qui est en vérité une calomnie, un affreux blasphème contre Dieu. La matière ne devient mauvaise que lorsqu'elle est obligée de conspirer en secret contre l'usurpation de l'esprit, quand l'esprit l'a flétrie et qu'elle s'est prostituée par mépris d'elle-même, ou bien encore, quand, avec la haine du désespoir, elle se venge sournoisement de l'esprit; et ainsi le mal n'est que le résultat de l'arrangement du monde par les spiritualistes.

Dieu est identique avec le monde; il se manifeste dans les plantes qui, sans conscience d'elles-mêmes, vivent d'une vie cosmomagnétique; il se manifeste dans les animaux qui, dans le rêve de leur vie sensuelle, éprouvent une existence plus ou moins sourde; mais c'est dans l'homme qu'il se manifeste de la manière la plus admirable, dans l'homme qui sent et pense en même temps, qui sait distinguer sa propre individualité de la nature objective, et porte déjà dans sa raison les idées qui se font aussi reconnaître à lui dans le monde des faits. Dans l'homme, la Divinité arrive à la conscience d'elle-même, et cette conscience, elle la révèle de nouveau par l'homme; mais cela n'arrive point dans et par les hommes isolés, mais par l'ensemble de l'humanité; de telle sorte qu'un homme ne comprend et ne représente qu'une parcelle du Dieu-monde, mais que tous les hommes ensemble comprennent et représenteront dans l'idée et dans la réalité tout le Dieu-monde. Chaque peuple a peut-être la mission de reconnaître et de manifester une partie de ce Dieu-monde, de reconnaître une certaine série de faits et de réaliser une certaine série d'idées, et de transmettre le résultat aux peuples suivants, auxquels une semblable mission est imposée. Dieu est en conséquence le véritable héros de l'histoire universelle. L'histoire n'est que sa pensée éternelle, son éternelle action, sa parole, ses faits, ses gestes, et l'on peut dire avec raison de l'humanité entière qu'elle est une incarnation de Dieu.

C'est une erreur de croire que cette religion du panthéisme conduise les hommes à l'indifférence. Au contraire, le sentiment de sa divinité excitera l'homme à la révéler, et c'est de ce moment que les véritables hauts faits et le véritable héroïsme viendront glorifier cette terre.

La révolution politique, qui s'appuie sur les principes du matérialisme français, ne trouvera pas des adversaires dans les panthéistes, mais bien des auxiliaires qui ont puisé leurs convictions à une source plus profonde, à une synthèse religieuse. Nous poursuivons le bien-être de la matière, le bonheur matériel des peuples, non que nous méprisions l'esprit, comme le font les matérialistes, mais parce que nous savons que la divinité de l'homme se révèle également dans sa forme corporelle, que la misère détruit ou avilit le corps, image de Dieu, et que l'esprit est entraîné dans la chute. Le grand mot de la révolution que prononça Saint-Just : *Le pain est le droit du peuple*, se traduit ainsi chez nous : *Le pain est le droit divin de l'homme*. Nous ne combattons pas pour les droits humains des peuples, mais pour les droits divins de l'humanité. C'est en cela, ainsi que sur maint autre point, que nous nous séparons des gens de la révolution. Nous ne voulons ni sans-culottes, ni bourgeoisie frugale, ni présidents modestes ; nous fondons une démocratie de dieux terrestres, égaux en béatitude et en sainteté. Vous demandez des costumes simples, des mœurs austères et des jouissances à bon marché, et nous, au contraire, nous voulons le nectar et l'ambroisie, des manteaux de pourpre, la volupté des parfums, des danses de nymphes, de la musique et des comédies..... Point de courroux, vertueux républicains ! Au blâme de votre censure, nous répondrons comme le fit jadis un fou de Shakspeare : « Crois-tu donc, parce que tu es vertueux, qu'il ne doit plus y avoir sur cette terre ni gâteaux dorés, ni vins des Canaries ? »

Les saint-simoniens ont compris et voulu quelque chose d'analogue ; mais ils étaient placés sur un terrain défavorable, et le matérialisme qui les entourait les a écrasés. On les a mieux appréciés en Allemagne, car l'Allemagne est à présent la terre fertile du panthéisme ; cette religion est celle de nos plus grands penseurs, de nos meilleurs artistes, et le déisme, comme je le raconterai plus tard, y est détruit en théorie. On ne le dit pas, mais chacun le sait : le panthéisme est le secret public de l'Allemagne. Dans le fait, nous avons trop grandi pour le déisme. Nous sommes libres et ne voulons point de despote tonnant ; nous sommes majeurs et n'avons plus besoin de soins paternels ; nous ne sommes pas non plus les œuvres d'un grand mécanicien : le déisme est une religion bonne pour des esclaves, pour des enfants, pour des Genevois, pour des horlogers !

Le panthéisme est la religion occulte de l'Allemagne, et c'est ce résultat qu'avaient prévu les écrivains allemands qui se déchaînèrent, il y a plus de cinquante ans, contre Spinosa. Le plus furieux de ces adversaires de Spinosa fut F. H. Jacobi, à qui l'on fait quelquefois l'honneur de le nommer parmi les philosophes allemands. Ce n'était qu'une vieille commère qui se cacha sous le manteau de la philosophie, se faufila parmi les philosophes, bavarda d'abord beaucoup sur son amour et sa sensibilité, et finit par injurier la raison. Son éternel refrain était que la philosophie, la connaissance par la raison, n'est qu'illusion pure ; que la raison même ne sait pas où elle conduit ; qu'elle entraîne l'homme dans un sombre labyrinthe d'erreurs et de contradictions, et que la foi seule peut le guider sûrement. Taupe qui ne voyait pas que la raison, semblable au soleil, en s'avançant, éclaire sa route avec ses propres rayons ! Rien ne ressemble à la pieuse rancune du bon Jacobi contre Spinosa, le grand athée.

C'est une chose curieuse de voir comme les partis les plus divergents ont toujours combattu contre Spinosa.

L'aspect de cette armée est fort amusant. Près d'un essaim de capuchons noirs et blancs portant croix et encensoirs, marchait la phalange des encyclopédistes qui tirait aussi sur ce *penseur téméraire*. A côté du rabbin de la synagogue d'Amsterdam, qui sonne l'attaque avec le sacré cornet à bouquin, s'avance Arouet de Voltaire, avec le sifflet du persiflage, qui fait sa partie obligée au profit du déisme. Au milieu glapit la vieille femme Jacobi, vivandière de cette armée de la foi.

Échappons vite à ce charivari. De retour de notre excursion panthéiste, revenons à la philosophie de Leibnitz dont nous avons à raconter les destinées ultérieures en Allemagne.

Pour écrire ces ouvrages, que vous connaissez, Leibnitz s'était servi de la langue latine ou de la française. Christian Wolf est le nom de l'excellent homme qui professa les idées de Leibnitz, non-seulement d'une manière systématique, mais encore en langue allemande. Son mérite véritable ne consiste pas à avoir resserré les idées de Leibnitz dans un système solide, encore moins à les avoir rendues accessibles, par leur traduction en langue allemande, à un public plus nombreux. Son mérite spécial fut d'exciter à philosopher dans notre langue maternelle.

Nous n'avions su, jusqu'à Luther, traiter la théologie qu'en latin : il en fut de même jusqu'à Wolf pour la philosophie. L'exemple de quelques rares savants qui avaient déjà essayé, dans les temps antérieurs, de professer en allemand sur ces matières, demeura sans résultat. Néanmoins l'historien littéraire doit leur accorder un éloge spécial; nous rappellerons surtout Johannes Tauler, moine dominicain, né au commencement du xive siècle sur les bords du Rhin et mort en 1361 à Strasbourg. C'était un homme pieux, et il fit partie de ces mystiques que j'ai désignés comme le parti platonicien du moyen âge. Dans les dernières années de sa vie, ce brave homme renonça à l'orgueil des savants, ne se fit pas honte de prêcher dans l'humble langue du peuple, et ces sermons qu'il a recueillis, ainsi que les traductions allemandes qu'il fit de quelques autres de ses sermons antérieurs, comptent parmi les monuments les plus remarquables de la langue allemande; car cette langue montra dès lors qu'elle est, non-seulement bonne pour les dissertations métaphysiques, mais qu'elle y est bien plus propre que la langue latine. Cette dernière, idiome des Romains, ne peut jamais renier son origine. C'est une langue de commandement pour les capitaines, une langue de décrétales pour les administrateurs, une langue juridique pour les usuriers, c'est une langue lapidaire pour ce peuple romain, dur comme la pierre; elle devint la langue prédestinée du matérialisme. Quoique le christianisme, avec une patience vraiment chrétienne, se soit tourmenté, pendant plus d'un millier d'années, à spiritualiser cette langue, il n'y est jamais parvenu; et, quand Johannes Tauler voulait s'abîmer dans les profondeurs les plus effrayantes de la pensée, et que son cœur débordait de sentiment religieux, il lui fallait parler allemand. Son langage est comme une source des montagnes, qui perce le dur rocher, eau merveilleusement imprégnée d'aromates inconnus et de vertus métalliques. Mais ce ne fut que dans les temps modernes qu'on remarqua la rare propriété de la langue allemande pour la philosophie. Dans aucune autre langue, la nature n'aurait pu révéler son mot le plus mystérieux, comme dans celle de notre chère patrie allemande. Ce n'est que sur le chêne robuste que peut croître le gui sacré.

Ce serait bien ici le lieu de mentionner Paracelse, ou Aureolus Theophrastus Paracelsus Bombastus de Hohenheim, ainsi qu'il s'appelait lui-même; car lui aussi écrivit presque toujours en allemand. Mais j'aurai plus tard à parler de Paracelse sous un point de vue plus important. Sa philosophie était ce que nous appelons aujourd'hui philosophie de la nature; et cette doctrine d'une nature animée par les idées, qui s'accorde si intimement avec l'esprit allemand, aurait, dès lors, pris racine chez nous, si, par l'influence étrangère, la physique inanimée et toute mécanique des cartésiens n'eût usurpé l'empire universel. Paracelse était un grand charlatan : il portait toujours un habit et une culotte écarlates, des bas rouges et un chapeau rouge, et prétendait pouvoir créer de

petits hommes, *homunculos* ; au moins était-il sur le
pied le plus familier avec les esprits invisibles qui habi-
tent les divers éléments. Mais il fut en même temps l'un
des plus profonds naturalistes qui, avec une ardeur d'in-
vestigation tout allemande, comprirent les croyances
populaires antéchrétiennes, le panthéisme germanique,
et il devinait très juste ce qu'il ne savait pas.

Je devrais naturellement parler aussi de Jacob Bœhm,
car il a également appliqué la langue allemande à des
démonstrations philosophiques. Mais je n'ai pu me déci-
der encore à le lire, même une seule fois : je n'aime pas
à me laisser duper. Je soupçonne fort les prôneurs de ce
mystique d'avoir voulu mystifier les gens. Quant au
contenu de sa doctrine, Saint-Martin vous en a donné
quelque chose en langue française ; les Anglais l'ont aussi
traduit. Charles Ier avait une si grande idée de ce cor-
donnier philosophe, qu'il envoya tout exprès à Wœrlitz
un savant pour l'étudier. Ce savant fut plus heureux que
son royal maître ; car, pendant que celui-ci perdait le chef
à Whitehall par la hache de Cromwell, l'autre ne perdit
à Wœrlitz que la raison par la théosophie de Jacob Bœhm.

Je l'ai dit : ce fut Christian Wolf qui appliqua le pre-
mier avec succès la langue allemande à la philosophie.
Son moindre mérite fut la réduction en système et la
popularisation des idées de Leibnitz. Il a encouru un
grand blâme sous ce double rapport, et nous ne devons
pas le taire. Son système ne fut qu'apparence vaine, et il
sacrifia à cette apparence le plus important de la philo-

sophie de Leibnitz, la meilleure partie de la doctrine des monades. Il est vrai que Leibnitz n'avait point laissé d'édifice systématique, mais seulement les idées nécessaires. Il fallait un géant pour assembler ces blocs et ces colonnes colossales qu'un géant avait enlevés aux profondes carrières de la pensée et harmonieusement taillés. Il en serait résulté un temple magnifique; mais Christian Wolf était de trop courte stature, et ne put s'approprier qu'une partie des matériaux, qu'il rapetissa pour en faire un tabernacle au déisme. La tête de Wolf était plus encyclopédique que systématique: il ne comprit l'unité d'une doctrine que sous la forme du complet. Il jugea suffisant d'avoir construit un casier où les tablettes étaient convenablement remplies et garnies d'étiquettes bien lisibles. C'est dans cet esprit qu'il nous donna une encyclopédie des sciences. Comme descendant de Descartes par Leibnitz, on conçoit que pour la démonstration mathématique il ait hérité de son aïeul. J'ai déjà blâmé cette forme dans Spinosa. Elle fit grand mal entre les mains de Wolf; chez ses élèves, elle dégénéra en schématisme insupportable et en une ridicule manie de tout prouver avec une évidence mathématique. Ainsi s'éleva ce que l'on appela le dogmatisme de Wolf. Toute investigation profonde cessa, et une ennuyeuse ferveur de clarté prit sa place; la philosophie de Wolf devint toute limpide ou plutôt aqueuse, et finit par inonder toute l'Allemagne. Les traces de ce déluge sont encore visibles aujourd'hui, et l'on retrouve çà et là sur les hauteurs les plus arides de nos académies quelques vieux fossiles de l'école de Wolf.

Christian Wolf naquit en 1679 à Breslaw, et mourut
à Halle en 1754. Son empire intellectuel dura plus d'un
demi-siècle en Allemagne. Nous devons donner une
attention particulière à ses rapports avec les théologiens
allemands, et nous compléterons ainsi notre récit du sort
du luthéranisme.

Il n'existe, dans toute l'histoire de l'Église, aucune
partie plus embrouillée que celle des querelles entre les
théologiens protestants depuis la guerre de trente ans.
On ne peut leur comparer que les chicanes subtiles des
Byzantins; mais celles-ci n'étaient pas aussi ennuyeuses,
parce qu'elles cachaient des intérêts politiques et des in-
trigues de cour, tandis que le ferraillement protestant
n'eut guère sa raison que dans le pédantisme étroit de
quelques doctes perruques. Les universités, et particuliè-
rement Tübingen, Wittemberg, Leipzig et Halle, sont les
arènes de ces assauts théologiques. Les deux partis que
nous avons vus en costume catholique pendant toute la
durée du moyen âge, les platoniciens et les aristotéli-
ciens, n'ont fait que changer d'habit, et se chamaillent
après comme avant. Ce sont les piétistes et les ortho-
doxes dont j'ai déjà parlé, et que j'ai désignés comme
des mystiques sans imagination et des dogmatistes sans
esprit. Johannes Spener fut le Scotus Erigena du protes-
tantisme; et comme celui-ci, par sa traduction du fabu-
leux Denis l'Aréopagite, avait fondé le mysticisme catho-
lique, l'autre fonda le piétisme protestant par ses

assemblées d'édification, *colloquia pietatis*, d'où le nom de *piétistes* est peut-être resté à ses sectateurs. C'était un homme pieux; respect à sa mémoire! Un piétiste berlinois, M. Horn, a donné de lui une bonne biographie. La vie de Spener est un martyre continuel pour l'idée chrétienne. Il fut sous ce rapport supérieur à ses contemporains; il recommanda instamment les bonnes œuvres et la piété. Ses homélies furent fort louables pour le temps; car toute la théologie, telle qu'on l'enseignait dans les susdites universités, ne consistait qu'en une dogmatique étroite et une polémique tracassière. L'exégèse et l'étude de l'histoire de l'Église furent complétement négligées.

Un élève de ce Spener, Hermann Frank, commença à Leipzig à faire un cours à l'exemple et dans le sens de son maître. Il le fit en allemand, service que nous paierons toujours volontiers de reconnaissance. Les succès qu'il y obtint excitèrent l'envie de ses collègues, qui rendirent en conséquence la vie fort dure à notre pauvre piétiste. Il fut obligé de vider la place, et se rendit à Halle, où il enseigna le christianisme par paroles et par actions. Sa mémoire y fleurira toujours, car il est le fondateur de la maison des orphelins de Halle. L'université de Halle se peupla alors de piétistes, et on les nommait le parti de l'hospice des orphelins. Soit dit en passant, ce parti s'est maintenu jusqu'à ce jour. Halle est encore à ce moment la taupinière des piétistes, et leurs querelles avec les rationalistes protestants ont, il y a quelques années, scandalisé toute l'Allemagne. Heureux Français qui n'en avez rien su ! Vous ignorez jusqu'à l'existence de ces commérages périodiques de l'église protestante, où les dévotes poissardes se sont cordialement injuriées. Heureux Français! qui n'avez aucune idée de la méchanceté, de la petitesse, de l'âcreté que nos prêtres évangéliques apportent dans leurs combats! Vous le savez, je ne suis point partisan du catholicisme; le protestantisme fut pour moi plus qu'une religion, ce fut une mission; et depuis quatorze ans, c'est pour ses intérêts que je combats contre les machinations des jésuites allemands. Plus tard, il est vrai, s'éteignit ma sympathie pour le dogme, et je déclarai franchement, dans mes écrits, que tout mon protestantisme ne consistait plus que dans le fait d'être inscrit comme chrétien évangélique sur les régistres de la communion luthérienne... Mais une secrète prédilection pour la cause qui nous fit jadis combattre et souffrir, demeure toujours dans notre cœur, et mes convictions religieuses d'aujourd'hui sont encore animées de l'esprit du protestantisme. Je suis donc toujours partial pour l'église protestante : et pourtant je dois à la vérité de dire que, dans les annales du papisme, jamais je n'ai trouvé de misères pareilles à celles de la *Gazette ecclésiastique évangélique de Berlin*, dans ce scandaleux débat. Les mauvais tours les plus lâches des moines, les plus mesquines taquineries de couvent sont choses nobles et généreuses auprès des exploits chrétiens de nos orthodoxes et piétistes dans leur guerre contre les

rationalistes. Vous n'avez aucune idée, vous autres
Français, de la haine qui éclate en de telles occasions ;
mais les Allemands sont plus rancuniers que les peuples
d'origine romane. Cela tient à ce qu'ils sont idéalistes
jusque dans la haine. Nous ne nous fâchons pas pour des
choses futiles, comme vous le faites, pour une piqûre
de vanité, pour une épigramme, pour l'oubli d'une carte
de visite ; non, nous haïssons chez nos ennemis ce qui
est le plus essentiel, le plus intime, la pensée. Vous êtes
prompts et superficiels dans la haine comme dans l'a-
mour. Nous autres Allemands, nous détestons radicale-
ment et d'une manière durable. Trop honnêtes, et peut-
être aussi trop gauches pour nous venger par la première
perfidie venue, nous nous haïssons jusqu'au dernier sou-
pir. « Je connais, monsieur, ce calme allemand, disait
dernièrement une dame en me regardant de tous ses
yeux et d'un sourire incrédule ; je sais que dans votre
langue vous employez le même mot pour dire pardonner
et empoisonner. » Elle avait raison : le mot *vergeben* a
ce double sens.

Ce furent, si je ne me trompe, les orthodoxes de Halle
qui, dans leurs combats avec les piétistes émigrés, ap-
pelèrent à leur secours la philosophie de Wolf ; car la
religion, lorsqu'elle ne peut plus nous brûler, vient nous
demander l'aumône. Mais tous nos dons ne lui profitent
guère. Le manteau mathématico-démonstratif, dont
Wolf avait amicalement affublé la pauvre religion, lui
alla si mal, qu'elle s'y sentit encore plus à l'étroit et se

rendit fort ridicule. La trame râpée creva de toutes parts. Ce fut surtout la partie honteuse, le péché origi-nel, qui se montra dans la nudité la plus effrayante ; toutes les feuilles de vigne philosophiques n'y purent rien. Le péché originel christo-luthérien et l'optimisme leibnitz-owolfien sont incompatibles. Aussi le persiflage français sur l'optimisme fut-il ce qui déplut le moins à nos orthodoxes. L'esprit de Voltaire vint au secours du péché originel, mais le Panglos allemand a beaucoup perdu par la ruine de l'optimisme, et il chercha long-temps une doctrine aussi consolatrice, jusqu'à ce que le mot de Hegel : « Tout ce qui est est raisonnable? » vint le dédommager quelque peu.

Du moment où une religion demande secours à la philosophie, sa ruine est inévitable. Elle cherche à se défendre, et son verbiage ne sert qu'à l'entraîner dans les embarras les plus inextricables. La religion, comme toute espèce d'absolutisme, ne doit point se justifier. Prométhée est enchaîné au rocher par la force silen-cieuse. Non, Eschyle ne fait pas proférer une parole à la Force personnifiée ; il faut qu'elle demeure muette. Aus-sitôt que la religion fait imprimer un catéchisme rai-sonné et argumenté, aussitôt que l'absolutisme politique fait publier une gazette d'État explicative, tous deux touchent à leur fin. Mais c'est justement là notre triom-phe : nous avons poussé nos adversaires dans la discus-sion, et ils sont obligés de parler.

Donc, comme je viens de le dire, depuis que la religion chercha assistance auprès de la philosophie, les savants allemands firent avec elle encore toutes sortes d'expérimentations. On avisa de lui faire une nouvelle jeunesse, et l'on s'y prit à peu près comme Médée avec le vieux roi Æson. D'abord on lui ouvrit la veine, et on la débarrassa longuement de tout le sang superstitieux. Pour parler sans figure, on essaya de retrancher du christianisme toute la partie historique, pour ne lui laisser que la partie morale. Par cette opération, on faisait du christianisme un déisme pur. Le Christ cessa d'être co-régent de Dieu ; il fut en quelque sorte médiatisé, et ce ne fut plus qu'en qualité de personne privée qu'on lui accorda le respect convenable. On loua par delà toute mesure son caractère moral, et l'on ne sut en quels termes élogieux dire combien il avait été brave homme. Quant à ses miracles, on les expliqua par la physique, ou bien l'on chercha à en faire aussi peu de bruit que possible. Les miracles, disaient quelques-uns, étaient nécessaires dans ces temps de superstition, et un homme sensé, qui avait à proclamer une vérité quelconque, employait les miracles en guise d'annonce. Ces théologiens qui tronquèrent tout l'historique du christianisme s'appellent rationalistes, et ils soulevèrent contre eux les fureurs des piétistes tout aussi bien que des orthodoxes. Ceux-ci se combattirent moins violemment depuis lors, et se confédérèrent même souvent. Ce que n'avait pu l'amour chrétien, la haine commune l'accomplit, la haine des rationalistes.

Cette réforme de la théologie protestante commença avec le tranquille Semler que vous ne connaissez pas, atteignit une hauteur inquiétante avec le lucide Teller que vous ne connaissez pas davantage, et parvint à son apogée avec Barth au front d'airain, dont la connaissance n'est pour vous nullement regrettable. Les instigations les plus vives vinrent de Berlin, où régnaient Frédéric le Grand et le libraire Nicolaï.

Sur le premier, le matérialisme couronné, vous avez des renseignements suffisants. Vous savez qu'il fit des vers français, joua très-bien de la flûte, gagna la bataille de Rosbach, prit beaucoup de tabac, et n'avait foi qu'au canon. Quelques-uns de vous ont sans doute visité Sans-Souci; et le vieil invalide qui y garde le château vous a montré, dans la bibliothèque, les romans français que Frédéric, prince royal, lisait à l'église, et qu'il avait fait relier en maroquin noir, afin que son rigide père pût croire qu'il lisait dans notre bon livre de cantiques luthériens. Vous connaissez ce sage roi, que vous avez nommé le Salomon du Nord. La France fut l'Ophir de ce Salomon septentrional, et il en tirait ses poëtes et ses philosophes, pour lesquels il avait une grande prédilection, comme le Salomon du Sud, qui fit venir d'Ophir, par les soins de son ami Hiram, des cargaisons entières d'or, d'argent, d'ivoire, de poëtes et de philosophes, comme vous le pouvez lire dans le Livre des Rois, chap. X: *Classis regis per mare cum classe Hiram semel per tres annos ibat, deferens inde aurum et ar-*

gentum, et dentes elephantorum, et simias et pavos.
Cette préférence pour les talents étrangers empêcha
certainement Frédéric le Grand d'obtenir beaucoup d'in-
fluence sur l'esprit allemand : il offensa et blessa bien
plutôt la fierté nationale. Le mépris qu'il montra pour
notre littérature doit nous affliger encore, nous, descen-
dants de ces écrivains. A l'exception du vieux Gellert,
aucun d'eux ne fut encouragé par sa très-gracieuse bien-
veillance. L'entretien qu'il eut avec lui est curieux.

Si Frédéric le Grand nous bafoua sans nous protéger,
le libraire Nicolaï nous protégea d'autant plus, sans que
pour cela nous ayons scrupule de le bafouer. Cet homme
fut, pendant sa vie entière, incessamment et activement
dévoué au bien de la patrie. Il n'épargna ni peine ni
argent, quand il espéra hâter quelque heureux progrès,
et cependant jamais homme n'a encore été raillé en
Allemagne d'une manière si cruelle, si inexorable, si
anéantissante. Quoique nous sachions très-bien, nous
autres derniers nés, que le vieux Nicolaï, l'ami des
lumières, ne se trompait pas au fond ; quoique nous
sachions que ceux qui le persiflèrent à mort étaient
pour la plupart nos propres ennemis, les obscurants :
nous ne pouvons cependant penser à lui avec un visage
sérieux. Le vieux Nicolaï chercha à faire en Allemagne
ce qu'ont fait en France les philosophes français : il
voulut ruiner le passé dans l'esprit du peuple ; excellent
travail préparatoire, sans lequel aucune révolution radi-
cale ne pourra se faire. Peine perdue : il n'avait pas

assez de force pour une pareille besogne. Les vieilles ruines, encore debout, opposaient trop de résistance, et les spectres en sortaient et se moquaient de lui ; alors il devenait furieux et se précipitait au milieu d'eux tête baissée, et les spectateurs riaient quand les chauves-souris lui sifflaient autour des oreilles et s'embarrassaient dans sa vieille perruque. Il lui arriva bien aussi quelquefois de combattre des moulins à vent qu'il prenait pour des géants ; mais il se trouva encore plus mal de prendre des géants véritables pour de simples moulins à vent, un Wolfgang Goethe, par exemple. Il écrivit contre son *Werther* une satire dans laquelle il méconnut de la manière la plus lourde les intentions de l'auteur. Pourtant il avait raison quant au fond : quoiqu'il ne comprît pas au juste ce que Goethe voulait dire avec son *Werther*, il en pressentit cependant bien l'effet, l'amollissante rêverie et la stérile sentimentalité, qui surgirent par ce roman maladif, et se mettaient en contradiction hostile avec les sentiments sains et raisonnables dont nous avions besoin. En cela, Nicolaï fut tout à fait d'accord avec Lessing, qui écrivait à un de ses amis le jugement suivant sur le *Werther :*

« Pour qu'une production aussi chaleureuse ne fasse pas plus de mal que de bien, ne pensez-vous pas qu'il lui faudrait encore un petit épilogue très-refroidissant, quelques modifications sur les causes qui ont amené Werther à un caractère aussi bizarre, le contraste d'un autre jeune homme auquel la nature avait donné les mêmes dispositions, et qui a su s'en garantir? Croyez-vous donc qu'un jeune homme, romain ou grec, se fût ainsi tué, et pour la même cause? Certainement non. Ceux-là savaient se garder tout autrement des extravagances de l'amour; et, au temps de Socrate, une semblable... qui pousse... eût à peine... été pardonnée à une fillette. Enfanter de ces originaux chétivement grands, méprisablement précieux, n'était réservé qu'au christianisme, qui voudrait transformer un besoin du corps en perfection spirituelle. Ainsi, cher Goethe, encore un petit chapitre pour finir, et le plus cynique sera le meilleur. »

Le brave Nicolaï nous a réellement fait cadeau d'une édition de *Werther*, corrigée d'après cette donnée. Dans cette nouvelle version, le héros ne s'est pas tué, mais seulement souillé de sang de poulet; car le pistolet, au lieu d'être chargé avec du plomb, ne l'était qu'avec une vessie de sang. Werther devient ridicule, continue à vivre, épouse Charlotte, bref, finit plus tragiquement encore que dans l'original de Goethe.

La *Bibliothèque universelle allemande* fut le journal que Nicolaï fonda, et dans lequel lui et ses amis combattirent la superstition, les jésuites, les laquais auliques, etc., etc. On ne peut nier que maint coup destiné à la superstition ne soit malheureusement tombé sur la poésie. C'est ainsi que Nicolaï combattit l'amour qui se réveillait pour les poésies populaires du vieux temps, et pourtant au fond il avait encore raison; car ces chants,

abstraction faite de toute leur valeur, contenaient beau-
coup de souvenirs qui n'étaient plus de saison : ces
vieux accords, ces ranz de vaches du moyen âge, pou-
vaient rappeler, par la sensibilité, le peuple aux étables
du passé. Il tenta, comme Ulysse, de boucher les oreilles
de ses compagnons, pour qu'ils n'entendissent point les
chants des sirènes, s'inquiétant fort peu qu'ils demeu-
rassent sourds désormais aux roulades innocentes du
rossignol. Pour purger radicalement des vieilles ronces
la terre du présent, le pauvre homme pratique se faisait
peu scrupule d'en arracher en même temps les fleurs.
Cette méprise souleva contre lui le parti des fleurs et des
rossignols, et tout ce qui appartient à ce parti, la beauté,
la grâce, l'esprit et la bonne plaisanterie ; et le pauvre
Nicolaï succomba.

Aujourd'hui les circonstances sont changées en Alle-
magne, et le parti des fleurs et des rossignols est étroi-
tement lié avec la révolution. L'avenir nous appartient,
et déjà commence à poindre l'aurore de la victoire. Si
jamais ce beau jour inonde de ses rayons notre patrie
entière, nous penserons alors aussi aux morts ; nous
penserons certainement à toi, vieux Nicolaï, pauvre
martyr de la raison ! Nous porterons tes restes au Pan-
théon allemand, au milieu d'un cortége triomphal, et
avec des chœurs de musique où l'on prendra la précau-
tion de n'y mêler aucun sifflet ; nous déposerons sur ton
cercueil la couronne de lauriers convenable, et nous
prenons même l'engagement de le faire sans rire.

Voulant donner une idée de la situation philosophique et religieuse de ces temps, il me faut parler ici des penseurs qui travaillèrent à Berlin, plus ou moins de compagnie avec Nicolaï, et qui formèrent une sorte de juste-milieu entre la philosophie et les belles-lettres. Ils n'avaient pas précisément de système, mais seulement une tendance déterminée. Ils ressemblent aux moralistes anglais dans leur style et dans leurs derniers principes. Ils écrivent sans observer de forme rigoureusement scientifique, et la conscience morale est l'unique source de leurs connaissances. Leur tendance est tout à fait la même que nous voyons chez les philanthropes français. En religion, ils sont rationalistes, et cosmopolites en politique; en morale, ils sont hommes, hommes nobles et vertueux, sévères pour eux-mêmes, indulgents pour les autres. Quant au talent, on peut citer Mendelsohn, Sülzer, Abt, Moritz, Garve, Engel et Biester comme les plus distingués. Moritz est celui que je préfère; il fit beaucoup dans la psychologie expérimentale; il fut d'une naïveté rare, peu comprise du reste par ses amis; ses mémoires sont un des monuments les plus remarquables de ce temps. Pourtant Mendelsöhn a plus que tous les autres une grande importance sociale : il fut le réformateur des Israélites allemands, ses coreligionnaires, ruina l'autorité du Talmud, et fonda le mosaïsme pur. Cet homme, que ses contemporains nommèrent le Socrate allemand, auquel ils accordèrent l'admiration la plus respectueuse à cause de la noblesse de son âme et de la force de son esprit, était le fils d'un pauvre gardien de la synagogue de Dessau. Outre le fardeau de la pauvreté, la Providence l'avait encore chargé d'une bosse, comme pour enseigner à la populace, par une leçon visible, qu'on doit juger l'homme d'après son mérite, et non d'après son extérieur.

Comme Luther avait vaincu le papisme, ainsi fit Mendelsohn pour le Talmud et par la même tactique, c'est-à-dire en rejetant la tradition et déclarant, comme source de la religion, la Bible, dont il traduisit la partie la plus importante. Il détruisit par là le catholicisme juif, comme Luther le catholicisme chrétien. Le Talmud est en effet le catholicisme des Juifs. C'est un dôme gothique, surchargé, il est vrai, d'ornements puérils, mais qui nous étonne par son élan prodigieux et par sa hauteur gigantesque; c'est une hiérarchie de lois religieuses, souvent d'une subtilité ridicule, et cependant si habilement superposées et subordonnées les unes aux autres, qu'elles s'appuient mutuellement et forment un ensemble colossal et formidable.

Le catholicisme des chrétiens une fois renversé, il fallait bien que celui des Juifs, le Talmud, succombât aussi; car le Talmud avait dès lors perdu sa valeur: il ne servait que de rempart contre Rome, et les Juifs lui doivent d'avoir pu résister contre Rome chrétienne aussi héroïquement que jadis contre la Rome du paganisme. Et non-seulement ils ont résisté, mais ils ont même vaincu; le pauvre rabbin de Nazareth, sur la tête mou-

rante duquel le Romain païen attacha l'écriteau iro-
nique : « Roi des Juifs ! » ce même roi dérisoire des
Juifs, couronné d'épines, revêtu d'une pourpre insul-
tante, devint à la fin le dieu des Romains, et il leur fallut
s'agenouiller devant lui. Comme jadis la Rome païenne,
Rome chrétienne a été vaincue, elle est même devenue
tributaire. Si tu veux, cher lecteur, te rendre, dans les
premiers jours du trimestre, rue Laffitte, n° 15, tu verras
s'arrêter, devant le portail élevé, une lourde voiture de
laquelle descend un gros homme. Celui-ci monte un
escalier qui conduit à un cabinet où un homme d'assez
bonne mine est assis avec une nonchalance de grand
seigneur, dans laquelle cependant perce quelque chose
d'aussi solide, d'aussi positif, d'aussi absolu, que s'il
avait dans sa poche tout l'argent de ce monde ; et il a
en effet tout l'argent du monde dans sa poche, car il
s'appelle M. James Rothschild, et le gros homme est
monsignor Garibaldi, l'envoyé de sa sainteté le pape,
et il apporte comme son représentant les intérêts de
l'emprunt romain, le tribut de Rome.

A quoi bon maintenant le Talmud ?

Moïse Mendelsohn mérite donc de grands éloges pour
avoir ruiné le catholicisme juif, au moins en Alle-
magne ; car ce qui est superflu est nuisible. En rejetant
la tradition, il tâcha cependant de maintenir comme
devoir religieux les lois rituelles du Pentateuque. Était-
ce timidité ou sagesse ? Eut-il un retour de sympathie
douloureuse qui l'empêcha de porter sa main destruc-

trice sur des objets qui avaient été si chers à ses an-
cêtres, et pour lesquels tant de sang, tant de larmes de
martyrs avaient coulé? Je ne le crois pas. Comme les
rois de la matière, les rois de l'esprit doivent s'endurcir
contre les sentiments de famille; et sur le trône de la
pensée on doit également se garder de céder à une
douce sensiblerie. Aussi je croirais plutôt que Moïse
Mendelsohn vit dans le mosaïsme pur une institution qui
pouvait servir au déisme comme un dernier retranche-
ment; car le déisme était sa foi la plus intime et sa plus
profonde conviction. Quand son ami Lessing mourut et
qu'on l'accusa de spinosisme, il le défendit avec le zèle
le plus inquiet, et, dans cette occasion, il se fâcha à en
mourir.

Je viens d'écrire pour la seconde fois le nom de
l'homme qu'aucun Allemand ne peut prononcer sans
entendre dans son sein un écho plus ou moins sonore.
Mais depuis Luther, l'Allemagne n'a pas enfanté
d'homme plus grand ni meilleur que Gotthold Ephraïme
Lessing; tous deux sont notre orgueil et notre joie.
Dans l'affliction du présent, nous élevons nos regards
vers leurs images consolatrices, et nous lisons dans
leurs yeux de brillantes prophéties. Oui, il viendra cer-
tainement le troisième libérateur qui achèvera ce que
Luther a commencé et ce que continua Lessing; il vien-
dra le troisième libérateur!... Je vois déjà son armure
d'or étinceler dans sa pourpre impériale, comme le so-
leil dans le manteau rouge du matin.

Ainsi que Luther, Lessing agit efficacement, moins encore en accomplissant des faits déterminés, qu'en remuant dans ses profondeurs le peuple allemand, et en produisant un mouvement salutaire dans les esprits par sa critique et par sa polémique. Il fut la critique vivante de son époque, et sa vie fut une polémique continuelle. Cette critique se porta dans le domaine le plus étendu de la pensée et du sentiment, dans la religion, dans la science, dans l'art; cette polémique terrassa tout adversaire et gagna en force à chaque victoire. Lessing, comme il l'avouait lui-même, avait besoin de lutte intellectuelle pour le développement de son esprit. Il ressemblait tout à fait à ce Normand fabuleux qui héritait des talents, des connaissances et des forces des hommes qu'il tuait en duel, et qui finit de cette manière par être doué de toutes les qualités et perfections imaginables. On conçoit qu'un champion aussi batailleur fit grand bruit en Allemagne, dans cette tranquille Allemagne qui avait alors une tranquillité encore plus endimanchée qu'aujourd'hui. Le plus grand nombre s'effarouchèrent de sa hardiesse littéraire; mais cette hardiesse même fut ce qui le servit le mieux. Oser ! est le secret de la victoire en littérature comme en révolution... et en amour. Tous tremblaient devant le glaive de Lessing; personne n'était à l'abri de ses coups. Oui, il abattit par pur caprice mainte tête qu'il eut la cruauté de relever pour montrer à la foule qu'elle était vide. Celui que sa logique tranchante ne pouvait atteindre, il

le tuait avec les traits de son esprit. Ses amis admiraient
l'empennure bigarrée de ces flèches, et ses ennemis se
sentaient la pointe dans le cœur. L'esprit de Lessing ne
ressemble point à cet enjouement, à cette gaieté, à ces
saillies bondissantes qu'on connaît dans ce pays-ci; son
esprit n'était pas un petit lévrier français qui court après
son ombre; c'était plutôt un gros matou allemand qui
joue avec la souris avant de l'étrangler.

Oui, la polémique fut la jouissance de notre Lessing.
Aussi, ne se demanda-t-il jamais longtemps si l'adversaire
était digne de lui. C'est ainsi que cette polémique arra-
cha bien des noms à un oubli très-mérité. Il a comme
enveloppé dans l'ironie la plus spirituelle, dans la verve
la plus charmante, bon nombre de petits écrivailleurs,
et ils se conserveront pour l'éternité dans les écrits de
Lessing, comme ces insectes coulés dans un morceau
d'ambre. En tuant son adversaire il lui donnait l'im-
mortalité. Qui de nous eût jamais entendu parler de ce
Klotz, sur qui Lessing dépensa tant de bonnes moque-
ries? Les blocs satiriques qu'il amoncela sur ce pauvre
académicien pour l'écraser, lui font aujourd'hui un mo-
nument indestructible.

C'est une chose digne de remarque que cet homme,
le plus spirituel de l'Allemagne, en fut aussi le plus
honorable. Rien ne ressemble à son amour pour la vé-
rité. Lessing ne fit jamais au mensonge la moindre con-
cession, même quand il eût pu, comme nos habiles,
avancer ainsi le triomphe de la vérité. Il pouvait tout

faire pour la vérité, tout, sinon mentir. Celui, disait-il un jour, qui veut présenter au peuple la vérité sous toutes sortes de fards et de masques, consentirait bien à être son entremetteur, mais il n'a jamais été son amant.

Le beau mot de Buffon, « le style est tout l'homme! » n'est applicable à personne plus qu'à Lessing. Sa manière d'écrire est, comme son caractère, vraie, ferme, sans ornements, belle et imposante par sa force intrinsèque. Son style est tout à fait le style des édifices romains, dont la mâle beauté résulte de la solidité la plus complète. Les diverses parties de sa période reposent l'une sur l'autre ainsi que des pierres de taille; pour celles-ci, la loi de la pesanteur est le lien d'assemblage invisible, comme l'enchaînement logique pour les écrits de Lessing. De là, dans sa prose, la rareté de ces chevilles, de ces tours ingénieux que nous employons en guise de ciment dans la construction de nos périodes. Nous y trouvons encore moins ces cariatides de la pensée que vous appelez la belle phrase.

Qu'un homme comme Lessing n'ait jamais pu être heureux, c'est ce que vous comprendrez facilement; et lors même qu'il n'eût pas aimé la vérité, qu'il ne l'eût pas courageusement défendue en toute occasion, il fallait qu'il fût malheureux; car c'était un homme de génie. On vous pardonnera tout, disait naguère en soupirant un jeune poëte, richesse, haute naissance, beauté, on vous pardonnera tout, même le talent; mais on est inexorable pour le génie. Hélas ! l'homme de génie eût-il le bonheur de ne pas rencontrer l'ennemi du dehors, il n'en trouverait pas moins en lui-même l'ennemi qui prépare sa ruine. C'est pourquoi l'histoire des grands hommes est toujours une légende de martyrs ; quand ils ne souffrirent pas pour la grande humanité, ils souffrirent pour leur propre grandeur, pour leur grande manière d'être, pour leur horreur du vulgaire, pour leur malaise au milieu de la trivialité vaniteuse et de la petitesse tracassière de leur entourage, malaise qui les porte facilement aux extravagances, par exemple, aux actrices ou au jeu, comme il arriva au pauvre Lessing.

Les mauvaises langues ne trouvèrent pas autre chose à lui reprocher, et nous apprenons, par sa biographie, que les belles comédiennes lui parurent plus amusantes que les pasteurs de Hombourg, et les cartes muettes l'entretenaient mieux que le bavardage des philosophes wolfiens.

Cela fend le cœur, de lire dans cette biographie comme le sort refusa à cet homme toute espèce de joie, et ne lui permit même pas de se reposer, dans la paix de la famille, de ses combats journaliers. Une seule fois, la fortune sembla vouloir le favoriser, en lui donnant une épouse chérie, un enfant... Mais cette joie ne fut que le rayon du soleil sur l'aile d'un oiseau qui s'envole. La femme mourut après ses couches, et l'enfant quelques heures après sa naissance. Il écrivit à un de ses amis, sur cet enfant, ces lignes d'une poignante ironie :

« Mon bonheur n'a pas duré; et je l'ai perdu avec bien du regret, ce fils! car il avait tant d'esprit! tant d'esprit!... Ne croyez pas que les quelques heures de ma paternité aient fait de moi une sorte de singe de père! Je sais ce que je dis... N'était-ce pas de l'esprit à lui de ne se laisser amener au monde que par des pinces de fer, d'avoir si promptement reconnu le malaise de notre société?... N'était-ce pas de l'esprit d'avoir saisi la première occasion d'en sortir?... J'ai voulu être heureux une fois comme les autres hommes; mais cela ne m'a pas réussi... »

Il y eut un malheur dont Lessing ne se plaignit jamais à ses amis : ce fut son effrayant isolement, sa solitude intellectuelle. Quelques-uns de ses amis l'aimèrent; mais aucun ne le comprit. Mendelsohn, son meilleur ami, le défendit avec chaleur quand on l'accusa de spinosisme. La défense et la chaleur étaient aussi ridicules que superflues. Tranquillise-toi dans ta tombe, vieux Moïse! ton Lessing était bien sur la route de cette affreuse erreur, de cet abîme horrible du spinosisme;... mais le Très-Haut, notre père qui est au ciel, l'en a préservé à temps par la mort. Tranquillise-toi, Lessing n'était pas spinosiste, comme le prétendait la calomnie, il mourut en bon déiste, comme toi et Nicolaï, et Teller et la *Bibliothèque universelle allemande.*

Lessing ne fut que le prophète qui, en comprenant le second testament, annonça le troisième. Je l'ai appelé continuateur de Luther; et c'est surtout sous ce rapport que j'ai à en parler ici. Je dirai ailleurs son importance quant à l'art allemand : il a introduit une réforme salutaire, non-seulement par sa critique, mais encore par son exemple, et cette face de son activité est celle qu'on met en lumière et qu'on prise le plus ordinairement. Nous le considérons, nous, sous un autre point de vue, et ses luttes philosophiques et théologiques nous intéressent plus que sa dramaturgie et que ses drames. Ceux-ci ont pourtant, comme tous ses écrits, un sens social, et *Nathan le sage* n'est pas seulement, au fond, une bonne comédie, c'est aussi un traité philosophico-théologique en faveur du déisme pur. L'art fut pour Lessing une autre sorte de tribune, et quand on lui fermait le prêche et la chaire il s'élançait sur la scène, y parlait plus clairement encore et conquérait un public bien plus nombreux.

Je dis que Lessing a continué Luther. Celui-ci nous ayant délivrés de la tradition et constitué la Bible, source unique du christianisme, il s'établit un culte sec de la lettre, et cette lettre de la Bible régna aussi tyranniquement qu'autrefois la tradition. C'est à nous délivrer de cette lettre tyrannique que Lessing a le plus contribué. Comme Luther, qui ne fut pas tout à fait seul à combattre la tradition, Lessing combattit, non pas seul à la vérité, mais avec le plus de vaillance, contre la lettre; sa voix retentit la plus sonore dans la bataille. C'est là qu'il agite son glaive avec le plus d'ivresse, et ce glaive éclaire et tue; mais c'est aussi là que Lessing est le plus dangereusement serré par la noire phalange ; et, dans un semblable embarras, il s'écria un jour :

« *O sancta simplicitas !...* Mais je ne suis pas encore là où l'excellent homme qui prononça ces paroles ne put en prononcer d'autres. (Jean Huss fit entendre cette exclamation sur le bûcher.) Nous voulons d'abord être jugés par ceux qui peuvent et veulent nous entendre et nous juger.

« Oh ! s'il le pouvait, lui que je souhaiterais le plus avoir pour juge !... Luther ! toi... grand homme méconnu ! et méconnu le plus par ces entêtés criards qui portant tes pantoufles à la main, trottinent dans la voie que tu leur as ouverte !... Tu nous as rachetés de l'esclavage de la tradition : qui nous rachètera de l'insupportable esclavage de la lettre? qui nous apportera enfin un christianisme comme tu l'enseignerais aujourdhui, comme le Christ l'enseignerait lui-même? »

Oui, la lettre, disait Lessing, est le dernier voile du christianisme; que ce voile tombe, et l'esprit paraîtra. Mais cet esprit n'est pour Lessing autre chose que ce que la philosophie de Wolf avait entrepris de démontrer, ce que les philanthropes sentirent dans leur conscience, ce que Mendelsohn avait trouvé dans le mosaïsme, ce que les francs-maçons ont chanté, ce que les poëtes ont fredonné, enfin ce qui se produisait alors sous toutes les formes en Allemagne : le déisme pur.

Lessing mourut à Brunswick en 1781, méconnu, haï et décrié. Dans la même année, parut à Kœnigsberg la

Critique de la Raison pure, d'Emmanuel Kant. Avec ce livre qui, par un singulier retard, ne fut généralement connu qu'après la huitième année de sa publication, commence en Allemagne une révolution intellectuelle qui présente la plus curieuse analogie avec la révolution politique en France, et doit paraître non moins importante à l'homme penseur ; elle se développe avec des phases égales, et il existe entre ces deux révolutions le parallélisme le plus remarquable.

Des deux côtés du Rhin, nous voyons la même rupture avec le passé. On refuse tout respect à la tradition. En France tout droit, en Allemagne toute pensée, est mis en accusation et forcé de se justifier. Ici tombe la royauté, clef de voûte du vieil édifice social ; là-bas, le déisme, clef de voûte de l'ancien régime intellectuel.

Cette catastrophe, ce 21 janvier du déisme, nous en parlerons dans la troisième partie. Un effroi respectueux, une mystérieuse piété ne nous permettent pas d'écrire aujourd'hui davantage. Notre cœur est plein d'un frémissement de compassion... car c'est le vieux du ciel lui-même qui se prépare à la mort. Nous l'avons si bien connu, depuis son berceau en Égypte, où il fut élevé parmi les veaux et les crocodiles divins, les oignons, les ibis et les chats sacrés... Nous l'avons vu dire adieu à ces compagnons de son enfance, aux obélisques et aux sphinx du Nil, puis en Palestine devenir un petit dieu-roi chez un pauvre peuple de pasteurs... Nous le vîmes plus tard en contact avec la civilisation assyro-babylonienne; il renonça alors à ses passions par trop humaines, s'abstint de vomir la colère et la vengeance; du moins ne tonna-il plus pour la moindre vétille... Nous le vîmes émigrer à Rome, la capitale, où il abjura toute espèce de préjugés nationaux, et proclama l'égalité céleste de tous les peuples; il fit, avec ces belles phrases, de l'opposition contre le vieux Jupiter, et intrigua tant qu'il arriva bientôt au pouvoir, et du haut du Capitole gouverna la ville et le monde, *urbem et orbem*... Nous l'avons vu s'épurer, se spiritualiser encore davantage, devenir paternel, miséricordieux, bienfaiteur du genre humain, philanthrope... Rien n'a pu le sauver !...

N'entendez-vous pas résonner la clochette? A genoux !... On porte les sacrements à un Dieu qui se meurt.

TROISIÈME PARTIE

— DE KANT JUSQU'A HEGEL —

On raconte qu'un mécanicien anglais, qui avait déjà imaginé les machines les plus ingénieuses, s'avisa à la fin de fabriquer un homme, et qu'il y avait réussi. L'œuvre de ses mains pouvait fonctionner et agir comme un homme ; il portait dans sa poitrine de cuir une espèce d'appareil de sentiment humain qui ne différait pas trop des sentiments habituels des Anglais, il pouvait communiquer en sons articulés ses émotions, et le bruit intérieur des rouages, ressorts et échappements, qu'on entendait alors, produisait une véritable prononciation anglaise. Enfin cet automate était un gentleman accompli, et pour en faire tout à fait un homme, il ne lui manquait plus qu'une âme. Mais cette âme, son créateur anglais ne pouvait la lui donner, et la pauvre créature, arrivée à la conscience de son imperfection, tourmentait jour et nuit son créateur, en le suppliant de lui donner une âme. Cette prière, qui devenait chaque jour plus pressante, finit par devenir tellement insupportable au pauvre artiste, qu'il prit la fuite pour se dérober à son chef-d'œuvre. Mais la machine-homme prend tout de suite la poste, le poursuit sur tout le continent, ne cesse de courir à ses trousses, l'attrape quelquefois, et alors grince et grogne à ses oreilles : *Give me a soul !* Nous rencontrons maintenant dans tous les pays ces deux personnages, et celui-là seul qui connaît leur position respective comprend leur singulier empressement, leur trouble et leur chagrin. Mais quand on connaît cette position particulière, on y retrouve bientôt quelque chose de général : on voit comment une partie du peuple anglais est lasse de son existence mécanique, et demande une âme, tandis que l'autre partie est mise à la torture par cette demande, et qu'aucune d'elles ne peut trouver la paix au logis.

C'est là une affreuse histoire. C'est une chose terrible quand les corps que nous avons créés nous demandent une âme; mais une chose plus affreuse, plus terrible, plus saisissante, est d'avoir créé une âme, et de l'entendre vous demander un corps et vous poursuivre avec ce désir. La pensée que nous avons fait naître dans notre esprit est une de ces âmes, et elle ne nous laisse pas de repos que nous ne lui ayons donné son corps, que nous ne l'ayons réalisée en fait sensible. La pensée veut devenir action, le verbe devenir chair, et, chose merveilleuse! l'homme, comme le Dieu de la Bible, n'a besoin que d'exprimer sa pensée, et le monde s'ajuste en conséquence : la lumière ou l'obscurité se fait, les eaux se séparent de la terre, ou bien encore des animaux féroces apparaissent. Le monde est la configuration de la parole.

Le vieux Fontenelle disait pour cette raison : « Si j'avais dans ma main toutes les vérités du monde, je me garderais bien de l'ouvrir. » Moi, je pense tout le contraire. Si j'avais toutes les vérités du monde dans la main, je vous prierais peut-être de me couper à l'instant cette main ; mais, dans tous les cas, je ne la garderais pas longtemps fermée. Je ne suis point né geôlier de pensées ; par Dieu ! je leur donnerais la liberté. Qu'elles se transforment en faits effrayants, qu'elles se ruent dans tous les pays comme une bacchanale effrénée, qu'elles brisent avec leurs thyrses nos fleurs les plus innocentes, qu'elles fassent irruption dans nos hôpitaux et arrachent de son lit le vieux monde malade..... mon cœur en saignera sans doute, et moi-même j'en souffrirai aussi préjudice ; car, hélas ! je fais partie aussi, moi, de ce vieux monde malade, et c'est avec raison que le poëte dit : on a beau se moquer de ses béquilles, on ne marche pas mieux pour cela. Je suis le plus malade de vous tous, et d'autant plus à plaindre que je sais ce que c'est que la santé ; mais vous ne le savez pas, vous, hommes que j'envie ! vous êtes capables de mourir sans vous en apercevoir. Oui, beaucoup d'entre vous sont morts depuis longtemps, et soutiennent qu'ils commencent à présent même leur véritable vie. Quand je contredis une telle illusion, l'on m'en veut, on m'injurie... et, chose effrayante ! les cadavres se redressent contre moi et m'outragent, et ce qui me blesse encore plus que leurs invectives, ce sont leurs miasmes putrides... Arrière, fantômes ! je vais parler d'un homme dont le nom seul exerce une puissance d'exorcisme, je parle d'Emmanuel Kant.

On dit que les esprits de la nuit s'épouvantent quand ils aperçoivent le glaive d'un bourreau. De quelle terreur doivent-ils donc être frappés quand on leur présente la *Critique de la raison pure* de Kant ! Ce livre est le glaive qui tua en Allemagne le Dieu des déistes.

A dire vrai, vous autres Français, vous avez été doux et modérés, comparés à nous autres Allemands : vous n'avez pu tuer qu'un roi, et encore vous fallut-il en cette occasion tambouriner, vociférer, et trépigner à ébranler tout le globe. On fait réellement à Maximilien Robespierre trop d'honneur en le comparant à Emmanuel Kant. Maximilien Robespierre, le grand badaud de la rue Saint-Honoré, avait sans doute ses accès de destruction quand il était question de la royauté, et il se démenait d'une manière assez effrayante dans son épilepsie régicide ; mais s'agissait-il de l'Être-Suprême, il essuyait l'écume qui blanchissait sa bouche, lavait ses mains ensanglantées, sortait du tiroir son habit bleu des dimanches avec ses beaux boutons en miroirs, et plantait une botte de fleurs devant son large gilet.

L'histoire de la vie d'Emmanuel Kant est difficile à écrire, car il n'eut ni vie ni histoire; il vécut d'une vie de célibataire, vie mécaniquement réglée et presque abstraite, dans une petite rue écartée de Kœnigsberg, vieille ville des frontières nord-est de l'Allemagne. Je ne crois pas que la grande horloge de la cathédrale ait accompli sa tâche visible avec moins de passion et plus de régularité que son compatriote Emmanuel Kant. Se lever, boire le café, écrire, faire son cours, dîner, aller à la promenade, tout avait son heure fixe, et les voisins savaient exactement qu'il était deux heures et demie quand Emmanuel Kant, vêtu de son habit gris, son jonc d'Espagne à la main, sortait de chez lui, et se dirigeait vers la petite allée de tilleuls, qu'on nomme encore à présent, en souvenir de lui, l'allée du Philosophe. Il la montait et la descendait huit fois le jour, en quelque saison que ce fût; et quand le temps était couvert ou que les nuages noirs annonçaient la pluie, on voyait son domestique, le vieux Lampe, qui le suivait d'un air vigilant et inquiet, le parapluie sous le bras, véritable image de la Providence.

Quel contraste bizarre entre la vie extérieure de cet homme et sa pensée destructive! En vérité, si les bourgeois de Kœnigsberg avaient pressenti toute la portée de cette pensée, ils auraient éprouvé devant cet homme un frémissement bien plus horrible qu'à la vue d'un bourreau qui ne tue que des hommes... Mais les bonnes gens ne virent jamais en lui qu'un professeur de philosophie, et quand il passait à l'heure dite, ils le saluaient amicalement et réglaient d'après lui leur montre.

Mais si Emmanuel Kant, ce grand démolisseur dans le domaine de la pensée, surpassa de beaucoup en terrorisme Maximilien Robespierre; il a pourtant avec lui quelques ressemblances qui provoquent un parallèle entre ces deux hommes. D'abord nous trouvons chez tous deux cette probité inexorable, tranchante, incommode, sans poésie; et puis tous deux ont le même talent de défiance, que l'un traduit par le mot de critique, et qu'il tourne contre les idées, tandis que l'autre l'emploie contre les hommes et l'appelle vertu républicaine. D'ailleurs, ils révèlent tous deux au plus haut degré le type du badaud, du boutiquier... La nature les avait destinés à peser du café et du sucre; mais la fatalité voulut qu'ils tinssent une autre balance, et jeta à l'un un roi, à l'autre un Dieu...

Et ils pesèrent exactement.

La *Critique de la raison pure* est l'ouvrage capital de Kant: c'est pourquoi nous en parlerons de préférence, aucun de ses écrits n'a une aussi grande importance. Ce livre parut en 1781; mais, comme je l'ai déjà dit, il ne fut généralement connu qu'en 1789. On ne s'en occupa aucunement à l'époque de la publication. Il n'en parut alors que deux annonces insignifiantes, et ce ne fut que plus tard que l'attention publique fut attirée sur ce grand livre par des articles de Schütz, Schultz et Reinhold. On peut bien attribuer à la forme inusitée et au mauvais style de l'ouvrage cette reconnaissance tardive : quant au style, Kant mérite plus de blâme qu'aucun autre philosophe, surtout quand nous le comparons à son style précédent, qui était meilleur. La collection de ses petites compositions, qui a été publiée dernièrement, contient ses premiers essais, et l'on s'émerveille d'y rencontrer une manière excellente et souvent très-spirituelle. Il a fredonné ces petits traités pendant qu'il ruminait son grand œuvre. Il me fait l'effet d'un soldat qui sourit en s'armant tranquillement pour un combat où il se promet une victoire certaine. On remarque surtout, dans ces petits écrits, l'*Histoire naturelle universelle* et la *Théorie sur le sentiment du ciel*, composée dès l'année 1755; les *Considérations du beau et du sublime*, écrites dix ans plus tard, ainsi que les *Songes d'un homme qui voit des esprits*, pleins d'une verve excellente, à la manière des essais français. L'esprit de Kant, tel qu'il se révèle dans ces opuscules, a quelque chose de tout particulier. L'esprit s'y cramponne à la pensée, et, en dépit de sa ténuité, s'élève ainsi à une hauteur satisfaisante. Sans un pareil appui, l'esprit même le plus riche ne saurait réussir; comme une vigne qui manque de soutien, il lui faudrait ramper tristement à terre, et y pourrir avec ses fruits les plus précieux.

Mais pourquoi Kant a-t-il écrit sa *Critique de la rai-*

son pure dans un style si terne, si sec, vrai style de papier gris? Je crois qu'il craignit, après avoir rejeté la forme mathématique de l'école Cartesio-Leibnitzo-Wolfienne, que la science ne perdît quelque chose de sa dignité en s'exprimant d'un ton léger, aimable et avenant. Il lui donna donc une forme raide, abstraite, qui repoussait froidement toute familiarité avec les esprits d'une trempe subalterne. Il voulut s'éloigner fièrement des philosophes populaires d'alors, qui aspiraient à la clarté la plus bourgeoise, et il fit parler à sa philosophie une sorte de pesant langage de chancellerie; c'est là que la morgue d'épicier se montre tout entière. Peut-être aussi Kant avait-il besoin, pour la filiation rigoureuse de ses idées, d'une langue qui les revêtît d'une netteté aussi sèche, et il n'était pas en état d'en créer une meilleure. Le génie seul a une parole neuve pour une idée neuve. Mais Emmanuel Kant n'était pas un génie. Dans la conscience de cette lacune de son organisation, Kant, tout comme le bon Maximilien, ne fut que plus défiant envers le génie, et il alla même jusqu'à soutenir, dans sa *Critique du jugement*, que le génie n'avait rien à faire dans la science, et il reléguait son action dans le domaine de l'art.

Kant a fait beaucoup de mal par ce style lourd et empesé de son principal ouvrage; car les imitateurs sans esprit le singèrent dans la forme extérieure, et alors naquit chez nous cette absurdité, qu'on ne pouvait être philosophe et bien écrire. Pourtant la forme mathématique ne put, depuis Kant, reparaître davantage dans la philosophie ; il a impitoyablement tué cette forme dans la *Critique de la raison pure*. La forme mathématique, disait-il, n'est bonne en philosophie qu'à bâtir des châteaux de cartes, de même que la forme philosophique, dans les mathématiques, ne produit que bavardage ; car il ne peut y avoir des définitions en philosophie, comme dans les mathématiques, où les définitions ne sont pas discursives, mais intuitives, c'est-à-dire peuvent être démontrées à l'inspection, tandis que ce qu'on nomme définitions en philosophie n'est présenté que d'une manière hypothétique, par forme d'expérimentation, et que la véritable définition n'apparaît qu'à la fin comme résultat.

Comment se fait-il que les philosophes montrent tant de prédilection pour la forme mathématique ? Cette prédilection commence dès le temps de Pythagore, qui désigna par des nombres les principes des choses. C'était une pensée d'homme de génie : tout le sensible et le fini est retranché dans un nombre, et pourtant il indique quelque chose de déterminé, et le rapport de cette chose à une autre chose déterminée, qui, désignée à son tour par un nombre, reçoit ce même caractère d'insensible et d'infini. En cela, le nombre ressemble aux *idées* qui ont entre elles le même caractère et le même rapport. On peut indiquer d'une manière très-frappante, par des nombres, les idées telles qu'elles se produisent dans notre esprit et dans la nature ; mais le nombre n'est toujours après tout que le signe représentatif de l'idée, et non l'idée elle-même. Le maître a bien encore la conscience de cette distinction ; mais l'écolier l'oublie, et ne transmet à d'autres écoliers de seconde main que des hiéroglyphes numériques, des chiffres morts dont personne ne connaît plus le sens vivifiant. Cela s'applique aussi aux autres éléments de la forme mathématique. L'intellectuel, dans son éternelle mobilité, ne permet aucun arrêt, et il se laisse aussi peu fixer par des lignes, des triangles, des carrés et des cercles, que par des nombres. La pensée ne peut être calculée ni mesurée.

Comme ma tâche est surtout de faciliter en France l'étude de la philosophie allemande, je traite toujours plus volontiers de ces difficultés extérieures qui effraient facilement un étranger quand on ne l'en a pas prévenu. Ceux qui voudraient mettre Kant à la portée du public français, je les avertis surtout qu'ils peuvent retrancher de sa philosophie la partie destinée seulement à combattre les absurdités de la philosophie de Wolf. Cette polémique, qui se fait jour partout, ne servirait qu'à embrouiller les Français, et ne leur est d'aucune utilité.

La *Critique de la raison pure* est, comme je l'ai dit, l'ouvrage capital de Kant, et l'on peut en quelque sorte se passer de ses autres écrits, ou du moins ne les considérer que comme des commentaires : on jugera, par ce qui suit, de l'importance sociale de cette œuvre.

Les philosophes avant Kant ont réfléchi sur l'origine de nos connaissances, et suivi, comme on l'a vu, deux routes différentes, selon qu'ils ont admis des idées *à priori* ou des idées *à posteriori*; mais la faculté même de connaître, la capacité et les bornes de cette faculté, on s'en était moins occupé. Ce fut la tâche que s'imposa Kant: il soumit notre faculté de connaître à une enquête impitoyable, sonda toutes les profondeurs de cette faculté, et en constata les limites. Il trouva sans doute en résultat que nous ne pouvons rien savoir de beaucoup de choses que nous donnions précédemment comme nos connaissances intimes. C'était très-mortifiant; mais il était toujours utile de savoir quelles choses nous ne pouvions savoir. Qui nous met en garde contre un chemin inutile et nous rend autant service que celui qui nous indique la vraie route. Kant nous prouve que nous ne savons rien des choses telles qu'elles sont en elles-mêmes et par elles-mêmes, mais que nous n'en avons connaissance qu'autant et de la manière qu'elles se réfléchissent dans notre esprit. Nous sommes alors tout à fait comme ces prisonniers dont Platon, dans le septième livre de sa République, fait une peinture si affligeante. Ces malheureux, enchaînés par le cou et par la cuisse, de telle façon qu'ils ne peuvent tourner la tête, sont assis dans une prison ouverte par le haut, et c'est d'en haut qu'ils reçoivent quelque lumière; mais cette lumière vient d'un feu dont la flamme s'élève derrière eux, et qui est séparé d'eux par un petit mur. Le long de ce mur marchent des hommes qui portent toutes sortes de statues, images de bois et de pierre, et qui

parlent entre eux. Les pauvres prisonniers ne peuvent
voir ces hommes qui ne sont pas de la hauteur du mur;
et, des statues qui dépassent cette élévation, ils ne
voient que les ombres qui se promènent sur la muraille
en face d'eux. Ils prennent alors ces ombres pour les
objets eux-mêmes, et, trompés par l'écho de leur pri-
son, croient que ce sont les ombres qui parlent entre
elles.

La précédente philosophie, qui allait furetant partout
pour amasser sur toutes choses des indices et des faits
qu'elle classait ensuite, prit fin à l'apparition de Kant.
Celui-ci ramena les recherches dans les profondeurs de
l'esprit humain, et s'enquit de ce qui s'y passait. Ce n'est
pas sans raison qu'il compare sa philosophie à la mé-
thode de Copernic. Autrefois, quand on laissait tran-
quille la terre autour de laquelle on faisait tourner le
soleil, les calculs astronomiques ne concordaient pas
toujours très-bien. Alors Copernic fit rester le soleil
immobile et tourner la terre autour du soleil, et sur-le-
champ tout s'arrangea à merveille. Jadis la raison,
comme le soleil, courait autour du monde des faits pour
les éclairer de sa lumière. Mais Kant fait demeurer en
place la raison, et le monde des faits tourne autour et
s'éclaire à mesure qu'il arrive à portée de ce soleil
intellectuel.

Ce peu de mots, par lesquels j'ai indiqué la tâche de
Kant, suffit pour faire comprendre que je regarde
comme la partie la plus importante, comme le point

central de sa philosophie, la section de son livre où il
traite des *phénomènes*, et des *noumènes*. Kant fait en
effet une différence entre les apparitions des choses et
les choses elles-mêmes. Comme nous ne pouvons rien
savoir des objets qu'autant qu'ils se manifestent à nous
par leur apparition, et que les objets ne se montrent pas
à nous comme ils sont en eux-mêmes et par eux-
mêmes, Kant a nommé les objets tels qu'ils nous appa-
raissent, *phénomènes*, et *noumènes* les objets tels qu'ils
sont en eux-mêmes. Nous ne pouvons donc connaître
les choses que comme *phénomènes*, et non comme *nou-
mènes*. Les derniers sont purement problématiques :
nous ne pouvons dire ni qu'ils existent, ni qu'ils
n'existent pas. Le mot *noumènes* n'a été opposé à celui
de phénomènes que pour pouvoir parler des choses au
degré où elles sont reconnaissables pour nous, sans
occuper notre jugement de celles qui lui sont inacces-
sibles. Kant n'a donc point, comme plusieurs maîtres
que je ne veux pas nommer, distingué les objets en
phénomènes et en noumènes, c'est-à-dire en choses
qui existent et en choses qui n'existent pas pour nous.
Ce serait là un véritable Bull irlandais en philosophie.
Il n'a voulu exprimer qu'une donnée de limites. Dieu
est, selon Kant, un noumène. Par suite de son argu-
mentation, cet être idéal et transcendental, qu'on avait
jusqu'alors nommé Dieu, n'est qu'une supposition. C'est
le résultat d'une *illusion* naturelle. Oui, Kant démontre
comment nous ne pouvons rien savoir sur ce noumène,

sur Dieu, et comme toute preuve raisonnable de son existence est impossible. Les paroles de Dante, *Lasciate ogni speranza*, nous les inscrivons sur cette partie de la *Critique de la raison pure*.

Je crois qu'on me dispensera volontiers d'expliquer cette partie où il traite des arguments de la raison spéculative en faveur de l'existence d'un Être-Suprême. Quoique la réfutation de ces arguments ne tienne pas beaucoup de place et ne vienne que dans la seconde moitié du livre, elle est amenée de loin avec la plus grande prévoyance, et rentre dans les points culminants de l'ouvrage. Elle se rattache à la *Critique de toute théologie spéculative*, et c'est là que s'évanouissent les derniers fantômes des déistes. Je dois remarquer que Kant, en attaquant les trois sortes de preuves de l'existence de Dieu, c'est-à-dire la preuve ontologique, la cosmologique et la physicothéologique, peut détruire les deux dernières plus facilement que l'autre. J'ignore si ces dénominations sont connues ici, et je cite en conséquence le passage de la *Critique* où Kant en formule la distinction :

« Il n'y a de possibles que trois sortes de preuves de la raison spéculative en faveur de l'existence de Dieu. Toutes les routes qu'on peut prendre pour atteindre ce but commencent ou à l'expérience déterminée et à la propriété particulière du monde sensible reconnue par cette expérience, et s'élèvent de là, selon les lois de la causalité, jusqu'à la cause suprême en dehors du monde; ou bien elles s'appuient sur une expérience indéterminée, par exemple, sur une existence quelconque; ou enfin elles font abstraction de toute expérience, et concluent, tout à fait *à priori*, de pures idées à l'existence d'un Être-Suprême. La première preuve est la preuve physicothéologique, la seconde la cosmologique, et la troisième l'ontologique. Il n'en existe pas et il n'en peut exister davantage. »

Après une étude souvent reprise du livre principal de Kant, j'ai cru reconnaître que la polémique contre ces preuves de l'existence de Dieu s'y montre partout, et j'en parlerais longuement si je n'étais retenu par un sentiment religieux. Il me suffit de voir quelqu'un discuter l'existence de Dieu, pour sentir en moi une inquiétude aussi singulière, une oppression aussi indéfinissable que celle que j'éprouvai jadis à Londres, quand, visitant New-Bedlam, je me vis seul et abandonné par mon guide au milieu d'une troupe de fous. Dieu est tout ce qui est. Douter de lui, c'est douter de la vie elle-même; ce n'est pas moins que la mort.

Autant la discussion sur l'existence de Dieu mérite le blâme, autant est louable la méditation sur la nature de Dieu. Cette méditation est un véritable culte; notre âme se détache du périssable et du fini, et arrive à la conscience de l'amour inné et de l'harmonie de l'univers. Cette conscience émeut l'homme sensible dans la prière ou dans la contemplation des symboles sacrés. Le penseur en est pénétré dans l'exercice de cette sublime faculté de l'esprit que nous appelons raison, et dont la destination supérieure est de rechercher la nature de Dieu. Les hommes spécialement religieux s'occupent de ce problème pendant toute leur vie; ils en sont secrètement tourmentés dès l'enfance, dès les premières incitations de la raison. En Occident comme en Orient ils se sont épuisés en hyperboles. Car l'imagination des déistes est tourmentée sans succès de l'infini de l'espace et du temps. C'est ici que se montre leur impuissance, la faiblesse de leur idée cosmogonique, de leur explication de la nature de Dieu, de leurs preuves de son existence, et nous n'éprouvons pas trop de peine en voyant comment Kant a détruit ces preuves de l'existence de Dieu. Et lors même que la preuve ontologique serait sauvée, le déisme ne s'en trouverait pas mieux; car cette preuve serait aussi profitable au panthéisme. Pour me faire mieux comprendre, j'ajouterai que la preuve ontologique est celle que Descartes a employée, et que, longtemps auparavant, au moyen âge, Anselme de Canterbury avait exprimée sous la forme d'une prière. On peut même dire que saint Augustin a déjà employé la preuve ontologique dans le second livre de l'ouvrage *De libero arbitrio*.

Je m'abstiens, comme je l'ai dit, de tout développement populaire de la polémique de Kant contre ces preuves; je me contente d'assurer que, depuis ce temps, le déisme s'est évanoui dans le domaine de la raison spéculative. Cette nouvelle funèbre aura peut-être en-

core besoin de quelques siècles pour être universelle-
ment répandue... mais nous avons, nous autres, pris le
deuil depuis longtemps. *De profundis.*

Vous croyez peut-être que nous n'avons plus qu'à
rentrer chez nous! Il nous reste, parbleu, à voir encore
une pièce; après la tragédie vient la farce. Emmanuel
Kant a jusqu'ici pris la voix effrayante d'un philosophe
inexorable, enlevé le ciel d'assaut et passé toute la gar-
nison au fil de l'épée. Vous voyez étendus sans vie les
gardes du corps ontologiques, cosmologiques et physico-
théologiques; la déité elle-même, privée de démonstra-
tion, a succombé; il n'est plus désormais de miséricorde
divine, de bonté paternelle, de récompense future pour
les privations actuelles, l'immortalité de l'âme est à
l'agonie... On n'entend que râle et gémissements... Et
le vieux Lampe, spectateur affligé de cette catastrophe,
laisse tomber son parapluie; une sueur d'angoisse et
de grosses larmes coulent de son visage. Alors Emma-
nuel Kant s'attendrit et montre qu'il est, non-seulement
un grand philosophe, mais encore un brave homme; il
réfléchit, et dit d'un air moitié débonnaire, moitié
malin :

« Il faut que le vieux Lampe ait un Dieu, sans quoi
point de bonheur pour le pauvre homme... Or, l'homme
doit être heureux en ce monde;..... c'est ce que dit la
raison pratique... Je le veux bien, moi... que la raison
pratique garantisse donc l'existence de Dieu. » En con-
séquence de ce raisonnement, Kant distingue entre la

raison théorique et la *raison pratique*, et, à l'aide de
celle-ci, comme avec une baguette magique, il ressuscite
le Dieu que la raison théorique avait tué.

Peut-être bien Kant a-t-il entrepris cette résurrection,
non pas seulement par amitié pour le vieux Lampé,
mais par crainte de la police. Aurait-il agi par convic-
tion? A-t-il, en ruinant toutes les preuves de l'existence
de Dieu, voulu nous montrer combien il est triste pour
nous de ne rien savoir sur Dieu? Il fit à peu près en
cela comme mon ami westphalien, qui brisa toutes les
lanternes de la rue Grohnd à Goettingue, et, dans l'ob-
scurité, nous fit un long discours sur la nécessité pra-
tique des lanternes qu'il avait lapidées d'une manière
théorique, pour nous montrer que sans leur lumière
bienfaisante nous n'y pouvions rien voir.

J'ai déjà dit qu'au moment où elle parut, la *Critique
de la raison pure* ne fit aucune sensation : ce ne fut que
plusieurs années après qu'elle excita l'attention pu-
blique, quand quelques philosophes eurent écrit des
explications de ce livre. En l'an 1789, il ne fut plus
question d'autre chose en Allemagne que de la philoso-
phie de Kant, et elle eut alors, pour le fond et pour la
forme, ses commentaires, chrestomaties, interpréta-
tions, appréciations, apologies, etc., etc. Il suffit de jeter
un regard sur le premier catalogue philosophique venu :
la foule innombrable des écrits dont Kant fut alors
l'objet témoigne suffisamment du mouvement intellec-
tuel auquel ce seul homme avait donné naissance. Ce fut

chez les uns un enthousiasme bouillant, chez les autres un chagrin amer, chez beaucoup une anxiété béante sur l'issue de cette révolution intellectuelle. Nous eûmes des émeutes dans le monde de la pensée aussi bien que vous autres dans le monde matériel, et nous nous échauffâmes à la démolition du vieux dogmatisme autant que vous à l'assaut de la Bastille. Il n'y eut plus guère non plus que quelques invalides qui défendirent le dogmatisme, la philosophie de Wolf. C'était une révolution, et les horreurs n'y manquèrent pas. Dans le parti du passé, ce furent les bons chrétiens qui s'émurent le moins de ces horreurs. Ils allèrent même jusqu'à en souhaiter encore davantage, afin que la mesure pût se remplir, et la contre-révolution s'accomplir plus promptement comme réaction nécessaire. Il y eut chez nous des pessimistes en philosophie comme chez vous en politique. Comme il y eut dans ce pays des gens qui prétendaient que Robespierre n'était qu'un agent de Pitt, ainsi chez nous quelques-uns poussèrent l'aveuglement au point de se figurer que Kant s'entendait secrètement avec eux, et qu'il n'avait renversé toutes les preuves philosophiques de l'existence de Dieu que pour faire comprendre au monde qu'on ne peut jamais arriver par la raison à la connaissance de Dieu, et qu'on doit alors s'en tenir à la religion révélée.

Kant donna cette grande impulsion aux esprits, moins encore par le fond de ses écrits que par l'esprit critique qui y régnait, et qui s'introduisit dès lors dans toutes les sciences. Toutes les disciplines en furent saisies; même la poésie ne fut pas à l'abri de cette influence. Schiller, par exemple, fut un puissant kantiste, et ses vues artistiques sont imprégnées de l'esprit de la philosophie de Kant. Les belles-lettres et les beaux-arts se ressentirent de la sécheresse abstraite de cette philosophie. Par bonheur, elle ne se mêla pas de la cuisine.

Le peuple allemand ne se laisse point facilement émouvoir; mais quand on l'a une fois poussé dans une route, il la suivra jusqu'au bout avec la constance la plus opiniâtre : ainsi nous nous montrâmes dans les affaires de religion, ainsi nous fûmes en philosophie. Avancerons-nous d'une manière aussi persévérante en politique?

L'Allemagne fut entraînée par Kant dans la voie philosophique, et la philosophie devint une cause nationale. Une belle troupe de grands penseurs surgit tout d'un coup du sol allemand comme évoquée par une formule magique. Si la philosophie allemande trouve un jour, comme la révolution française, son Thiers et son Mignet, cette histoire offrira une lecture aussi remarquable: l'Allemand la lira avec orgueil, et le Français avec admiration.

Parmi les disciples de Kant domina de bonne heure Johannes Gottlieb Fichte.

Je désespère presque de donner une idée exacte de l'importance de cet homme. Chez Kant, nous n'avons eu à examiner qu'un livre; ici, indépendamment du livre, il nous faut encore tenir compte de l'homme : dans cet homme, la pensée et la volonté ne font qu'un, et c'est dans cette gigantesque unité qu'elles agissent sur le monde contemporain. Nous n'avons donc pas seulement à examiner une philosophie, mais encore un caractère qui en est comme la condition; et pour comprendre leur double influence, il faudrait retracer toute la situation de cette époque. Quelle tâche immense! On nous excusera sans doute pleinement si nous ne donnons ici que des indices superficiels.

Il est d'abord très-difficile de donner une idée de la pensée de Fichte. Nous rencontrons ici des difficultés toutes particulières; elles naissent, non pas seulement du fond, mais de la forme et de la méthode, deux choses qu'il nous importe le plus d'expliquer aux étrangers. Commençons donc par la méthode de Fichte. Il emprunta dans les premiers temps celle de Kant; bientôt cette méthode se changea à cause de la nature du sujet. Kant n'eut à produire qu'une critique, c'est-à-dire quelque chose de négatif, et Fichte eut bientôt un système, par conséquent une chose positive. Ce manque de système entier fit qu'on refusa plus d'une fois à la philosophie de Kant le titre de philosophie. En ce qui touchait Kant lui-même, on eut raison, mais pas à l'égard des kantistes qui tirèrent des traités de leur maître des matériaux pour une quantité suffisante de systèmes. Dans ses premiers écrits, Fichte demeura, comme je l'ai dit, entièrement fidèle à la méthode du maître, au point qu'on put attribuer à celui-ci son premier traité, qui

parut anonyme. Mais comme Fichte produit plus tard
un système, il entre avec ardeur dans la passion de la
construction, et quand il a construit tout le monde, il
commence avec la même opiniâtreté à démontrer ce
qu'il a construit. Qu'il construise ou qu'il démontre,
Fichte manifeste une passion pour ainsi dire abstraite.
Ainsi que dans son système, la *subjectivité* domine bientôt
dans son enseignement. Kant, au contraire, étend la
pensée devant lui, en fait l'analyse, la dissèque jusque
dans ses fibrilles les plus menues, et sa *Critique de la
raison pure* est en quelque sorte l'amphithéâtre anato-
mique de l'esprit humain ; pour lui, il demeure là froid
et insensible comme un véritable chirurgien.

La forme des écrits de Fichte est semblable à sa mé-
thode ; elle est vivante, mais elle a aussi tous les défauts
de la vie : elle est inquiète et confuse. Pour demeurer
toujours vivant et animé, Fichte dédaigne la terminolo-
gie ordinaire des philosophes, qui lui semble quelque
chose de mort ; mais avec ce moyen nous parvenons
bien moins à comprendre. Il a surtout au sujet de cette
intelligence une marotte toute singulière. Quand Rein-
hold pensait comme lui, Fichte déclara que personne
ne le comprenait mieux que Reinhold. Plus tard, celui-
ci s'étant séparé de sa doctrine, Fichte dit : « Il ne m'a
jamais compris. » Lorsqu'il s'éloigna de Kant, il imprima
que Kant ne se comprenait pas lui-même. Je touche ici
le côté comique de nos philosophes. Ils se plaignent
sans cesse de ne pas être compris ; Hegel, au lit de mort,

disait : « Un seul homme m'a compris ; » mais il ajouta
aussitôt : « Et encore celui-là ne m'a-t-il pas compris
non plus. »

Considérée dans le fond, dans sa valeur intrinsèque,
la philosophie de Fichte n'a pas une grande importance.
Elle n'a fourni à la société aucun résultat ; c'est seule-
ment parce qu'elle est, avant tout, l'une des phases les
plus remarquables de la philosophie allemande ; parce
qu'elle manifeste la stérilité de l'idéalisme dans ses der-
nières conséquences, parce qu'elle forme la transition
nécessaire à la philosophie actuelle, que la doctrine de
Fichte est de quelque intérêt. Ainsi cette doctrine étant
plus importante sous les rapports historique et scien-
tifique que sous le rapport social, je la résumerai en peu
de mots.

La question que Fichte se propose est celle-ci : Quelles
raisons avons-nous d'admettre que nos notions des
choses répondent aux choses qui sont hors de nous ? Et
il résout cette question de la manière suivante : Toutes
les choses n'ont leur réalité que dans notre esprit.

La *Critique de la raison pure* avait été l'ouvrage ca-
pital de Kant ; la *Doctrine de la science* fut celui de
Fichte. Le second ouvrage est comme une continuation
du premier. La *Doctrine de la science* fait rentrer égale-
ment l'esprit en lui-même. Mais là où Kant analyse,
Fichte construit. La *Doctrine de la science* commence
par une formule abstraite (Moi = Moi) ; elle tire le
monde du fond de l'esprit ; l'intelligence revient sur ses

pas par le même chemin qu'elle a pris pour venir à l'abstraction; par ce retour, elle arrive au monde des faits; alors l'esprit peut déclarer ce monde des faits comme un acte nécessaire de l'intelligence.

Il existe encore chez Fichte une difficulté particulière, en ce qu'il suppose l'esprit s'observant lui-même pendant qu'il agit : le *moi* doit faire des observations sur ses actes intellectuels pendant qu'il les exécute ; la pensée doit s'espionner pendant qu'elle pense, pendant qu'elle s'échauffe peu à peu jusqu'à devenir bouillante. Cette opération nous fait penser au singe assis auprès d'un foyer, devant une marmite dans laquelle il cuit sa propre queue; car il pensait que le véritable art culinaire ne consistait pas seulement à cuire objectivement, mais bien à avoir la conscience subjective de la cuisson.

Il est à remarquer que la philosophie de Fichte eut toujours à supporter beaucoup de traits de la satire. J'ai vu une fois une caricature qui représente une oie fichtéenne. Le foie de la pauvre bête est devenu si gros, qu'elle ne sait plus si elle est l'oie ou le foie. Sur son ventre est écrit Moi = Moi. Jean-Paul a persiflé de la manière la plus impitoyable la philosophie de Fichte dans un livre intitulé : *Clavis Fichteana*. Que l'idéalisme, dans les conséquences de ses déductions, fût arrivé à nier même la réalité de la matière, cela parut à la grande masse du public une plaisanterie poussée trop loin. Nous nous amusâmes assez bien du *moi* de Fichte qui produisait par sa seule pensée tout le monde des faits. Nos plaisants eurent encore à rire d'un malentendu qui devint trop populaire pour que je puisse me dispenser d'en parler. La masse s'imaginait que le *moi* de Fichte était le *moi* particulier de Johannes Gottlieb Fichte, et que ce *moi* individuel niait toutes les autres existences. Quelle impudence ! s'écrièrent les bonnes gens; cet homme ne croit pas que nous existions, nous qui avons plus de corps que lui, et qui, en qualité de bourgmestre et d'archiviste du tribunal, sommes même ses supérieurs ! Les dames disaient : « Ne croit-il pas au moins à l'existence de sa femme? — Non.—Et madame Fichte souffre cela ! »

Le *moi* de Fichte n'est pourtant pas un moi individuel, mais le moi universel, le moi du monde parvenu à la conscience de soi. La pensée de Fichte n'est pas la pensée d'un homme, d'un homme déterminé, qui s'appelle Joannes Gottlieb Fichte; c'est bien plutôt la pensée universelle qui se manifeste dans un seul individu. Comme on dit : Il pleut, il éclaire, etc., Fichte ne devrait pas dire : « Je pense, » mais « il pense; la pensée universelle pense en moi. »

Dans un parallèle entre la révolution française et la philosophie allemande, j'ai comparé un jour, plus par plaisanterie que sérieusement, Fichte à Napoléon; mais il existe en effet ici des analogies remarquables. Après que les kantistes ont achevé leur œuvre de destruction terroriste, apparaît Fichte, comme parut Napoléon quand la Convention eut démoli tout le passé à l'aide d'une autre critique de la raison pure. Napoléon et Fichte représentent tous deux le grand moi souverain, pour qui la pensée et le fait ne sont qu'un; et les constructions colossales que tous deux ont à élever, témoignent d'une colossale volonté; mais par les écarts de cette même volonté illimitée, ces constructions s'écroulent bientôt: la *Doctrine de la science* et l'empire tombent et disparaissent aussi promptement qu'ils se sont élevés.

L'empire n'appartient plus maintenant qu'à l'histoire, mais le mouvement que l'empereur avait produit dans le monde n'est pas encore calmé: c'est de ce mouvement que notre Europe vit encore. Il en est de même de la philosophie de Fichte, elle est complétement écroulée; mais les esprits sont encore émus des pensées que Fichte a fait éclore, et la portée de sa parole est incalculable. Si l'idéalisme transcendental n'était qu'une erreur dans son ensemble, il régnait pourtant dans les écrits de Fichte une fière indépendance, un amour de la liberté, une dignité virile, un sentiment civique, qui exercèrent sur la jeunesse une salutaire influence. Le moi de Fichte était tout à fait d'accord avec son caractère de fer, opiniâtre, inflexible. La doctrine d'un pareil moi tout puissant ne pouvait germer que dans un tel caractère, et ce caractère, repliant ses racines dans une semblable doctrine, ne pouvait que devenir plus opiniâtre, plus inflexible.

Quelle aversion dut inspirer cet homme aux scep-

tiques égoïstes, aux frivoles éclectiques et aux modérés
de toutes les couleurs ! Sa vie entière fut un combat.
L'histoire de sa jeunesse n'est qu'une série continue
d'afflictions, comme chez presque tous nos hommes
distingués. La pauvreté s'asseoit à leur berceau, les ba-
lance jusqu'à ce qu'ils soient devenus grands, et cette
maigre nourrice demeure la fidèle compagne de leur
vie. Rien de plus touchant que de voir Fichte,
l'homme de la volonté la plus fière, chercher à se frayer
misérablement, par une place de précepteur, son che-
min dans le monde. Il ne peut même trouver à gagner
dans sa patrie ce pain amer du servage, et il lui faut
émigrer à Varsovie. Là se renouvelle la vieille histoire :
le précepteur déplaît à la gracieuse dame, peut-être à la
disgracieuse camériste ; ses révérences ne sont pas assez
gentilles, pas assez françaises, et on ne le juge plus
digne de faire l'éducation d'un gentillâtre polonais.
Johann Gottlieb Fichte est renvoyé comme un laquais,
reçoit de son noble maître à peine de maigres frais de
voyage, quitte Varsovie, et part pour Kœnigsberg, s'en
allant, plein d'enthousiasme juvénile, faire la connais-
sance de Kant. La rencontre de ces deux hommes est
intéressante sous tous les rapports. Je ne crois point
pouvoir donner une idée plus complète de la manière
d'être et de la situation de tous deux, qu'en citant des
fragments du journal de Fichte, rapporté dans une bio-
graphie de lui, publiée naguère par son fils.

« Le 23 juin, je suis parti pour Kœnigsberg avec un

voiturier de cette ville, et j'y suis arrivé le 1er juillet,
sans avoir rencontré aucun incident remarquable. —
Le 4, fait une visite à Kant qui ne m'a pas accueilli avec
une distinction particulière. J'ai assisté comme un
étranger à son cours; et mon attente n'a pas été satis-
faite, son débit est somnifère. J'ai commencé ce
journal...

« ... Depuis longtemps je voulais avoir avec Kant une
entrevue plus sérieuse, et je ne savais quel moyen
prendre. Enfin j'ai eu l'idée d'écrire une *Critique de
toutes les révélations*, et de la lui présenter comme
lettre de recommandation. J'ai commencé à peu près
vers le 13, et j'y ai travaillé depuis sans relâche... Le
18 août, j'ai enfin envoyé mon travail terminé à Kant,
et suis allé le 25 chez lui pour connaître son sentiment.
Il m'a reçu avec une bonté toute particulière, et a paru
très-satisfait de mon traité. Nous n'avons pas eu d'en-
tretien philosophique en forme. Pour ce qui regarde
mes doutes philosophiques, il m'a renvoyé à sa *Critique
de la raison pure*, et au prédicateur aulique Schulz, que
je vais aller voir tout de suite. Le 26 j'ai dîné chez Kant
avec le professeur Sommer, et j'ai trouvé dans Kant un
homme très-spirituel et très-aimable. C'est de ce jour
seulement que j'ai reconnu en lui des traits dignes du
grand esprit dont ses écrits sont imprégnés.

« Le 27, je termine ce journal après avoir fait des
extraits du cours de Kant sur l'anthropologie, que m'a
prêté M. de S. Je prends en même temps la résolution

de continuer régulièrement ce journal chaque soir, avant de me coucher, et d'y déposer tout ce que je rencontrerai d'intéressant, surtout en traits de caractère et en observations.

« *Le 28 au soir.* J'ai commencé hier à revoir ma *Critique*; des pensées et des idées vraiment bonnes me sont venues qui, malheureusement, m'ont convaincu que mon premier travail était tout à fait superficiel. J'ai voulu aujourd'hui pousser plus loin cet examen, mais mon imagination m'a tellement détourné, que je n'ai pu rien faire de tout le jour. Cela n'est malheureusement pas étonnant dans ma position actuelle. J'ai calculé qu'il ne me reste plus de moyens de subsistance que pour quatorze jours. Il est vrai que je me suis déjà trouvé dans de semblables embarras, mais c'était dans ma patrie, et puis, en prenant de l'âge, et avec un sentiment toujours plus délicat de l'honneur, cela devient de plus dur en plus dur... Je n'ai pris et n'ai pu prendre aucune résolution. Je ne m'ouvrirai pas au pasteur Borowski, auquel Kant m'a adressé : si je m'ouvre à quelqu'un, ce ne sera pas à d'autre que Kant lui-même.

« Le 29, je suis allé chez Borowski, en qui j'ai trouvé un homme vraiment bon et honorable. Il m'a proposé une *condition* qui d'ailleurs n'est pas encore très-assurée, et d'autre part ne me plaît pas beaucoup. Et pourtant ses manières franches et loyales m'ont arraché l'aveu que j'étais pressé de trouver une place. Il m'a conseillé d'aller voir le professeur W. Je n'ai pu travailler aujourd'hui.... Le lendemain je suis allé en effet chez W. et ensuite chez le prédicateur aulique Schulz. Les informations sont peu favorables chez le premier ; cependant il m'a parlé d'une place de précepteur en Courlande, que le besoin le plus pressant pourra seul me forcer d'accepter. Chez le prédicateur aulique, j'ai d'abord été reçu par sa femme. Il parut ensuite, mais enfermé dans des cercles mathématiques. Pourtant, quand il a entendu plus nettement mon nom, la recommandation de Kant l'a rendu fort amical. C'est une figure prussienne anguleuse, mais la loyauté et la bonté respirent dans ses traits.. J'ai fait ensuite chez lui la connaissance de M. Bræunlich, du comte Daenhof, de M. Buttner, neveu du prédicateur, et d'un jeune savant de Nürnberg, M. Ehrhard, bon et excellent garçon, mais privé d'usage et de connaissance du monde.

« Le 1er septembre, j'ai pris une ferme résolution que j'ai voulu communiquer à Kant. Une place de précepteur, quelque regret qu'il m'en coutât de l'accepter, ne se présente même pas : l'incertitude de ma situation m'empêche, d'un autre côté, de travailler avec l'esprit libre et de profiter des relations instructives de mes amis. Il faut donc retourner dans ma patrie. Je pourrai peut-être me procurer, par la médiation de Kant, le petit emprunt dont j'ai besoin pour cela ; mais, en allant chez lui pour lui découvrir ma résolution, le courage m'a manqué. J'ai pris le parti d'écrire. Le soir, j'ai été invité chez le prédicateur aulique : j'y ai passé une soirée fort agréable. Le 2, j'ai achevé la lettre à Kant et la lui ai envoyée. »

Toute remarquable que soit cette lettre, je ne puis me résoudre à la donner ici en français. Je crois sentir le rouge me monter au visage : il me semblerait révéler devant des étrangers les souffrances les plus pudiques de la famille. En dépit de mes efforts pour arriver à l'urbanité française, malgré mon cosmopolitisme philosophique, la vieille Allemagne est toujours là dans mon sein avec tous les sentiments de Philistin.... Enfin, je ne puis la donner, cette lettre, et me borne à rapporter qu'Emmanuel Kant était si pauvre que, malgré le ton touchant, déchirant de cet écrit, il ne put prêter d'argent à Johann Gottlieb Fichte. Mais ce dernier n'en prit pas la moindre humeur, ainsi que nous le pouvons voir par les paroles de son journal, que nous allons continuer de citer.

« Le 3 septembre, j'ai été invité à dîner chez Kant. Il me reçut avec sa cordialité habituelle ; mais il me dit qu'il n'avait pu prendre de résolution au sujet de ma demande, qu'il était hors d'état d'y satisfaire d'ici à quinze jours. Quelle aimable franchise ! Au surplus, il m'a fait, sur mes desseins, des difficultés qui prouvaient qu'il ne connaît pas assez notre position en Saxe. Tous ces jours-ci, je n'ai rien fait ; cependant je vais me remettre au travail, et abandonner le reste à la grâce de Dieu....

« Du 6. J'ai été invité chez Kant, qui m'a proposé de

vendre au libraire Hartung, par l'entremise du pasteur Borowski, mon manuscrit de la *Critique de toutes les révélations.* « Il est bien écrit, » m'a-t-il dit quand je lui ai parlé de le refaire... Est-ce vrai? c'est pourtant Kant qui le dit! — Du reste, il a décliné l'objet de ma première demande. — Le 10, j'ai été dîner chez Kant. Rien de notre affaire : maître Gensichen était là. Nous n'avons eu qu'une conversation générale presque toujours intéressante. D'ailleurs, Kant est demeuré tout à fait le même à mon égard.

« *Du* 13. J'ai voulu travailler aujourd'hui, et je ne fais rien. L'inquiétude m'accable. Comment cela finira-t-il? Que deviendrai-je dans huit jours? Alors tout mon argent sera épuisé. »

Après avoir erré beaucoup, après un long séjour en Suisse, Fichte trouve enfin à Jéna une position stable, et c'est de là que date sa période la plus brillante. Jéna et Weimar, deux petites villes saxonnes, peu éloignées l'une de l'autre, étaient alors le point central de la vie intellectuelle en Allemagne. A Weimar étaient la cour et la poésie; à Jéna, l'université et la philosophie. Là nous voyons les plus grands poëtes allemands, ici les plus grands savants. C'est en 1794 que Fichte commença son cours à Jéna. L'époque est significative, et explique l'esprit de ses écrits d'alors, ainsi que les tribulations auxquelles il fut en butte depuis ce temps, et qui le firent succomber quatre ans plus tard; car c'est en 1798 que s'élevèrent contre lui les accusations d'athéisme, qui lui attirèrent des persécutions insoutenables, et déterminèrent son départ de Jéna. Cet événement, le plus remarquable de la vie de Fichte, a aussi une importance générale, et nous ne pouvons nous dispenser d'en parler. C'est ici que viennent se placer naturellement les idées de Fichte sur la nature de Dieu.

Fichte fit imprimer, dans le *Journal philosophique*, qu'il publiait alors, un article intitulé : *Développement de l'idée de religion*, que lui avait envoyé un nommé Forberg, instituteur à Saalfeld. Il joignit à cet article une petite dissertation explicative qui avait pour titre : *Des raisons que nous avons de croire à un gouvernement du monde par Dieu.*

Les deux articles furent confisqués par le gouvernement de l'Électeur de Saxe, comme entachés d'athéisme. Arriva en même temps de Dresde un réquisitoire enjoignant à la cour de Weimar de punir sérieusement le professeur Fichte. Il est vrai que la cour grand'ducale ne se laissa point fourvoyer par une pareille intimation ; mais comme Fichte fit, en cette occasion, les plus grandes bévues, et qu'entre autres il écrivit un *Appel au public* sans demander l'aveu de l'autorité officielle, cette démarche changea les dispositions du gouvernement de Weimar ; et, pressé par les instances du dehors, il résolut d'admonéter par une bénigne remontrance l'imprudent professeur. Mais Fichte, qui se croyait dans son droit, ne voulut point endurer patiemment la réprimande, et quitta Jéna. A en juger d'après ses lettres, il fut surtout blessé par la conduite de deux hommes auxquels leur position officielle donnait voix très-importante dans son affaire, et ces deux hommes étaient sa révérence le conseiller consistorial supérieur *Herder* et son excellence le conseiller intime *de Goëthe*. Mais tous deux furent suffisamment justifiables. C'est chose touchante de voir dans les lettres posthumes de Herder combien ce pauvre homme était embarrassé avec les candidats en théologie qui, après avoir étudié à Jéna, venaient devant lui à Weimar pour subir leur examen de prédicateurs protestants. Il n'osait plus leur poser une seule question sur le Christ, fils de Dieu, et se trouvait trop content quand on lui accordait l'existence du père. Pour Goëthe, il s'exprime ainsi qu'il suit sur cet événement dans ses Mémoires :

« A Jéna, après le départ de Reinhold, qui fut considéré à bon droit comme une grande perte pour l'Académie, on appela, avec hardiesse et même avec audace, pour le remplacer, Fichte, qui avait manifesté dans ses écrits de la grandeur, mais peut-être pas assez de ménagement pour les sujets les plus importants en fait de mœurs et de politique. C'était une des personnalités les plus recommandables qu'on ait jamais vues, et l'on n'avait rien à reprendre à ses opinions considérées d'une manière supérieure; mais comment aurait-il pu rester sur un pied d'égalité avec le monde qu'il regardait comme sa création, comme sa chose?

« Comme on l'avait chicané sur les heures qu'il avait

choisies pour son cours dans la semaine, il lui vint à l'idée de faire le dimanche des leçons pour lesquelles il rencontra des obstacles. On était à peine parvenu à aplanir, non sans peine pour l'autorité supérieure, de petites contrariétés et de plus grandes qui en étaient résultées, quand les assertions du professeur sur Dieu et sur les choses divines, à l'égard desquelles il eût sans doute mieux valu observer un silence prudent, nous attirèrent du dehors des invitations désagréables.

« Fichte avait osé, dans son Journal philosophique, s'exprimer sur Dieu et sur les choses divines d'une manière qui paraissait contredire le langage usité pour de tels mystères. On le blâma; sa défense n'améliora pas l'affaire, parce qu'il y mit de la passion, sans se douter des bonnes dispositions qu'on avait ici à son égard, quoiqu'on sût bien interpréter ses pensées et ses paroles. On ne pouvait à la vérité le lui faire savoir crument, et il soupçonnait aussi peu qu'on cherchait à le servir à l'amiable. Les paroles pour et contre, les doutes, les affirmations, les confirmations et résolutions se croisèrent à l'Académie en une foule de propos peu certains : on parla d'une décision ministérielle, où il n'était pas question de moins que d'une réprimande publique à laquelle Fichte devait s'attendre. Il perdit alors toute modération, et se crut autorisé à adresser au ministère une lettre fougueuse où, supposant cette mesure comme certaine, il déclarait, avec une morgue violente, qu'il ne souffrirait jamais pareille chose, qu'il préférait quitter sans plus tarder l'Académie, ce qu'alors il ne ferait pas seul, attendu que plusieurs professeurs étaient d'accord pour s'en aller en même temps que lui.

« Dès lors, la bonne volonté qu'on avait pour lui se trouva traversée et même paralysée. Il ne restait plus ni échappatoire ni compromis possible. Le parti le plus doux était de lui donner sur-le-champ sa démission. Ce n'est que lorsque le mal fut sans remède qu'il connut la tournure qu'on avait désiré donner à l'affaire, et il regretta sa précipitation comme nous la regrettions aussi.»

N'est-ce pas là, corps et âme, le Goëthe ministériel avec ses accommodements et ses prudentes réticences? Il ne blâma pas au fond Fichte d'avoir dit ce qu'il pensait, mais de l'avoir dit sans le déguisement des locutions d'usage. Ce n'est pas la pensée qu'il censure, c'est la parole. Que le déisme fût ruiné dans le monde des penseurs allemands, c'était, comme je l'ai déjà dit, le secret de tout le monde, secret qu'il ne fallait pourtant pas crier sur la place publique. Goëthe était aussi peu déiste que Fichte, car il était panthéiste; mais des hauteurs du panthéisme, Goëthe pouvait voir mieux qu'un autre l'inconsistance ridicule de la philosophie de Fichte, et cela arrachait un sourire à ses gracieuses lèvres. Aux yeux des juifs, et tous les déistes le sont en fin de compte, la doctrine de Fichte était une abomination; aux yeux du *grand païen*, elle n'était que folie. Le *grand païen* est en effet le nom qu'on avait donné en Allemagne à Goëthe. Pourtant ce nom n'est pas tout à fait juste. Le paganisme de Goëthe est singulièrement modifié. Sa vigoureuse nature païenne se manifeste dans sa conception claire et pénétrante de tous les faits extérieurs, de toutes les couleurs, de toutes les formes ; mais le christianisme lui a conféré en même temps une intelligence plus profonde ; le christianisme l'a initié, malgré sa répugnance, dans les secrets du monde des esprits. Goëthe, lui aussi, avait bu le sang du Christ, et c'est ce qui lui fit entendre les voix les plus secrètes de la nature, semblable à Siegfried, héros des *Nibelungen*, qui comprit la langue des oiseaux, aussitôt qu'une goutte du sang du dragon mourant eut mouillé ses lèvres. C'est une chose remarquable que cette nature païenne de Goëthe toute saturée de notre sentimentalité chrétienne, que ce marbre antique, animé de pulsations modernes ; que ces souffrances du jeune Werther qu'il éprouva aussi vivement que les joies d'un dieu de la vieille Grèce. Le panthéisme de Goëthe est donc très-différent de celui des païens. Pour résumer mes idées, Goëthe était le Spinosa de la poésie ; tous ses écrits sont animés du même souffle qui nous frappe quand nous lisons les œuvres de Spinosa. L'hommage que Goëthe rendit à la doctrine de Spinosa ne peut être l'objet d'un doute. Au moins s'en occupa-t-il pendant toute sa vie : au commencement de ses Mémoires, comme dans le dernier volume qui vient de paraître, il l'a reconnu avec une franchise toujours égale. Je ne sais plus où j'ai lu que Herder, impatienté de le voir continuellement occupé de Spinosa, s'écria un jour : « Si Goëthe pouvait une fois prendre un autre livre latin que celui de Spinosa ! » Du reste, cela ne s'applique pas seulement à Goëthe, mais à une foule de ses amis, connus plus ou moins comme poëtes, qui s'attachèrent de bonne heure au panthéisme. Cette doctrine fleurit pratiquement dans l'art allemand, avant d'arriver chez nous à la puissance comme théorie philosophique. Au temps même de Fichte, quand l'idéalisme se glorifiait à l'apogée le plus élevé dans le domaine de la philosophie, il était violemment détruit dans le domaine de l'art, et c'est alors, qu'éclata chez nous cette fameuse révolution artistique qui n'est pas encore terminée aujourd'hui, et qui commence au combat des romantiques contre l'ancien régime classique.

Dans le fait, nos premiers romantiques agirent par un instinct panthéistique qu'eux-mêmes ne comprirent pas. Le sentiment qu'ils crurent une tendresse renaissante pour le bon temps du catholicisme avait une origine plus profonde qu'ils ne le soupçonnaient. Leur respect, leur prédilection pour les traditions du moyen âge, pour les croyances populaires, pour la diablerie, la magie et la sorcellerie, tout cela ne fut qu'un amour réveillé subitement et à son insu pour le panthéisme des vieux Germains; et dans ces figures indignement barbouillées et méchamment mutilées, ils n'aimèrent véritablement que la religion anté-chrétienne de leurs pères. Je dois rappeler ici ma première partie où j'ai montré comment le christianisme avait absorbé les éléments de la vieille religion germanique, comment, après une outrageante transformation, ces éléments s'étaient conservés dans les croyances populaires du moyen âge, de sorte que le vieux culte de la nature fut considéré comme impuré et méchante magie; les vieux dieux ne furent plus que de vilains diables, et les chastes prêtresses d'infâmes sorcières. De ce point de vue, les aberrations de nos romantiques peuvent être jugées plus favorablement qu'on ne le fait d'ordinaire. Ils voulurent restaurer le moyen âge catholique, parce qu'ils sentaient qu'il y avait là beaucoup des souvenirs sacrés de leurs premiers ancêtres et de leur nationalité primitive, conservés sous d'autres formes. Ce furent ces reliques souillées et mutilées qui éveillèrent dans leur âme une si vive sympathie, et ils détestèrent le protestantisme et le libéralisme qui s'efforçaient de démolir ces restes sacrés du germanisme avec tout le passé catholique.

Je reviendrai plus tard à ce sujet. Il me suffit de dire ici que, dès le temps de Fichte, le panthéisme pénétrait dans l'art allemand, que même les romantiques catholiques suivaient à leur insu cette tendance, et que Goëthe l'exprima de la manière la plus prononcée. C'est ce qu'on voit déjà dans son *Werther*, où il aspire à s'identifier amoureusement avec la nature. Dans *Faust*, il cherche à établir avec elle des rapports par une voie plus mystique et audacieusement immédiate. Il conjure les forces secrètes de la terre par les formules du *Hœllenzwang*, livre de magie qu'on m'a montré un jour dans une vieille bibliothèque de couvent, où il était enchaîné; le titre représente le roi du feu, aux lèvres duquel pend un cadenas, et sur sa tête est perché un corbeau, tenant dans son bec la baguette divinatoire. Mais c'est dans ses chansons que ce panthéisme de Goëthe perce de la façon la plus pure et la plus aimable. La doctrine de Spinosa est sortie de la chrysalide mathématique, et voltige autour de nous sous la forme d'une chanson de Goëthe. De là la fureur des orthodoxes et des piétistes contre cette chanson. Ils essaient de saisir avec leurs pieuses pattes d'ours ce papillon qui leur échappe sans cesse; car rien n'est si légèrement ailé, si éthéré, qu'une chanson de Goëthe. Les Français n'en peuvent avoir aucune idée s'ils ne connaissent pas la langue. Ces chansons ont un charme inexprimable; le rhythme harmonieux du vers vous enlace comme les bras d'une maîtresse bien-aimée; le mot vous caresse, tandis que la pensée presse ses lèvres sur votre âme.

Nous ne voyons donc, dans la conduite de Goëthe à l'égard de Fichte, aucun des motifs haineux que beaucoup de contemporains y relevèrent avec un langage bien plus haineux encore. Ils n'avaient pas compris la différence qui séparait la nature de ces deux hommes. Les plus modérés interprétèrent mal le calme de Goëthe, quand, plus tard, Fichte fut vivement inquiété et persécuté. Ils ne surent pas apprécier la situation du premier. Ce géant était ministre dans un État nain; il n'avait pas ses mouvements libres. On disait du Jupiter Olympien, que Phidias avait fait assis, qu'il ferait éclater la voûte du temple, s'il lui arrivait de se lever. C'était tout à fait la position de Goëthe à Weimar. Si, voulant sortir de son calme accroupi, il se fût dressé de toute sa hauteur, il eût crevé le faîte de l'État, ou, ce qui est plus vraisemblable, il s'y serait brisé la tête. Et il aurait couru un tel risque pour une doctrine qui n'est pas seulement erronée, mais bien aussi ridicule ! Le Jupiter allemand resta tranquillement assis, et se laissa tranquillement adorer et encenser.

Je m'éloignerais trop de mon sujet si je me plaçais au point de vue des intérêts de l'art à cette époque, pour justifier encore plus complétement la conduite de Goëthe dans cette affaire de Fichte. Une seule circonstance parle en faveur de celui-ci, c'est que l'accusation n'était qu'un prétexte qui cachait la battue des traqueurs politiques ; car on peut bien accuser d'athéisme un théologien, parce qu'il s'est engagé à enseigner certaines doctrines déterminées, mais un philosophe n'a pris et n'a pu prendre aucun engagement de cette nature, et sa pensée est libre comme l'oiseau du ciel. C'est peut-être mal à moi, pour ménager les sentiments de quelques personnes et les miens propres, de ne pas citer ici tout ce qui expliquait et justifiait même cette accusation. Je me bornerai à rapporter ce seul passage de l'écrit incriminé :

« ... L'ordre moral vivant et agissant est Dieu même !

nous n'avons pas besoin d'autre dieu et ne pouvons pas
en comprendre d'autre. Il n'y a dans la raison aucun
motif pour sortir de cet ordre moral de l'univers, et
pour, au moyen d'une conclusion de l'effet à la cause,
admettre encore un être particulier comme source de
cet effet. L'entendement sain ne tire donc certainement
pas cette conclusion; il n'y a qu'une philosophie de mal-
entendu qui le fasse... »

Comme c'est l'ordinaire chez les hommes entêtés,
Fichte, dans son *Appel au public* et dans sa réponse
judiciaire, s'exprima d'une manière encore plus tran-
chante et plus crue, et en termes qui blessent nos senti-
ments les plus intimes. Nous qui croyons à un Dieu réel
qui se révèle à nos sens dans l'étendue infinie, et à notre
esprit dans la pensée infinie; nous qui adorons un Dieu
visible dans la nature, et qui entendons dans notre âme
sa voix sacrée : nous sommes désagréablement affectés
par l'outrecuidance et le ton ironique avec lequel Fichte
déclare notre Dieu une pure chimère. On ne sait, dans
le fait, s'il y a ironie ou extravagance quand Fichte dé-
gage entièrement Dieu de tout attribut quelconque, et
qu'il lui refuse même l'existence, parce que l'existence
est une notion sensible, et qu'elle n'est même possible
qu'à cette condition ! « La *doctrine de la science*, dit-il,
ne connaît d'autre mode d'exister qu'un mode sensible,
et comme on ne peut attribuer l'*être* qu'aux objets de
l'expérience, ce titre ne peut convenir à Dieu. » Donc le
Dieu de Fichte n'a aucune existence, il n'*est* pas, il ne

se manifeste que comme une pure action, comme un ordre des événements, *ordo ordinans*, comme la loi de l'univers.

C'est ainsi que l'idéalisme a filtré la divinité par toutes les abstractions possibles, jusqu'à ce qu'il n'en restât plus rien. Désormais, chez vous à la place d'un roi, chez nous à la place d'un Dieu, c'est la loi seule qui régnera.

Quel est le plus insensé d'une loi athée, d'une loi qui n'a pas de Dieu, ou d'un Dieu-loi, Dieu qui n'est rien de plus qu'une loi?

L'idéalisme de Fichte est une des erreurs les plus colossales que l'esprit humain ait jamais couvées. Il est plus athée et plus réprouvable que le matérialisme le plus massif. Ce qu'on nomme en France l'athéisme des matérialistes serait, comme je pourrais le démontrer facilement, encore quelque chose d'édifiant, une croyance pieuse, comparé aux conséquences de l'idéalisme transcendental de Fichte. Ce que je sais bien au moins, c'est que ces deux doctrines me sont antipathiques. Elles sont antipoétiques aussi. Les matérialistes français ont fait des vers aussi mauvais que ceux des idéalistes transcendentaux de l'Allemagne. Mais la doctrine de Fichte n'était pas dangereuse dans la politique du moment, et elle méritait encore moins d'être persécutée comme telle. Pour être capable de s'égarer avec cette hérésie, il fallait être doué d'une perspicacité spéculative comme on la rencontre chez peu d'hommes. La grande masse, avec ses milliers de têtes épaisses, était inaccessible à cette ingénieuse erreur. Les idées de Fichte sur Dieu auraient dû être contredites par la voie rationnelle, et non par la voie de police. Être accusé d'athéisme en philosophie était quelque chose de si étrange en Allemagne, que Fichte ne sut réellement pas d'abord ce qu'on lui voulait. Il répondit très-justement que la question de savoir si une philosophie était athée sonnait aussi singulièrement à l'oreille d'un philosophe, que pour un mathématicien celle de savoir si un triangle était vert ou rouge.

Cette accusation avait donc ses raisons secrètes que Fichte comprit bientôt. Comme c'était l'homme le plus véridique du monde, nous devons accorder foi entière à une lettre écrite par lui à Reinhold, dans laquelle il parle de ces raisons secrètes. Cette lettre, datée du 22 mai 1799, pouvant nous peindre fidèlement toute l'époque et toute l'affliction de cet homme, nous allons en citer une partie.

« Le découragement et le dégoût me décidaient à prendre la résolution dont je t'avais déjà fait part, c'est-à-dire à m'éclipser tout à fait pendant quelques années. D'après ma manière de voir les choses, j'étais même convaincu que le devoir me commandait cette résolution ; vu qu'au milieu de la fermentation actuelle, je ne serais pas entendu, et que je ne ferais qu'accroître cette fermentation, tandis que dans quelques années, quand le premier sentiment de surprise se serait apaisé, je

pourrais parler avec une énergie d'autant plus grande...
Aujourd'hui je pense autrement. Je ne dois plus me
taire, car si je me tais actuellement, je ne pourrais plus
reprendre la parole. Depuis l'alliance de la Russie avec
l'Autriche, j'ai regardé comme vraisemblable ce qui est
devenu pour moi une certitude depuis les derniers évé-
nements, et surtout depuis l'affreux assassinat des am-
bassadeurs français (dont on se réjouit ici, et à propos
duquel Schiller et Goëthe s'écrièrent : C'est très-juste, il
faut assommer ces chiens). J'ai donc la conviction que
le despotisme va désormais se défendre d'une manière
désespérée, qu'il atteindra ses conséquences par Paul et
Pitt, que la base de son plan est de détruire la liberté
d'opinion, et que les Allemands n'entraveront pas l'exé-
cution de ce plan.

« Ne t'imagine pas, par exemple, que la cour de Wei-
mar ait craint que ma présence empêchât l'affluence des
étudiants à l'université ; elle sait trop bien le contraire ;
elle a été *obligée* de m'éloigner par suite du plan gé-
néral, vigoureusement appuyé par la cour de Saxe.
Bürscher de Leipzig, initié à ces secrets, a parié, dès la
fin de l'année précédente, une somme considérable que
je serais exilé avant l'année expirée. Voigt a été gagné
depuis longtemps contre moi par Bürgsdorf. Le dépar-
tement des sciences à Dresde a fait savoir que quiconque
tiendrait pour la nouvelle philosophie, n'obtiendrait pas
d'avancement, ou devrait rétrograder, s'il était déjà
avancé. On a même jugé inquiétantes, dans l'école libre

de Leipzig, les explications de Rosenmüller. On y a réintroduit le catéchisme de Luther, et les professeurs ont été reportés aux livres symboliques. Cela gagnera et s'étendra..... En somme, rien n'est plus sûr que le plus certain, c'est-à-dire que si les Français ne conquièrent pas une immense suprématie, et s'ils n'introduisent pas des changements en Allemagne, du moins dans la plus grande partie, d'ici à quelques années, un homme connu pour avoir pensé une fois librement, ne trouvera plus en Allemagne un coin pour y reposer sa tête..... Il y a pour moi une chose encore plus sûre que la plus certaine, c'est que, si je trouve quelque part un trou pour m'y caser, je ne compterais pas deux ans avant d'en être chassé, et il est dangereux de se faire chasser de plusieurs lieux; c'est ce qu'enseigne l'exemple historique de Rousseau.

« Supposons que je me taise, que je n'écrive plus une seule ligne, me laissera-t-on tranquille à cette condition? Je ne le crois pas; et, en admettant que je le pusse espérer de la part des cours, le *clergé*, partout où j'irai, n'ameutera-t-il pas contre moi la *populace*, ne me fera-t-il pas lapider, et ensuite..... ne supplieront-ils pas les gouvernements de m'éloigner comme un homme qui excite des troubles? Mais faut-il donc que je me taise alors? Non, je ne le dois pas en vérité, car j'ai sujet de croire que si quelque chose peut être sauvé de l'esprit allemand, ce peut être par ma parole; tandis que, par mon silence, la philosophie subirait une ruine complète et prématurée. Ceux dont je n'espère point qu'ils me laisseront exister dans mon silence, j'espère encore moi s qu'ils me laisseront parler.

« Mais je les convaincrai de mon innocence... Cher Reinhold, comment peux-tu supposer à ces hommes de bonnes intentions pour moi ? Plus je me laverai, plus je me justifierai, plus ils deviendront noirs, et plus grand sera mon véritable crime. Je n'ai jamais cru qu'ils poursuivissent mon soi-disant athéisme : ce qu'ils poursuivent en moi, c'est le penseur libre qui commence à se rendre *intelligible* (un bonheur pour Kant fut l'obscurité de son style); ce qu'ils poursuivent en moi, c'est le *démocrate*; ce qui les effraie comme un fantôme, c'est l'*indépendance* que ma philosophie éveille, et qu'ils pressentent confusément. »

Je ferai remarquer encore une fois que cette lettre n'est pas d'hier, qu'elle porte la date du 22 mai 1799. Pourtant les circonstances politiques dont il est fait mention dans plusieurs passages, ont une affligeante ressemblance avec l'état plus récent de l'Allemagne, avec cette seule différence qu'alors le sentiment de liberté échauffait surtout les savants, les poëtes et généralement les gens de lettres, tandis qu'il se manifeste aujourd'hui beaucoup moins parmi eux, mais bien plus dans la grande masse active, parmi les ouvriers et les gens de métiers. A l'époque de la première révolution, le sommeil le plus lourd, le plus allemand, pesait sur le peuple : dans toute la Germanie régnait une espèce de tranquillité brutale, mais le mouvement le plus puissant ébranlait notre littérature. L'auteur le plus solitaire, qui vivait dans le coin le plus reculé de l'Allemagne, prenait part à ce mouvement. Sans une connaissance exacte des événements politiques, par suite d'une sorte d'affinité secrète, il en sentait l'importance sociale et l'exprimait dans ses écrits. Ce phénomène me fait penser aux grands coquillages marins que nous plaçons quelquefois comme ornements sur nos cheminées, et qui, tout éloignés qu'ils puissent être de la mer, commencent à murmurer spontanément quand arrive l'heure du flux, et que les flots se brisent contre le rivage. Quand la révolution se gonflait chez vous à Paris, ce grand océan d'hommes, quand elle y rugissait et frappait, les cœurs allemands résonnèrent et murmurèrent chez nous..... Mais ils étaient bien isolés, entourés de porcelaines insensibles, de tasses à thé, de cafetières et de pagodes chinoises qui balançaient mécaniquement la tête comme si elles eussent su ce dont il était question. Hélas! cette sympathie révolutionnaire tourna fort mal pour nos pauvres prédécesseurs en Allemagne. Les gentillâtres et les cafards leur jouèrent les tours les plus lourds et les plus communs. Quelques-uns d'entre eux se sauvèrent à Paris, où ils tombèrent et moururent dans la misère. J'ai vu dernièrement un vieux compatriote aveugle, qui est resté à Paris depuis cette époque. Je l'ai vu au Palais-Royal où il était venu se réchauffer un peu au soleil; c'était une chose douloureuse de le voir pâle et maigre, tâtonnant son chemin

le long des maisons; on me dit que c'était le vieux
poëte Heiberg. J'ai vu aussi naguère la mansarde où
est mort le citoyen George Forster. Un sort plus cruel
encore menaçait les amis de la liberté qui étaient restés
en Allemagne, si Napoléon et les Français ne se fussent
hâtés de nous vaincre. Napoléon ne se doutait certaine-
ment pas que lui-même avait été le sauveur de l'idéa-
lisme. Sans lui, le gibet et la roue auraient fait bonne
raison de nos philosophes et de leurs idées. Pourtant les
libéraux allemands, trop républicains pour courtiser
Napoléon, trop généreux pour s'allier avec la domina-
tion étrangère, s'enveloppèrent dans un profond silence;
ils se traînèrent tristement, le cœur brisé, les lèvres
fermées. Quand Napoléon tomba, on les vit sourire,
mais de mélancolie, et ils se turent encore; ils ne prirent
aucune part à l'enthousiasme patriotique qui, avec per-
mission des autorités supérieures, fit alors explosion en
Allemagne; ils savaient ce qu'ils savaient, et se turent.
Comme ces républicains mènent une vie chaste et fru-
gale, ils parviennent d'ordinaire à un âge très-avancé, et
quand la révolution de juillet éclata, beaucoup d'entre
eux étaient encore de ce monde, et à notre grande sur-
prise nous vîmes ces vieux originaux, qui avaient tou-
jours apparu courbés et taciturnes, relever la tête, sou-
rire amicalement à nous autres jeunes gens, nous serrer
les mains et conter de joyeuses histoires. J'en entendis
même un chanter; car il nous chanta dans un café
l'hymne marseillais, et c'est là que nous en apprîmes la

mélodie et les belles paroles, et nous ne fûmes pas long-
temps à le chanter mieux que le vieillard, car, aux plus
belles strophes, il riait comme un insensé, ou pleurait
comme un enfant. Il est toujours heureux que de sem-
blables têtes grises restent en vie pour apprendre les
chants aux jeunes gens. Nous ne les oublierons pas, et
quelques-uns d'entre nous les feront chanter aux petits-
fils qui ne sont pas encore nés ; mais beaucoup de nous
auront alors pourri, soit dans les cachots de l'Allemagne,
soit dans les mansardes de l'exil.

..... Parlons philosophie. J'ai montré plus haut com-
ment la philosophie de Fichte, bâtie avec les abstrac-
tions les plus menues, offrait néanmoins une inflexibilité
de fer dans ses conséquences qui se portaient aux extré-
mités les plus audacieuses. Mais un beau matin nous
aperçûmes en elle un grand changement : elle commen-
ça à s'amollir, à devenir doucereuse et modeste. Le
Titan idéaliste qui, avec l'échelle des pensées, avait
escaladé le ciel, et d'une main téméraire avait plongé
dans le vide céleste, devient maintenant quelque chose
de courbé, d'humblement chrétien, qui soupire beau-
coup d'amour. C'est la seconde période de Fichte qui
nous intéresse fort peu ici. Son système entier subit les
plus étranges modifications. C'est à cette époque qu'il
écrivit *la Destination de l'homme*, qu'on vous a traduite
dernièrement. L'*Instruction pour parvenir à la vie
bienheureuse* est un livre de même espèce, qui appar-
tient également à cette période.

Fichte, homme opiniâtre, ce qui va sans dire, ne voulut jamais convenir de cette grande transformation. Il soutint que sa philosophie était toujours la même, et que l'expression seule en était changée et améliorée. Il prétendait aussi que la *philosophie de la nature*, qui surgit alors en Allemagne et supplanta l'idéalisme, était tout à fait son propre système au fond, et que son élève, M. Joseph Schelling, qui s'était détaché de lui et avait introduit cette philosophie, n'avait fait que retourner les termes et étendre son ancienne doctrine par des additions fastidieuses.

Nous arrivons ici à une nouvelle phase de la pensée allemande. Nous venons de prononcer les noms de Joseph Schelling et de philosophie de la nature; mais comme le premier est passablement inconnu ici, et que le mot *philosophie de la nature* n'est pas trop bien compris, il faut que j'en donne le sens. Nous ne pouvons sans doute épuiser cette matière dans cette esquisse; nous ne voulons que prévenir aujourd'hui quelques erreurs, et attirer l'attention sur l'importance sociale de cette philosophie.

Il faut d'abord convenir que Fichte n'avait pas grand tort de soutenir que la doctrine de M. Joseph Schelling était tout à fait la sienne, mais autrement formulée et augmentée. Fichte, tout comme M. Joseph Schelling, enseignait : qu'il n'existe qu'un seul être, le *moi*, l'absolu; il enseignait également l'identité de l'idéal et du réel. Dans la *Doctrine de la science*, comme je l'ai démontré, Fichte, au moyen d'un acte intellectuel, avait voulu construire le réel par l'idéal. M. Joseph Schelling a renversé la chose, il a cherché à faire sortir l'idéal du réel. Pour m'exprimer plus clairement, partant du principe que la pensée et la nature ne sont qu'une seule et même chose, Fichte arrive, par l'opération de l'esprit, au monde des faits; par la pensée, il crée la nature; par l'idéal, le réel. Pour M. Schelling au contraire, pendant qu'il part du même principe, le monde des faits se résout en pures idées, la nature en pensée, le réel en idéal. Ces deux tendances de Fichte et de M. Schelling se complètent donc jusqu'à un certain point; car, en admettant une fois ce principe supérieur dont je viens de parler, la philosophie pouvait se diviser en deux parties, dans l'une desquelles on démontrerait comment de l'idée résulte la nature, et dans l'autre comment la nature devient pure idée. La philosophie a donc pu se partager en *idéalisme transcendant* et en *philosophie de la nature*. Aussi M. Schelling a-t-il réellement reconnu ces deux faces, et il a démontré là dernière dans ses *Idées pour servir à une philosophie de la nature*, et la première dans son *Système de l'idéalisme transcendental*.

Je ne parle de ces deux ouvrages, dont l'un parut en 1797 et l'autre en 1800, que parce que ces deux faces réciproquement complémentaires sont exprimées dans le titre même, et non parce qu'ils contiennent un système complet. Non; un tel système ne se trouve dans

aucun des livres de M. Schelling. Il n'y a point chez lui,
comme chez Kant et chez Fichte, d'ouvrage principal
qu'on puisse considérer comme le point central de sa
philosophie. Il serait injuste de juger M. Schelling
d'après le contenu d'un livre, et à la rigueur de la lettre.
Il faut plutôt lire ses livres d'une manière chronolo-
gique, y poursuivre la formation progressive de sa pen-
sée, et s'attacher ensuite à son idée fondamentale. Il ne
me paraît pas moins nécessaire de distinguer souvent
chez lui là où cesse la raison et où la poésie commence;
car M. Schelling est un de ces êtres auxquels la nature
a donné plus de goût pour la poésie que de puissance
poétique, et qui, incapables de satisfaire les filles du
Parnasse, se sont enfuis dans les forêts de la philosophie,
où ils contractent avec des Hamadryades abstraites les
liaisons les plus infécondes. Leur sentiment est poétique;
mais l'instrument, la parole, est faible: ils aspirent inuti-
lement vers une forme artistique par laquelle ils puissent
communiquer leurs pensées et leurs connaissances. La
poésie est à la fois le côté fort et faible de M. Schelling;
c'est par là qu'il se sépare de Fichte, autant à son profit
qu'à son désavantage. Fichte n'est que philosophe, et
sa puissance consiste en dialectique, sa force en dé-
monstration. Mais c'est là le côté faible de M. Schelling;
il vit davantage dans les contemplations intuitives; il ne
se sent pas chez lui dans les hautes régions de la froide
logique, il s'esquive volontiers dans les vallons fleuris
du symbolisme, et sa force philosophique gît dans l'art

de construire. Mais cette aptitude est une faculté de l'esprit qu'on trouve aussi souvent chez les poëtes médiocres que chez les meilleurs philosophes.

D'après cette dernière indication, il devient clair que M. Schelling, dans cette partie de la philosophie qui n'est qu'idéalisme transcendantal, n'est resté qu'un écho de Fichte, mais que dans la philosophie de la nature, où il disposait des fleurs et des étoiles, il a dû s'épanouir et rayonner. Ses amis s'attachèrent aussi de préférence à ce côté de la philosophie, et le tumulte qui éclata en cette occasion n'était, en quelque sorte, qu'une réaction de la *poétasserie* contre la précédente philosophie abstraite de l'esprit. Comme des écoliers échappés qui ont soupiré tout le jour dans les salles étroites, sous le poids des syntaxes et des chiffres, les élèves de M. Schelling se ruèrent au milieu de la nature, dans le réel parfumé, coloré et resplendissant; ils poussèrent des cris de joie, se roulèrent en culbutes, et firent un grand tapage.

L'expression « élèves de M. Schelling » ne doit pas non plus être prise ici dans le sens habituel. M. Schelling lui-même dit qu'il n'a voulu fonder qu'une école à la manière des anciens poëtes, une école poétique où personne n'est soumis à aucune doctrine, à aucune discipline déterminée, mais où chacun obéit à l'esprit et le révèle à sa manière. Il aurait pu dire aussi qu'il fondait une école de prophètes où les inspirés commencent à prophétiser, selon leur caprice et dans le langage qui leur plaît. C'est ce que firent aussi les disciples que l'esprit du maître avait agités; les têtes les plus bornées se mirent à prophétiser, chacune dans une langue particulière, et il arriva un grand jour de Pentecôte dans la philosophie.

Les choses les plus sublimes, les plus admirables, peuvent être gaspillées dans des mascarades et dans des niaiseries; une troupe de misérables fourbes et de paillasses mélancoliques est en état de compromettre une grande idée: c'est ce que nous voyons à propos de la philosophie de la nature. Mais le ridicule que lui a préparé l'école des prophètes ou l'école poétique de M. Schelling ne peut réellement lui être imputé; car l'idée de la philosophie de la nature n'est pas dans le fond autre chose que l'idée de Spinosa, le panthéisme.

La doctrine de Spinosa et la philosophie de la nature, telle que M. Schelling l'a exposée dans sa meilleure période, ne sont essentiellement qu'une seule et même chose. Les Allemands, après avoir dédaigné le matérialisme de Locke, et poussé jusqu'à ses dernières conséquences l'idéalisme de Leibnitz, qu'ils trouvèrent également stérile, sont venus à la fin au troisième fils de Descartes, à Spinosa. La philosophie a de nouveau accompli une grande rotation, et l'on peut dire que c'est la même qu'elle a déjà accomplie, il y a deux mille ans, en Grèce. Mais en examinant de plus près ces deux mouvements, on y découvre une différence essentielle. Les Grecs eurent d'aussi hardis sceptiques que nous; les Éléates ont nié la réalité des choses sensibles aussi

nettement que nos modernes idéalistes transcendan-
taux; Platon a retrouvé, aussi bien que M. Schelling,
le monde de l'esprit dans le monde des faits; mais nous
avons un avantage sur les Grecs, ainsi que sur l'école
cartésienne, nous avons un avantage, et voici lequel :

Nous avons commencé notre rotation philosophique
par une recherche des sources de nos connaissances,
par l'examen de l'intelligence humaine, par la critique
de la raison pure de notre Emmanuel Kant.

A propos de Kant, je dois ajouter aux observations
précédentes que la seule preuve de l'existence de Dieu
qu'il ait laissé subsister, la preuve dite morale, a été
culbutée avec un grand éclat par M. Schelling; mais j'ai
déjà remarqué que cette preuve n'est pas d'une force
singulière, et que Kant ne l'a peut-être accordée que par
bonté d'âme. Le dieu de M. Schelling est le dieu-monde
de Spinosa : au moins l'était-il en 1801, dans le second
volume du *Journal de Physique spéculative*. Ici Dieu
est l'identité absolue de la nature et de la pensée, de la
matière et de l'esprit, et l'identité absolue n'est pas la
cause du monde, mais elle est le monde même : elle est
donc le Dieu-monde. Il n'existe en lui ni oppositions, ni
séparations. L'identité absolue est aussi la totalité ab-
solue. Un an plus tard, M. Schelling a développé son
dieu encore davantage, dans le livre intitulé *Bruno, ou
du Principe divin et naturel des choses*. Ce titre rap-
pelle le plus noble martyr de notre doctrine, Giordano
Bruno de Nola, de glorieuse mémoire. Les Italiens pré-

tendent que M. Schelling a emprunté au vieux Bruno ses meilleures pensées et ils l'accusent de plagiat. Ils ont tort, car il n'y a pas de plagiat en philosophie. En 1804, le dieu de M. Schelling parut complétement fini dans un écrit intitulé : *Philosophie et religion*. C'est ici que nous trouvons dans son entier la doctrine de l'*absolu* exprimée en trois formules. La première est la catégorique : l'absolu n'est ni l'idéal ni le réel (ni esprit ni matière), mais il est l'identité de tous deux. La seconde formule est l'hypothétique : quand un sujet et un objet sont en présence, l'absolu est l'égalité essentielle de tous deux. La troisième formule est la disjonctive : il n'y a qu'un seul être, mais cet être unique peut être considéré en même temps , ou tour à tour, comme tout à fait idéal, ou tout à fait réel. La première formule est toute négative ; la seconde suppose une condition plus difficile à comprendre que la proposition elle-même ; et la troisième formule est tout à fait celle de Spinosa : la substance absolue peut être reconnue comme pensée ou comme étendue. M. Schelling n'a donc pu s'avancer dans la voie philosophique plus loin que Spinosa, puisqu'on ne peut comprendre l'absolu que sous la forme de ces deux attributs, pensée et étendue. Mais M. Schelling abandonne maintenant la voie philosophique , et cherche à arriver par une sorte d'intuition mystique à la contemplation de l'absolu même ; il cherche à le contempler dans son point central, dans son essence, où il n'y a ni idéal ni réel, ni pensée, ni étendue, ni sujet, ni objet, ni esprit, ni matière, mais.... que sais-je? moi!

C'est là que cesse la philosophie chez M. Schelling, et que commence sa poésie, je veux dire la folie. C'est là qu'il rencontre aussi le plus d'écho chez une foule d'extravagants qui se trouvent fort bien d'abandonner la réflexion calme, et d'imiter en quelque sorte ces dervviches tourneurs qui, selon les récits de notre ami David, pivotent et tourbillonnent jusqu'à ce que le monde objectif et subjectif échappe à leurs yeux, jusqu'à ce que ces deux mondes se fondent dans un rien blanchâtre qui n'est ni idéal ni réel, jusqu'à ce qu'ils voient quelque chose qui n'est pas visible, entendent ce qui n'est pas sensible, voient les sons et entendent les couleurs, jusqu'à ce qu'ils conçoivent l'absolu.

Je crois que cette tentative à concevoir intellectuellement l'absolu clôt la carrière philosophique de M. Schelling. Un plus grand penseur s'avance maintenant, qui a résumé la philosophie de la nature en un système solide, expliqué par cette synthèse tout le monde des faits, complété les grandes idées de son prédécesseur par des idées plus grandes, qui l'a introduite dans toutes les disciplines, et l'a par conséquent fondée scientifiquement. C'est un élève de M. Schelling qui, après s'être emparé, dans le domaine de la philosophie, de toute la puissance de son maître, a dépassé celui-ci, et fini par le rejeter dans l'obscurité. C'est le grand Hegel, le plus grand philosophe que l'Allemagne ait enfanté depuis Leibnitz. Il ne faut pas demander s'il domine de beaucoup Kant et Fichte. Pénétrant comme le premier, vigoureux comme le second, il possède en outre une tranquillité d'esprit constitutrice, une harmonie de pensée que nous ne trouvons pas chez Kant ni chez Fichte, parce que l'esprit révolutionnaire règne davantage chez ces derniers. On ne peut non plus comparer cet homme à son ci-devant maître M. Joseph Schelling, car Hegel était un homme de caractère; et, quoiqu'il ait, comme M. Schelling, prêté au *statu quo* de l'État et de l'Église quelques justifications trop préjudiciables, il le fit, lui, pour un État qui rendait hommage, du moins en théorie, au principe du progrès, et pour une Église qui considère comme son élément vital le principe du libre examen; et il a avoué toutes ses intentions. M. Schelling, au contraire, rampe dans les antichambres d'un absolutisme aussi pratique que théorétique, et, dans les antres du jésuitisme, il aide à forger des chaînes intellectuelles; et puis il veut nous faire croire qu'il est toujours et invariablement le même qu'il fut jadis: il renie même sa qualité de renégat, et à l'opprobre de la défection il ajoute encore la lâcheté du mensonge.

Nous ne le dissimulons pas, aucun motif de piété ou de prudence ne nous engage à le taire: le penseur qui, jadis, développa le plus hardiment en Allemagne la religion du panthéisme, celui qui proclama le plus haut la sanctification de la nature et la réintégration de l'homme dans ses droits divins, ce penseur s'est fait l'apostat de

I. 10.

sa propre pensée; il a déserté l'autel que lui-même avait consacré; il est rentré dans les cryptes religieuses du passé; et il prêche maintenant un dieu extra-mondain, un dieu personnel *qui a eu la folie de créer le monde.* Les vieux croyants peuvent, s'ils le veulent, sonner les cloches et chanter leur *Kyrie eleison* en l'honneur d'une telle conversion... Cela ne prouve rien pour leur doctrine; cela prouve seulement que l'homme tourne à la religion quand il est vieux et fatigué, que ses forces physiques et spirituelles l'abandonnent, qu'il ne peut plus ni jouir ni penser. Tant de penseurs libres se sont convertis au lit de mort !... Mais du moins ne vous en vantez pas. Ces légendes de conversions appartiennent tout au plus à la pathologie, et ne rendraient qu'un mauvais témoignage en faveur de votre cause. Enfin, elles ne prouvent après tout qu'une chose, c'est qu'il vous fut impossible de convertir ces penseurs, tant qu'ils vécurent sains de corps et d'esprit.

Ballanche a dit, je crois, que c'est une loi de la nature que les initiateurs meurent aussitôt après avoir accompli leur œuvre d'initiation. Hélas ! mon cher Ballanche, cela n'est vrai qu'en partie; et je pourrais soutenir avec plus de raison que, lorsque l'œuvre d'initiation est accomplie, l'initiateur meurt... ou se fait apostat. Et peut-être pourrions-nous ainsi adoucir jusqu'à un certain point le jugement sévère que l'Allemagne intelligente porte sur M. Schelling; nous pourrions peut-être changer en douce commisération ce mépris acca-

blant qui pèse sur lui ; et sa désertion de sa propre doc-
trine, nous l'expliquerions comme la suite de cette loi
naturelle, qui veut que l'homme qui a consacré toutes
ses forces à l'expression ou à l'exécution d'une idée,
cette tâche une fois accomplie, tombe épuisé dans les
bras de la mort ou dans ceux de ses ci-devant adver-
saires.

Par une semblable explication, nous comprendrons
peut-être d'autres phénomènes plus criants de cette
époque, qui nous affligent profondément. Nous com-
prendrons pourquoi des hommes qui ont tout sacrifié
pour leur opinion, qui ont combattu et souffert pour elle,
alors qu'ils ont enfin vaincu, abandonnent cette opinion
et passent dans le camp ennemi ! Après une pareille
déclaration, je dois aussi faire remarquer que ce n'est
pas seulement M. Schelling, mais bien en quelque sorte
aussi Kant et Fichte qu'on peut accuser de défection.
Fichte est mort encore assez à temps pour que sa dévia-
tion de sa propre philosophie ne fût pas trop éclatante ;
et Kant a été infidèle à la *Critique de la Raison pure*,
quand il a écrit la *Critique de la Raison pratique*. L'ini-
tiateur meurt... ou devient apostat.

Je ne sais comment il se fait que cette dernière ligne
agit d'une manière si mélancolique, si amollissante, sur
mon âme, que je ne me sens plus en ce moment la force
de consigner ici les autres vérités qui regardent le
M. Schelling actuel. Louons donc plutôt le Schelling
d'autrefois, dont la mémoire rayonnera éternellement

dans les annales de la pensée allemande ; car le Schel-
ling d'autrefois représente, tout comme Kant et Fichte,
une des grandes phases de notre révolution philosophi-
que que j'ai comparée dans ces pages avec les phases
de la révolution politique de France. Dans le fait, quand
on voit dans Kant la convention terroriste, dans Fichte
l'empire napoléonien, on trouve dans M. Schelling cette
réaction qui suivit l'empire. Mais ce fut d'abord une
restauration dans un meilleur sens. M. Schelling rétablit
la nature dans ses droits légitimes, il voulut une récon-
ciliation entre l'esprit et la nature, il chercha à les réunir
tous deux dans l'éternelle âme du monde. Il restaura
cette grande philosophie de la nature que nous trouvons
déjà chez les anciens philosophes grecs, avant Socrate.
Il restaura cette grande philosophie de la nature qui,
germant sourdement de la vieille religion panthéiste des
Allemands, annonça dès les temps de Paracelse, les fleurs
les plus belles, mais fut étouffée par l'introduction du carté-
sianisme. Hélas ! et à la fin il restaura des choses par les-
quelles il peut encore être comparé dans le plus mauvais
sens à la restauration française. Mais la raison publique
ne le souffrit pas plus longtemps ; il fut honteusement
renversé du trône de la pensée ; Hegel, son *major domus*,
lui enleva sa couronne et le rasa ; et depuis ce temps,
Schelling dépossédé a vécu comme un pauvre frère lai,
au milieu des prêtraillons de Munich, ville qui conserve
dans son nom allemand son béat caractère, et s'appelle
en latin *Monacho monachorum*. C'est là que je l'ai vu

errer comme un fantôme avec ses grands yeux pâles et son visage abattu et amorti, image douloureuse d'une royauté déchue. Pour Hegel, il se fit couronner, et malheureusement oindre aussi quelque peu à Berlin, et il régna depuis lors sur la philosophie allemande.

Notre révolution philosophique est terminée ; Hegel a fermé ce grand cercle. Nous ne voyons plus maintenant que développements et perfectionnements de la philosophie de la nature. Celle-ci, comme je l'ai déjà dit, a pénétré dans toutes les sciences et y a produit les résultats les plus extraordinaires et les plus grandioses. Il a fallu, comme je l'ai aussi indiqué, supporter en revanche beaucoup de manifestations contrariantes. Tous ces faits se sont produits en si grand nombre et sous tant de formes, qu'il faudrait un livre exprès pour les décrire. C'est ici la partie véritablement intéressante et colorée de notre histoire philosophique. Je suis pourtant convaincu qu'il sera plus utile pour les Français de n'en rien connaître (au moins pour le moment), car ces explications pourraient contribuer à embrouiller encore plus les têtes en France ; beaucoup de notions de la philosophie de la nature, détachées de leur ensemble, pourraient faire beaucoup de mal chez vous. Je sais au moins que, si vous aviez connu, en 1830, une partie de cette philosophie, vous n'auriez jamais pu faire la révolution de juillet. Il fallait, pour cette circonstance, une concentration de pensées et de forces, une généreuse unité, une certaine vertu, une irréflexion suffisante, telle que votre vieille école pouvait seule le permettre. Des données philosophiques qui servent au besoin à justifier la légitimité et la doctrine de l'incarnation, auraient étouffé votre enthousiasme et paralysé votre courage. Je regarde donc comme un fait très-important dans l'histoire du monde, que certains missionnaires allemands qui vinrent alors à Paris pour vous enseigner la philosophie allemande, n'en aient pas compris le premier mot. Leur ignorance providentielle fut salutaire à la France et à toute l'humanité.

Hélas! la philosophie de la nature qui, dans mainte région de la science, et surtout dans les sciences naturelles, a produit les fruits les plus magnifiques, a engendré ailleurs l'ivraie la plus nuisible. Pendant que Oken, un des plus grands penseurs et un des plus grands citoyens de l'Allemagne, découvrait de nouveaux mondes d'idées et exaltait la jeunesse allemande pour les droits imprescriptibles du genre humain, pour la liberté et pour l'égalité... Hélas! à la même époque, Adam Müller enseignait, d'après les principes de la philosophie de la nature, qu'il fallait parquer les peuples comme des troupeaux... A la même époque, M. Gœrres prêchait l'obscurantisme du moyen âge, en partant de cette idée philosophique : que l'État n'est qu'un arbre et qu'il doit, dans sa distribution organique, avoir aussi un tronc, des branches et des feuilles, ce qu'on trouvait si admirablement dans la hiérarchie des corporations du moyen âge... A la même époque, un autre philosophe de la nature, M. Steffens, proclamait le principe en vertu duquel la classe des paysans doit être distinguée de la noblesse, parce que le paysan a reçu de la nature le droit de travailler sans jouir, et le noble celui de jouir sans travailler... Tout récemment, il y a de cela quelques mois, un gentillâtre de Westphalie, maître sot, a publié un mémoire dans lequel il supplie le gouvernement de sa majesté le roi de Prusse d'avoir égard au parallélisme conséquent que la philosophie démontre dans l'organisme du monde, et de faire des séparations politiques plus sévères, vu qu'à l'instar de ce qui se voit dans la nature, où sont les quatre éléments, le feu, l'air, l'eau et la terre, il y a dans la société quatre éléments analogues qui sont la noblesse, le clergé, les bourgeois et les paysans.

Quand on vit bourgeonner de l'arbre philosophique des folies aussi affligeantes, qui s'épanouirent en fleurs empoisonnées; quand on remarqua surtout que la jeunesse allemande, abîmée dans les abstractions métaphysiques, oubliait les intérêts les plus pressants de l'époque, et qu'elle était devenue inhabile à la vie pratique, les patriotes et les amis de la liberté durent éprouver un juste ressentiment contre la philosophie, et quelques-uns ont été jusqu'à rompre avec elle comme avec un jeu frivole et stérile en résultats.

Nous ne serons pas assez sot pour réfuter sérieusement ces mécontents. La philosophie allemande est une affaire importante qui regarde l'humanité tout

entière, et nos arrière-neveux seront seuls en état de
décider si nous méritons le blâme ou l'éloge pour avoir
travaillé notre philosophie en premier, et notre révolu-
tion ensuite. Il me semble qu'un peuple méthodique,
comme nous le sommes, devait commencer par la ré-
forme pour s'occuper ensuite de la philosophie, et n'ar-
river à la révolution politique qu'après avoir passé par
ces phases. Je trouve cet ordre tout à fait raisonnable.
Les têtes que la philosophie a employées à la méditation,
peuvent être fauchées à plaisir par la révolution; mais
la philosophie n'aurait jamais pu employer les têtes que
la révolution aurait tranchées auparavant. Pourtant
n'ayez, mes chers compatriotes, aucune inquiétude, la
révolution allemande ne sera ni plus débonnaire ni plus
douce parce que la critique de Kant, l'idéalisme trans-
cendantal de Fichte et la philosophie de la nature l'au-
ront précédée. Ces doctrines ont développé des forces
révolutionnaires qui n'attendent que le moment pour
faire explosion et remplir le monde d'effroi et d'admira-
tion. Alors apparaîtront des kantistes qui ne voudront
pas plus entendre parler de piété dans le monde des
faits que dans celui des idées, et bouleverseront sans
miséricorde, avec la hache et le glaive, le sol de notre
vie européenne pour en extirper les dernières racines du
passé. Viendront sur la même scène des fichtéens ar-
més, dont le fanatisme de volonté ne pourra être maî-
trisé ni par la crainte ni par l'intérêt; car ils vivent dans
l'esprit et méprisent la matière, pareils aux premiers

chrétiens qu'on ne put dompter ni par les supplices corporels ni par les jouissances terrestres. Oui, de tels idéalistes transcendantaux, dans un bouleversement social, seraient encore plus inflexibles que les premiers chrétiens; car ceux-ci enduraient le martyre pour arriver à la béatitude céleste, tandis que l'idéaliste transcendantal regarde le martyre même comme pure apparence, et se tient inaccessible dans la forteresse de sa pensée. Mais les plus effrayants de tous seraient les philosophes de la nature, qui interviendraient par l'action dans une révolution allemande et s'identifieraient eux-mêmes avec l'œuvre de destruction; car si la main du kantiste frappe fort et à coup sûr, parce que son cœur n'est ému par aucun respect traditionnel ; si le fichtéen méprise hardiment tous les dangers, parce qu'ils n'existent point pour lui dans la réalité ; le philosophe de la nature sera terrible en ce qu'il se met en communication avec les pouvoirs originels de la terre, qu'il conjure les forces cachées de la tradition, qu'il peut évoquer celles de tout le panthéisme germanique et qu'il éveille en lui cette ardeur de combat que nous trouvons chez les anciens Allemands, et qui veut combattre, non pour détruire, ni même pour vaincre, mais seulement pour combattre. Le christianisme a adouci, jusqu'à un certain point, cette brutale ardeur batailleuse des Germains; mais il n'a pu la détruire, et quand la croix, ce talisman qui l'enchaîne, viendra à se briser, alors débordera de nouveau la férocité des anciens combattants, l'exaltation frénétique des Berserkers que les poëtes du Nord chantent encore aujourd'hui. Alors, et ce jour, hélas, viendra, les vieilles divinités guerrières se lèveront de leurs tombeaux fabuleux, essuieront de leurs yeux la poussière séculaire ; Thor se dressera avec son marteau gigantesque et démolira les cathédrales gothiques... Quand vous entendrez le vacarme et le tumulte, soyez sur vos gardes, nos chers voisins de France, et ne vous mêlez pas de l'affaire que nous ferons chez nous en Allemagne : il pourrait vous en arriver mal. Gardez-vous de souffler le feu, gardez-vous de l'éteindre : car vous pourriez facilement vous brûler les doigts. Ne riez pas de ces conseils, quoiqu'ils viennent d'un rêveur qui vous invite à vous défier de kantistes, de fichtéens, de philosophes de la nature ; ne riez point du poëte fantasque qui attend dans le monde des faits la même révolution qui s'est opérée dans le domaine de l'esprit. La pensée précède l'action comme l'éclair le tonnerre. Le tonnerre en Allemagne est bien à la vérité allemand aussi : il n'est pas très-leste, et vient en roulant un peu lentement ; mais il viendra, et quand vous entendrez un craquement comme jamais craquement ne s'est fait encore entendre dans l'histoire du monde, sachez que le tonnerre allemand aura enfin touché le but. A ce bruit, les aigles tomberont morts du haut des airs, et les lions, dans les déserts les plus reculés de l'Afrique, baisseront la queue et se glisseront dans leurs antres royaux. On exécutera en Allemagne un drame auprès duquel la révolution française ne sera qu'une innocente idylle. Il est vrai qu'aujourd'hui tout est calme, et si vous voyez çà et là quelques hommes gesticuler un peu vivement, ne croyez pas que ce soient les acteurs qui seront un jour chargés de la représentation. Ce ne sont que des roquets qui courent dans l'arène vide, aboyant et échangeant quelques coups de dent, avant l'heure où doit entrer la troupe des gladiateurs qui combattront à mort.

Et l'heure sonnera. Les peuples se grouperont comme sur les gradins d'un amphithéâtre, autour de l'Allemagne, pour voir de grands et terribles jeux. Je vous le conseille, Français, tenez-vous alors fort tranquilles, et surtout gardez-vous d'applaudir. Nous pourrions facilement mal interpréter vos intentions, et vous renvoyer un peu brutalement suivant notre manière impolie ; car, si jadis, dans notre état d'indolence et de servage, nous avons pu nous mesurer avec vous, nous le pourrions bien plus encore dans l'ivresse arrogante de notre jeune liberté. Vous savez par vous-mêmes tout ce qu'on peut dans un pareil état, et cet état vous n'y êtes plus... Prenez donc garde ! Je n'ai que de bonnes intentions et je vous dis d'amères vérités. Vous avez plus à craindre de l'Allemagne délivrée, que de la sainte-alliance tout entière avec tous les Croates et les Cosaques. D'abord, on ne vous aime pas en Allemagne, ce qui est presque incompréhensible, car vous êtes pourtant bien aimables, et vous vous êtes donné, pendant votre séjour en Allemagne, beaucoup de peine pour plaire, au moins à la

meilleure et à la plus belle moitié du peuple allemand ;
mais lors même que cette moitié vous aimerait, c'est
justement celle qui ne porte pas d'armes, et dont l'amitié
vous servirait peu. Ce qu'on vous reproche, au juste je
n'ai jamais pu le savoir. Un jour, à Gœttingue, dans un
cabaret à bière, un jeune Vieille-Allemagne dit qu'il fal-
lait venger dans le sang des Français le supplice de
Konradin de Hohenstaufen que vous avez décapité à
Naples. Vous avez certainement oublié cela depuis long-
temps ; mais nous n'oublions rien, nous. Vous voyez que,
lorsque l'envie nous prendra d'en découdre avec vous,
nous ne manquerons pas de raisons d'Allemand. Dans
tous les cas, je vous conseille d'être sur vos gardes ;
qu'il arrive ce qu'il voudra en Allemagne, que le prince
royal de Prusse ou le docteur Wirth parvienne à la dic-
tature, tenez-vous toujours armés, demeurez tranquilles
à votre poste, l'arme au bras. Je n'ai pour vous que de
bonnes intentions, et j'ai presque été effrayé quand j'ai
entendu dire dernièrement que vos ministres avaient le
projet de désarmer la France...

Comme, en dépit de votre romantisme actuel, vous
êtes nés classiques, vous connaissez votre Olympe.
Parmi les joyeuses divinités qui s'y régalent de nectar et
d'ambroisie, vous voyez une déesse qui, au milieu de
ces doux loisirs, conserve néanmoins toujours une cui-
rasse, le casque en tête et la lance à la main.

C'est la déesse de la sagesse.

QUATRIÈME PARTIE

—LA LITTÉRATURE JUSQU'A LA MORT DE GOËTHE—

L'ouvrage de madame de Staël, *de l'Allemagne*, est le seul document étendu que possèdent les Français sur la littérature de cette contrée. Cependant, depuis que ce livre a paru, une grande période s'est écoulée ; et, pendant ce temps, une littérature toute nouvelle s'est développée en Allemagne. Est-ce seulement une littérature de transition? a-t-elle déjà produit ses fruits ? est-elle si tôt éteinte? Sur toutes ces questions, les opinions sont partagées. Le grand nombre penche à croire qu'une nouvelle période littéraire commence en Allemagne à la mort de Goëthe, que la vieille Allemagne est entrée avec lui dans son tombeau, que le temps de la littérature aristocratique est accompli et mort, que la démocratie

littéraire commence où « l'esprit des individus a cessé
pour faire place à l'esprit de tous. »

Quant à moi, je ne saurais juger d'une manière si
précise les évolutions futures de l'esprit allemand. La
fin de la période des arts, née de Goëthe, que le pre-
mier j'ai décorée de ce nom, je l'avais déjà prédite
depuis nombre d'années. Ma prophétie s'est accomplie.
Je connaissais très-bien les expédients et les menées de
ces mécontents qui voulaient mettre fin au grand empire
intellectuel de Goëthe ; et on a même prétendu m'avoir
vu figurer dans les émeutes qui eurent lieu autrefois
contre ce grand déspote. Maintenant que Goëthe est
mort, je me sens saisi, à ce souvenir, d'une violente
douleur.

Tout en appréciant l'importance de l'ouvrage de ma-
dame de Staël sur l'Allemagne, je dois recommander
une grande circonspection à ceux qui l'ont lu ou qui le
lisent encore, et je ne puis me dispenser du triste devoir
de le signaler comme l'ouvrage d'une coterie. Madame
de Staël, de brillante mémoire, dans cette circonstance,
et sous la forme d'un livre, a, en réalité, ouvert un salon
où elle recevait des écrivains allemands, et leur donnait
ainsi l'occasion de se présenter dans le beau monde
français; mais, au milieu du tumulte des voix nombreu-
ses et diverses, dont les clameurs retentissent du fond
de ce livre, on entend toujours, dominant toutes les
autres, la voix de fausset de M. A. Schlegel. Là où ma-
dame de Staël se montre elle-même, quand cette femme

si expansive s'exprime sans intermédiaire, lorsqu'elle se livre à sa chaleur naturelle, quand elle abandonne à ses radieuses explosions toute cette pyrotechnie sentimentale qu'elle dirige si bien, son livre est curieux et digne d'admiration. Mais, dès qu'elle obéit à des inspirations autres que les siennes ; dès qu'elle se soumet à une école dont l'esprit lui est entièrement étranger, et qu'elle ne saurait comprendre ; dès que, par les incitations de cette école, elle pousse à certaines tendances ultramontaines, qui sont en contradiction directe avec son esprit de clarté protestante, son livre est pitoyable et nauséabond. Ajoutez qu'à cette partialité qu'elle ignore, elle joint encore une partialité qui lui est personnelle, et qu'elle ne loue guère la vie intellectuelle, l'idéalisme des Allemands, que pour fronder le réalisme qui dominait alors parmi les Français, et la magnificence matérielle de l'établissement impérial. Son livre *de l'Allemagne* ressemble, sous ce rapport, à la *Germania* de Tacite, qui, peut-être aussi, en écrivant son apologie des Allemands, a voulu faire la satire indirecte de ses compatriotes.

En parlant d'une école à laquelle s'était vouée madame de Staël, et dont elle favorisait la tendance, j'ai voulu mentionner l'école romantique. L'ensemble de cet ouvrage montrera que cette école était toute différente de celle qu'on a désignée en France sous ce titre, et que son but était tout à fait distinct du but des romantiques français.

Mais qu'était donc l'école romantique en Allemagne?

Rien autre chose que le réveil de la poésie du moyen âge, telle qu'elle se manifeste dans ses chants et dans ses œuvres de peinture et d'architecture, par ses arts et sa vie privée. Mais cette poésie avait surgi du christianisme; c'était une *fleur de la passion* née du sang du Christ. Je ne sais si la fleur mélancolique que nous désignons ainsi porte en France le même nom, et si la tradition populaire lui a attribué, comme dans le Nord, cette origine mystique. C'est cette fleur, à couleurs singulières et tranchées, dans le calice de laquelle sont tracés les instruments qui servirent au martyre de Jésus-Christ, tels que le marteau, les pinces, les clous, etc., une fleur qui n'est pas absolument repoussante, mais funèbre, et dont la vue excite en nous un plaisir déchirant semblable aux sensations douces qu'on trouve dans la douleur même.

Il m'importe de faire remarquer qu'en disant christianisme je ne parle ni d'une de ses églises ni d'un sacerdoce quelconque, mais bien de la religion en elle-même, de cette religion dont les premiers dogmes renferment une condamnation de tout ce qui est chair, de sorte que non-seulement elle accorde à l'esprit une suprême puissance sur la chair, mais qu'elle voudrait encore détruire celle-ci pour glorifier l'autre. Sublime et divine dans son principe, mais, hélas! trop désintéressée pour ce monde imparfait, une pareille religion devint le plus ferme soutien des despotes qui ont su exploiter à leur

profit ce rejet absolu des biens terrestres, cette naïve
humilité, cette béate patience, cette céleste résignation,
prêchée par les saints apôtres. Des prédicateurs moins
bonaces ont surgi depuis, et dans leurs paraboles terri-
bles, ils démontrent les difficultés pratiques et les dan-
gers sociaux des doctrines nazaréennes : ils ne se
laissent plus dégoûter du banquet de la vie par ces ap-
pels au ciel qu'on leur fait ; ils savent que la matière a
aussi son bon côté, et qu'elle n'appartient pas exclusi-
vement au diable, et ils ne repoussent plus les joies de
la terre, ce beau jardin de Dieu, notre inaliénable hé-
ritage. Aussi, puisque nous comprenons maintenant si
bien les conséquences de ce spiritualisme absolu, pou-
vons-nous croire que sa puissance sociale n'est pas loin
de toucher à sa fin; car chaque époque ressemble au
sphinx qui se précipite dans le gouffre dès qu'on a de-
viné son énigme.

Nous n'avons toutefois nullement dessein de nier les
bons effets produits en Europe par le dogme catholique.
Ç'a été une réaction nécessaire et bienfaisante contre le
terrible et colossal matérialisme qui s'était développé
dans l'empire romain, et qui menaçait de détruire toute
la magnificence intellectuelle de l'homme. Ainsi que les
mémoires graveleux du dernier siècle peuvent servir de
pièces justificatives à la révolution française; ainsi que
le terrorisme d'un comité de salut public peut sembler
une médication nécessaire à ceux qui ont lu les confes-
sions des grands seigneurs français depuis la régence :

ainsi on reconnaît la vertu curative du spiritualisme
ascétique quand on a jeté les yeux sur les écrits de
Pétrone et d'Apulée, livres qu'on peut regarder aussi
comme les pièces justificatives du christianisme. La chair
était devenue si effrontée dans ce monde de l'empire
romain, qu'il fallait tous les aiguillons de la discipline
chrétienne pour la morigéner. Après un repas comme
celui de Trimalcion, il fallait une diète comme celle du
christianisme.

Ou bien, comme les voluptueux vieillards qui excitent
à coups de fouet leur corps engourdi, la vieille Rome
énervée voulut peut-être chercher sous les déchirements
de l'ascétisme monacal ces jouissances raffinées que
produit la torture, et le plaisir qu'on trouve au sein de
la douleur ?

Fâcheuse surexcitation ! Elle ravit au grand corps
romain ses dernières forces. Rome ne périt pas par sa
séparation en deux empires. Au Bosphore comme au
Tibre, Rome fut dévorée par le même spiritualisme
judaïque ; et en Asie comme en Europe, l'histoire
romaine, dans sa marche lente vers un même but, fut
une agonie qui dura plusieurs siècles. Le lion de Juda
démembré, en gratifiant les Romains de son spiritua-
lisme, a-t-il peut-être voulu se venger de l'ennemi vain-
queur, comme fit jadis le centaure mourant qui légua
astucieusement au fils de Jupiter la robe teinte de son
propre sang, qui lui fut si fatale ? Et vraiment Rome,
l'Hercule des peuples, fut si puissamment consumée par

le poison juif, que son casque et son armure tombèrent de ses membres affaissés, et que sa grande voix impériale qui dominait dans les batailles, s'affaiblit et se changea en humbles murmures de patenôtres et en cadences de castrats.

Mais ce qui énerve le vieillard fortifie l'adolescent. Ce spiritualisme influa heureusement sur les peuples transmigrants du Nord. Ces corps de barbares, trop vigoureux et trop chargés de sang, furent modifiés par l'esprit chrétien, et la civilisation européenne commença. Ç'a été une belle et une sainte mission du christianisme. En civilisant l'Europe, l'église catholique acquit les droits les plus fondés à notre respect et à notre admiration. Par des institutions larges et pleines de génie, elle a su mettre un frein à la bestialité des barbares du Nord, et elle a su maîtriser la matière brutale. — Les œuvres des arts du moyen âge nous retracent cet assujettissement de la matière par l'esprit, et c'est là souvent uniquement leur mission. On pourrait facilement classer les compositions épiques de ce temps d'après le degré de cet assujettissement.

Il ne saurait être ici question des poésies lyriques et dramatiques, car les dernières n'existaient pas, et les premières se ressemblent aussi fort, dans tous les siècles, que le chant des rossignols se ressemble à chaque printemps.

Bien que la poésie épique du moyen âge soit divisée en poésie sacrée et en poésie profane, ces deux branches

étaient entièrement chrétiennes par leur essence et leur
allure ; car si la poésie sacrée s'occupait exclusivement
du peuple juif, qui passait pour le seul peuple saint, et
de son histoire seule sainte aussi ; si elle chantait les
héros de l'Ancien et du Nouveau Testament, les légen-
des, en un mot l'Église : néanmoins toute la vie du
temps, avec ses contemplations chrétiennes et son mou-
vement religieux, se réfléchissait dans la poésie profane.
La fleur de la poésie sacrée dans l'Allemagne du moyen
âge est peut-être *Barlaam et Josaphat*, poëme dans
lequel la doctrine de l'abnégation, de l'abstinence, de
la renonciation et du mépris de toutes les joies humaines,
est poussée jusque dans ses dernières conséquences.
Ensuite on peut citer le cantique de louanges sur saint
Hannon, comme le meilleur de ce genre de poésies ;
mais celui-ci entre un peu plus avant dans les choses
terrestres. Il diffère du premier à peu près comme une
image de saint byzantine diffère d'une image gothique.
Ainsi que dans les tableaux byzantins, nous trouvons
dans *Barlaam et Josaphat* la plus extrême simplicité ;
point d'accessoires enjolivés ; les longs corps maigres
semblables à des statues, et les figures d'un sérieux
idéal, ressortent vigoureusement comme s'ils étaient
peints sur ces fonds d'or mat qui décoraient les églises
de l'empire d'Orient. Dans le cantique sur saint Hannon,
les accessoires sont l'affaire principale comme dans les
tableaux gothiques ; et en dépit de la disposition gran-
diose, les détails sont traités d'une manière vétilleuse ;

enfin on ne sait si c'est la conception d'un géant ou l'œuvre patiente d'un nain, qu'on admire.

Les poésies évangéliques d'Ottfried, qu'on a coutume de vanter comme le chef-d'œuvre de la poésie sacrée, sont loin d'être aussi remarquables que les deux morceaux que je viens de citer. Dans la poésie profane, nous trouvons d'abord, d'après la marche que j'ai indiquée, la série de légendes des *Nibelungen* et le *Livre des Héros*. Là règne encore toute la façon de sentir et de penser qui précéda le christianisme dans la Germanie; là la force brutale ne s'est pas encore mitigée jusqu'à la chevalerie; là s'offrent encore, comme des images de pierre, les rudes champions du Nord; et la tendre lumière et le souffle adoucissant du christianisme ne pénètrent pas encore sous les armures de fer. Mais le jour commence à poindre dans les vieilles forêts germaines : les vieilles idoles s'ébranlent, et on aperçoit une arène déblayée qui se forme, où le chrétien commence à combattre le gentil. Nous en trouvons les traces dans les légendes de Charlemagne, où l'on sent un reflet des croisades et de leur esprit. Bientôt se développe du spiritualisme chrétien et de son influence l'apparition la plus particulière au moyen âge, la chevalerie, qui arrive à son apogée en se revêtant d'un caractère sacerdotal comme nous le voyons dans les ordres à la fois militaires et religieux. La chevalerie mondaine se trouve célébrée dans les légendes du roi Arthus, où règnent la plus douce galanterie, la courtoisie la plus raf-

finée et le goût le plus décidé des combats et des aven-
tures. Du milieu des riantes et folles arabesques, des
fleurs fantastiques et des chimères de ces poëmes, trois
belles figures nous saluent : ce sont le précieux *Ivain*,
l'excellent *Lancelot du Lac* et le vaillant, le galant,
l'honnête, mais un peu ennuyeux *Vigalois*. Auprès de
ces légendes, nous en trouvons une qui leur tient de
près, la légende du saint Graal, où l'on exalte la cheva-
lerie religieuse et ecclésiastique; et là se présentent à
nous trois des épopées les plus grandioses du moyen
âge, *le Titurel*, *le Parcival* et *le Lohengrin*. Ici nous
nous trouvons face à face avec la poésie romantique ;
nous plongeons profondément nos regards dans ses
grands yeux mélancoliques; elle nous environne, sans
que nous nous en apercevions, de ses filets scolastiques,
et elle nous entraîne dans les profondeurs du mysticisme
de cette époque. Enfin nous trouvons des poésies de ce
vieux temps qui ne sont pas vouées absolument au spi-
ritualisme chrétien, dans lesquelles il est même frondé,
où le poëte secoue les chaînes des abstractions de la
vertu chrétienne, et ce n'est pas précisément le plus
mauvais poëte qui nous a laissé le principal ouvrage
écrit dans cette direction, le poëme de *Tristan* et
Yseulte. Je dois même dire que Gottfried de Strasbourg,
l'auteur de cette charmante épopée d'amour, est peut-
être le plus grand poëte du moyen âge, et qu'il sur-
passe les belles inventions de Wolfram de Eschilbach,
que nous admirons dans le Parcival et dans les frag-

ments du Titurel. Peut-être est-il permis aujourd'hui de louer et de priser sans réserve ce bon maître Gottfried. Dans son temps, on l'a certainement tenu pour un impie, et son livre pour une œuvre dangereuse ; et, en effet, il y a jeté des choses qui font réfléchir. Francesca de Rimini et son bel ami payèrent chèrement le plaisir qu'ils eurent un jour de lire un pareil livre ensemble ; — il est vrai que le plus grand danger consista en ce qu'ils cessèrent tout d'un coup de le lire.

Dans toutes ces compositions du moyen-âge, la poésie a un caractère décidé qui la distingue de la poésie des Grecs et des Romains. Pour marquer cette différence, nous nommons celle-ci la poésie classique, et l'autre la poésie romantique. Mais ces dénominations ne sont que des rubriques vagues, et ont conduit jusqu'à ce jour à un désordre d'idées qui croît encore, depuis qu'on nomme la poésie des anciens plastique, au lieu de classique. C'est là surtout qu'on donne lieu à des méprises. D'abord, les artistes doivent toujours travailler leur sujet d'une façon plastique : que le sujet soit païen ou chrétien, ils doivent le présenter sous des contours clairs ; bref, la forme plastique doit se retrouver dans l'art moderne et romantique, comme dans l'art antique, et en être la qualité principale. Les figures de *la Divine Comédie* du Dante, ou celles des tableaux de Raphaël, ne sont-elles pas aussi plastiques que celles de Virgile ou des murs d'Herculanum ? La différence consiste en ce que les figures plastiques, dans l'antiquité, sont entière-

ment identiques à ce qu'elles doivent représenter, à
l'idée que l'artiste veut reproduire. Par exemple, la vie
errante d'Odysseus ne signifie rien autre chose, sinon la
vie errante de l'homme qui était fils de Laertès, mari de
Pénélopéia, et qui se nommait Odysseus ; le Bacchus que
nous voyons au Louvre n'est rien autre chose que l'ai-
mable fils de Sémélé, les yeux remplis d'une mélan-
colie audacieuse, et une divine volupté répandue sur les
lèvres mollement arrondies. Il en est autrement dans
l'art romantique : là, les vains pèlerinages d'un cheva-
lier ont en outre une signification ésotérique ; ils indi-
quent peut-être les vains pèlerinages de la vie ; le dragon
qui est vaincu est le péché ; l'amandier qui répand de
loin ses parfums sur les voyageurs, c'est la Trinité, Dieu
le père, Dieu le Fils et le Saint-Esprit, qui font un tout,
comme la noix, l'écorce et le noyau forment une seule
amande. Quand Homère peint l'armure de son héros,
ce n'est rien autre chose qu'une bonne armure qui vaut
tant et tant de bœufs ; mais quand un moine du moyen
âge décrit le vêtement de la mère de Dieu, on peut s'en
fier à lui : sous ces habits divers, il a imaginé autant de
vertus, un sens particulier est caché sous cette sainte
enveloppe de la Vierge immaculée, qui, son fils étant le
noyau de l'amande, est chantée fort raisonnablement
sous le nom de la fleur d'amandier. C'est là le caractère
de la poésie du moyen âge que nous nommons roman-
tique. L'art classique avait à reproduire une forme dé-
terminée, le réel, et ses images pouvaient s'identifier

avec l'idée de l'artiste ; l'art romantique avait à repré-
senter, ou plutôt à indiquer l'infini et des choses tout
intellectuelles, et il était obligé de puiser ses moyens
dans un système de symboles traditionnels, de belles
paraboles semblables à celles que le Christ employait
pour rendre le spiritualisme de ses idées. De là le carac-
tère mystique, énigmatique et merveilleux qui règne
dans les œuvres d'art du moyen âge ; l'imagination y
fait des efforts incroyables pour rendre, par des images
matérielles, ce qui est purement intellectuel ; elle invente
les folies les plus gigantesques, elle entasse Ossa sur
Pélion, le Parcival sur le Titurel, pour atteindre jus-
qu'au ciel. Chez les peuples où la poésie s'efforce éga-
lement de représenter l'infini, et où se présentent aussi
d'immenses conceptions fantastiques, comme chez les
Scandinaves et chez les Indiens, nous trouvons des com-
positions véritablement romantiques, et auxquelles
nous sommes forcés de donner ce nom.

Quant à la musique du moyen âge, il serait difficile
d'en parler avec quelques développements. Les docu-
ments nous manquent. Ce n'est que tard, dans le
xvie siècle, que parurent les chefs-d'œuvre de musique
d'église des maîtres renommés, dont on ne saurait faire
trop de cas dans leur genre ; car ils expriment avec une
pureté admirable le spiritualisme qui est l'essence de
l'église chrétienne.

Les arts de la mémoire, qui sont spiritualistes de leur

nature, durent fleurir à l'ombre du christianisme ; mais cette religion était moins avantageuse aux arts du dessin ; car, comme ils devaient nous représenter la victoire de l'esprit sur la matière, et n'employer cette matière que comme un moyen de reproduction, ils eurent à combattre un obstacle difficile. Ainsi naquirent, dans la peinture et dans la sculpture, ces effroyables thèmes, ces images de martyre, ces crucifiements, ces saints expirants, toutes ces choses enfin qui peignent la destruction de la dépouille matérielle. Ce fut un véritable martyre de la sculpture ; et chaque fois que j'ai vu ces effigies décomposées où l'abstinence chrétienne et le mépris des sens sont caractérisés par des têtes pieuses et frêles, par de longs bras minces et décharnés, par des jambes amaigries, par des corps douloureusement abattus, je n'ai pu me défendre d'une compassion infinie pour les artistes de cet âge. Les peintres, il est vrai, étaient un peu plus à leur aise, car le matériel de leurs moyens de reproduire, la couleur dans ses jets insaisissables, dans ses chatoiements merveilleux, ne résistait pas si lourdement au spiritualisme que la pierre, le marbre et tous les matériaux des sculpteurs. Cependant les peintres furent bien forcés aussi de charger de repoussantes et douloureuses figures leurs toiles qui en gémissaient. En vérité, lorsque l'on contemple certaines collections de tableaux, et qu'on n'y voit que des scènes de sang, des instruments de torture et des supplices, on est tenté de croire que ces vieux maîtres de la peinture ont passé leur vie à travailler pour la galerie d'un bourreau !

Mais le génie de l'homme est puissant. Ainsi un grand nombre de peintres surmonta tous ces obstacles, et les Italiens surtout sacrifièrent à la beauté, quelquefois aux dépens du spiritualisme, pour s'élever à cet idéal qui atteint à sa perfection dans beaucoup d'images de madones. En général, quand il s'agissait de la Vierge, l'église catholique a toujours fait quelques concessions au sensualisme. Cette image, d'une beauté sans tache et sans souillure, et qui cependant est ornée de la radieuse auréole dont s'environnent l'amour et la douleur maternelles, eut toujours le privilége d'être illustrée par les poëtes et par les peintres, et embellie par eux de tous les charmes terrestres. En effet, cette image était vraiment faite pour attirer la multitude dans le giron du christianisme. La vierge Marie était la dame châtelaine de l'église catholique, et qui attirait et retenait les chevaliers du Nord par son doux et céleste sourire.

L'architecture avait, au moyen âge, le même caractère que les autres arts, comme en général alors toutes les manifestations de la vie s'harmonisaient entre elles d'une façon merveilleuse. Dans l'architecture de ces temps se révèle, comme dans la poésie, une tendance symbolique. Quand nous pénétrons aujourd'hui dans une vieille cathédrale, nous soupçonnons à peine le sens ésotérique de ce symbole de pierre. L'effet général de cette masse agit seulement sur notre âme. Nous sentons confusément l'élévation de l'esprit et la mortification de la chair. La disposition de ce dôme est une croix creusée, et nous errons dans l'instrument même du martyre; les vitraux coloriés versent sur nous des flots de lumière verte et rouge comme le pus des plaies et le sang qui en découle; les chants funéraires frappent nos oreilles; sous nos pieds sont des tombes et la pourriture; et, ainsi dirigé, l'esprit s'élève dans les airs le long des piliers colossals, se débarrassant avec effort de son cadavre, qu'il laisse sur le sol, comme un vêtement qui le fatigue. Quand on les examine du dehors, ces cathédrales gothiques, ces édifices immenses d'une forme si fine, si transparente, si aérienne, qu'ils semblent découpés et nous paraissent des dentelles de Brabant exécutées en marbre : alors seulement on sent bien la puissance de ces temps qui savaient assouplir même la pierre, l'animer d'une vie de fantôme, et faire exprimer à cette matière, la plus dure de toutes, tous les élans du spiritualisme chrétien.

Mais les arts ne sont que le miroir de la vie humaine; et, quand le catholicisme faiblit dans le monde réel, il pâlit et s'éteignit aussi dans les arts. Au temps de la réformation, la poésie catholique disparut subitement de l'Europe; et, à sa place, nous voyons ressusciter la poésie grecque, qui reposait depuis tant de siècles dans le tombeau. Sans doute, ce n'était qu'un printemps factice, une œuvre de jardinier, et non pas du soleil; les arbustes et les fleurs ne croissaient que dans des vases étroits, et un ciel de verre les préservait du froid et du vent du nord. Dans l'histoire du monde, un événement n'est pas toujours d'une façon directe le résultat d'un autre, et les événements influent plutôt les uns sur les autres par intermittence. Ce ne fut pas des savants grecs qui émigrèrent de notre côté après la conquête de Byzance, que nous vint l'amour de la Grèce et l'envie générale de l'imiter; ce fut plutôt parce que, dans l'art comme dans la vie réelle, le protestantisme se produisait en même temps. Léon X, ce somptueux Médicis, était un protestant aussi zélé que Luther; et, de même qu'à Wittemberg on protestait en prose latine, à Rome on protestait en pierre, en couleurs et en octaves rimées. Les énergiques images de maître Michel Angelo, les riantes figures de nymphes de Giulio Romano et l'ivresse voluptueuse, la joie de vivre qui règne dans les vers de Messer Ludovico Ariosto, n'est-ce pas là une opposition protestante au vieux, sombre et morose catholicisme? La polémique que soutinrent les peintres de l'Italie contre le sacerdotisme exerça peut-être plus d'influence que celle des théologiens saxons. La chair florissante qui brille sur les tableaux du Titien n'est que le protestantisme, et les reins de ses Vénus sont des thèses plus concluantes que celles qui furent affichées par le hardi moine allemand sur la porte de l'église de Wittemberg. On eût dit alors que les hommes s'étaient sentis tout à coup délivrés des liens qui les garrottaient depuis plusieurs milliers d'ans ; les artistes surtout respiraient librement, comme si le cauchemar ascétique avait cessé de peser sur leur poitrine ; ils se précipitèrent avec enthousiasme dans la riante mer de la poésie grecque, de l'écume de laquelle naissaient de nouveau pour eux les plus belles déesses. Les peintres représentèrent de nouveau les joies que répand l'ambroisie dans l'Olympe ; les sculpteurs firent sortir, comme jadis, les vieux héros de leurs blocs de marbre ; les poëtes chantèrent encore la maison d'Atrée et de Laïus: alors commença la nouvelle période classique.

Ainsi qu'en France, sous Louis XIV, la vie moderne reçut son perfectionnement accompli, la nouvelle poésie classique atteignit à un haut degré de perfection, et en quelque sorte à une originalité réelle. Par l'influence politique du grand roi, la nouvelle poésie classique française se répandit dans le reste de l'Europe. Dans l'Italie, où elle était déjà indigène, elle reçut un coloris français ; les héros de la tragédie française vinrent aussi en Espagne avec le duc d'Anjou ; ils passèrent ensuite en Angleterre avec madame Henriette ; et nous autres Allemands, il va sans dire que nous bâtîmes à l'Olympe poudré de Versailles nos temples insipides. Le plus célèbre pontife de ces faux dieux fut Gottched, cette grande perruque de l'ancien temps, que notre célèbre Goëthe a si bien dépeint dans ses Mémoires.

Lessing fut l'Arminius littéraire qui délivra notre scène de cette domination étrangère. Il nous montra

la nullité, le ridicule, le mauvais goût de ces imitations
du théâtre français, qui, elles-mêmes, étaient imitées
du théâtre grec. Mais ce ne fut pas seulement par sa
critique, ce fut par ses propres ouvrages qu'il devint le
fondateur de la nouvelle littérature originale allemande.
Cet homme suivit toutes les directions de l'esprit, envi-
sagea toutes les faces de la vie avec un enthousiasme et
une intelligence rares. Les arts, la théologie, la science
archéologique, la poésie, la critique, le théâtre, l'his-
toire, il poussa tout vers un même but, avec une égale
ardeur. Dans tous ses ouvrages respire la même et
grande idée sociale, un sentiment en progrès de l'hu-
manité, cette belle religion de la raison dont il a été le
saint Jean, et dont nous attendons encore le Messie.
Cette religion, il la prêcha toujours; mais, hélas! sou-
vent il la prêcha tout seul et dans le désert. Et puis, il
lui manquait la vertu de changer les pierres en pain; il
passa la plus grande partie de sa vie dans la nécessité et
dans la misère, malédiction qui a pesé sur presque tous
les grands génies de l'Allemagne, et qui ne cessera
peut-être que par l'affranchissement politique de notre
nation. Lessing était aussi plus animé de sentiments po-
litiques qu'on ne le soupçonnait, qualité que nous ne
trouvons chez nul de ses contemporains; et ce n'est
qu'aujourd'hui que nous voyons clairement qui il avait
en vue quand il peignit le despotisme dans sa tragédie
d'*Emilia Galotti*. On le prit alors seulement pour un
champion de la liberté de penser, et un adversaire de

l'intolérance cléricale; car on comprenait mieux ses tendances théologiques. Les fragments sur l'éducation de la race humaine, qu'Eugène Rodrigue a traduits en français, peuvent peut-être donner une idée du vaste cercle qu'embrassait l'esprit de Lessing. Les deux morceaux de critique qui ont exercé le plus d'influence sur l'art sont sa *Dramaturgie de Hambourg*, et son *Laocoon, ou des limites de la peinture et de la poésie*. Ses pièces de théâtre les plus remarquables sont: *Emilia Galotti, Minna de Barnhelm, Nathan le Sage*.

Gotthold Ephraïm Lessing naquit à Camens, dans la Lusace, le 22 janvier 1729, et mourut à Brunswick, le 15 février 1781. C'était un homme tout entier, qui, lorsqu'il détruisait par sa polémique quelque vieille chose, construisait aussitôt lui-même quelque chose de nouveau. Il ressemblait, dit un auteur allemand, à ces Juifs pieux qui furent souvent troublés dans la construction du second temple par les attaques de l'ennemi, et qui combattaient d'une main, tandis qu'ils tenaient de l'autre la truelle pour bâtir la maison de Dieu. Lessing, de tous les écrivains allemands, est celui que je chéris le plus. Je parlerai encore d'un autre homme qui écrivit dans le même esprit et dans le même but que Lessing, et qu'on peut nommer son successeur immédiat. Ce n'est pas que la mention que j'en fais soit à sa place; mais comme il en occupe une tout isolée dans l'histoire de la littérature, et qu'on ne peut pas encore bien définir ses rapports avec son temps et ses contemporains, cette licence peut m'être permise : c'est Jean Gottlieb Herder, né à Morungen dans la Prusse orientale, en 1744, et mort à Weimar en Saxe, dans l'année 1803.

L'histoire littéraire est la grande morgue où chacun vient chercher ses morts, ceux qu'on a aimés, ou avec qui on a des liens de parenté. Quand je vois là, parmi tant de cadavres insignifiants, Lessing ou Herder avec leurs grandes et nobles figures, le cœur me bat avec violence ; il me serait impossible de passer outre, sans déposer un baiser sur leurs lèvres livides.

Mais si Lessing a détruit si puissamment le goût de l'imitation de la fausse antiquité grecque, empruntée de seconde main aux Français, il a lui-même donné lieu en quelque sorte à un nouveau genre de folles imitations par ses appréciations des véritables chefs-d'œuvre de l'antique Grèce. Par la vigueur avec laquelle il combattit la superstition religieuse, il aida aussi à ce prosaïsme qui se propagea à Berlin avec une vivacité extrême. En ce temps, la déplorable médiocrité se mit à s'agiter plus que jamais ; et les esprits vides et gueux se boursouflèrent comme la grenouille de la fable. On se tromperait toutefois si on imaginait que Goëthe, qui avait déjà percé, fut alors généralement reconnu. Son *Goetz de Berlichingen* et son *Werther* furent accueillis avec enthousiasme ; mais les ouvrages des médiocrités ordinaires étaient reçus avec la même faveur, et on n'accorda à Goëthe qu'une étroite niche dans le panthéon littéraire. J'ai dit que le public avait lu avec en-

thousiasme *Goetz* et *Werther*, mais ce fut plutôt à cause
du sujet que du travail artistique, que personne ne sut
apprécier dans ces chefs-d'œuvre. Le *Goetz* était un
roman de chevalerie, présenté sous une forme drama-
tique, et on aimait alors ce genre d'ouvrages. Dans
Werther, on ne vit que l'arrangement d'une histoire
véritable, celle du jeune Jérusalem, un jeune homme
qui s'était brûlé la cervelle par amour, et qui avait fait
ainsi grand bruit dans cette époque de calme plat; on
lut en pleurant ses lettres touchantes; on remarqua
avec beaucoup de sagacité que la manière dont Wer-
ther avait été chassé de la société noble devait avoir
augmenté son dégoût de la vie; la question du suicide
donna encore plus de sel au livre; l'idée de se tuer
aussi surgit à cette occasion dans la tête de quelques
fous, et l'ouvrage fit alors un effet complet. On lisait
encore fort assidûment les romans d'Auguste Lafon-
taine; et comme celui-ci écrivait sans discontinuer, il
devint beaucoup plus célèbre que Wolfgang Goëthe.
Wieland était le grand poëte du temps, qui n'avait pour
concurrent que M. Rammler à Berlin, le faiseur d'odes.
Wieland fut honoré bien plus que ne le fut jamais
Goëthe; cependant il faut avouer que l'auteur d'*Oberon*
et d'*Aristippe* a bien mérité ses succès: il a doté l'Alle-
magne de chefs-d'œuvre aussi beaux qu'utiles, c'était
un géant à côté de Iffland qui dominait le théâtre avec
ses drames bourgeois, et Kotzebue avec ses innombrables
comédies.

Ce fut contre cette littérature que s'éleva, en Allemagne, dans les dernières années du dernier siècle, une école littéraire, que nous nommons l'école romantique, et dont MM. Auguste-Guillaume et Frédéric Schlegel se sont présentés comme les gérants. Iéna, où s'agitaient et se tenaient les deux frères au milieu de beaucoup d'esprits disposés à les suivre, fut le point central d'où se répandit la nouvelle doctrine esthétique. Je dis doctrine, car cette école commença par des jugements sur les œuvres d'art du passé, et par des recettes pour les œuvres d'art de l'avenir. L'école de Schlegel a rendu alors de grands services à la critique esthétique. Dans l'appréciation des œuvres que nous possédons, on signala ou leurs défauts et leurs faiblesses, ou leurs perfections et leurs beautés. Dans la polémique, dans cette investigation et cette recherche des défauts et des vides de l'art, les deux Schlegel furent par-dessus tout les imitateurs du vieux Lessing ; ils se mirent en possession de sa grande épée de bataille ; mais le bras de M. Auguste-Guillaume Schlegel était beaucoup trop mou et trop grêle, l'œil de son frère Frédéric trop voilé de nuages mystiques, pour qu'ils pussent frapper aussi fort et atteindre aussi sûrement que le faisait Lessing. Toutefois dans la critique spéciale, lorsqu'il s'agit de mettre en leur jour les beautés d'un ouvrage, lorsqu'il faut faire ressortir finement ses qualités, MM. Schlegel surpassent le vieux Lessing. Mais que dire de leurs recettes pour exécuter des chefs-d'œuvre ? Là se révèle une impuissance que

nous avons cru trouver également dans Lessing. Lui
aussi, si fort qu'il soit dans la négation, montre quelque
faiblesse dans l'initiative, et rarement il parvient à poser
un principe fondamental, plus rarement encore à le
poser juste. Il lui manquait un terrain solide, une phi-
losophie, un système philosophique. C'est là le cas de
MM. Schlegel, et ils sont dans une position encore plus
désolante.

Mais si MM. Schlegel ne pouvaient prescrire de théorie
arrêtée pour les chefs-d'œuvre qu'ils commandaient aux
poëtes de leur école, ils remplaçaient ce vide en pro-
posant pour modèles les plus belles œuvres des temps
passés et en les rendant accessibles à leurs disciples; et
c'était surtout sur les œuvres de l'art catholique du
moyen âge qu'ils appelaient leurs regards. Shakspeare,
qui est placé à cette limite de l'art, et qui sourit déjà à
nos temps modernes avec une clarté et une liberté
toutes protestantes, ne fut traduit que dans un but de
polémique dont l'explication serait trop longue à donner
ici. Cette traduction fut entreprise par M. A.-G. Schle-
gel à une époque où l'enthousiasme littéraire n'avait
pas encore tout à fait reculé jusqu'au moyen âge. Plus
tard, lorsque cela eut lieu, on traduisit Caldéron, et on
le mit bien au-dessus de Shakspeare, car on trouvait
chez le poëte espagnol la poésie du moyen âge dans
toute sa pureté, et conçue sous l'influence de ses institu-
tions principales, la chevalerie et le monachisme. Les
pieuses comédies de l'ecclésiastique poëte castillan,

dont le style fleuri semble arrosé d'eau bénite et par-
fumé d'un encens d'église, furent alors imitées avec
toute leur sainte grandezza, avec tout leur luxe sacer-
dotal, leurs folies sacrées; et on vit germer en Alle-
magne ces compositions folles et profondes, qui repré-
sentent l'amour mystique comme dans l'*Adoration de
la croix*, ou le martyre chevaleresque comme dans *le
Prince Constant*, et Zacharias Werner poussa les cho-
ses aussi loin qu'on peut aller sans s'exposer à être en-
fermé dans une maison de fous.

Notre poésie, disaient les frères Schlegel, est vieille;
notre muse est une femme décrépite avec une que-
nouille; notre Cupidon n'est pas un enfant blond, mais
un nain ridé avec une chevelure grise; nos sentiments
sont effeuillés; notre imagination desséchée, morte : il
faut rafraîchir cette terre aride, il faut y chercher avec
patience les sources ombragées de la naïve et simple
poésie du moyen âge; là ruissellera pour nous l'eau de
Jouvence. Ce triste peuple, sec et décharné, ne se le
fit pas dire deux fois, et les pauvres gosiers desséchés
qui végétaient dans les sables de la Prusse voulurent
tous refleurir et reprendre de la jeunesse; ils se précipi-
tèrent vers ses sources merveilleuses, et tout cela but,
avala et lampa avec une soif immodérée. Mais il leur
arriva la même aventure qu'à une vieille chambrière dont
voici l'histoire. Elle avait remarqué que sa maîtresse
possédait un élixir merveilleux qui rendait la jeunesse;
en l'absence de sa maîtresse, elle prit la fiole; mais, au

lieu d'en prendre quelques gouttes, elle but à si longs traits que, grâce à la merveilleuse efficacité de ce breuvage, elle revint, non pas seulement à la jeunesse, mais à la plus tendre enfance. En vérité, il en arriva ainsi à notre excellent M. Tieck, le poëte de cette école; il puisa tant dans les livres populaires et dans les poésies du moyen âge, qu'il redevint presque un enfant; il dégénéra de fruit en fleurs, et revint à cet innocent bégaiement que madame de Staël avait tant de peine à admirer. Elle avoue même qu'il lui semble curieux de voir un personnage débuter dans un drame par un monologue qui commence ainsi : « Je suis saint Boniface, et je viens vous dire, etc. »

M. Louis Tieck a offert aussi en modèle aux artistes à venir les commencements rudes et naïfs de l'art, dans son roman intitulé *les Pèlerinages de Sternbald*, et par le livre qu'il a publié d'un certain Wackenroder, et qu'il a nommé *Epanchements du cœur d'un moine ami des arts*. On recommanda l'imitation de la naïveté et de l'esprit pieux de ses ouvrages. On ne voulut plus entendre parler de Raphaël, pas même de son maître Pérugin, qu'on plaçait cependant déjà plus haut, et dans lequel on trouvait encore des restes de ces magnificences dont on admirait avec dévotion l'accomplissement dans les chefs-d'œuvre immortels de Fra Giovanno Angelico da Fiesole. Si l'on veut se faire une idée du goût des enthousiastes d'alors, il faut aller au Louvre, où sont encore suspendus les meilleurs tableaux de ces vieux maîtres; mais si l'on veut se faire une idée du grand nombre de poëtes qui imitèrent, dans ce même temps, sur tous les mètres possibles, les poëtes du moyen âge, il faut aller à Charenton.

Mais je pense que les tableaux de la première salle du Louvre sont beaucoup trop gracieux pour qu'en les contemplant on puisse prendre une idée du goût qui régnait en Allemagne. Il faudrait se figurer ces vieilles images italiennes, traduites en vieil allemand; car on regardait les œuvres des vieux peintres allemands comme beaucoup plus simples et plus naïves, et par conséquent plus dignes d'être imitées que les vieux ouvrages italiens. Les Allemands, disait-on, avec leur *gémuth* (mot dont il est impossible de trouver l'équivalent dans la langue française), les Allemands sentent plus profondément le christianisme que les autres nations, et sur ce dire, Frédéric Schlegel et son ami, M. Joseph Goerres, couraient, dans toutes les vieilles villes du Rhin, après des restes de vieux tableaux et de gothiques morceaux de sculpture allemande, qu'on révérait aveuglément comme de saintes reliques.

Je viens de comparer le Parnasse allemand de ce temps-là à Charenton; mais je crois qu'en cela, j'ai dit trop peu aussi. Une démence française est loin d'être aussi folle qu'une démence allemande; car dans celle-ci, comme eût dit Polonius, il y a de la méthode. Ces folies allemandes, on les prônait et on les étalait avec une pédanterie sans pareille, avec une gravité incroyable, avec une pénétration dont un superficiel fou français ne peut se faire une idée.

L'état politique d'outre-Rhin était très-favorable à cette direction religieuse et à ce retour vers la vieille Allemagne. La mauvaise fortune enseigne à prier, dit le proverbe, et vraiment jamais elle n'avait été si grande parmi nous, et par conséquent le peuple plus enclin qu'alors à la prière, à la religion, au christianisme. Il n'est pas de peuple qui ait autant d'attachement pour ses princes que le peuple allemand; et ce qui affligeait le plus les Allemands, c'était, non pas le triste état où la guerre et la domination étrangère avaient jeté le pays, mais l'aspect déplorable de leurs princes vaincus, qu'ils voyaient ramper aux pieds de Napoléon. Les peuples de l'Allemagne ressemblaient à ces vieux serviteurs des grandes maisons que nous voyons avec attendrissement au théâtre, qui souffrent plus que leurs nobles maîtres des humiliations que ceux-ci sont forcés de subir, qui versent en secret des larmes amères quand le besoin fait vendre la vaisselle d'or et d'argent, et dépenseraient leurs misérables épargnes plutôt que de voir la chandelle bourgeoise remplacer la bougie aristocratique sur la table de leurs seigneurs. L'affliction générale fit chercher un refuge dans la religion, et il en résulta une dévote résignation à la volonté de Dieu, de qui seul on attendait des secours. En effet, contre un Napoléon, personne ne pouvait nous aider que Dieu en personne. Il n'y avait plus à compter sur les armées terrestres, et il fallait bien lever les yeux avec confiance vers le ciel.

Nous eussions aussi supporté tranquillement Napoléon; mais nos princes, tout en espérant que Dieu les délivrerait, se livrèrent en même temps à la pensée que les forces réunies de leurs peuples pourraient bien y faire quelque chose : on chercha dans ce dessein à réveiller un sentiment commun à tous les Allemands; et alors les personnages les plus éminents parlèrent de la nationalité allemande, d'une patrie commune à tous, de la réunion des races chrétiennes de la Germanie, de l'unité de l'Allemagne. On nous commanda le patriotisme, et nous devînmes patriotes; car nous faisons tout ce que nos princes nous commandent. Il ne faut pas cependant se représenter sous ce nom de patriotisme le sentiment qui porte ce nom ici en France. Le patriotisme du Français consiste en ce que son cœur s'échauffe, qu'il s'étend, qu'il s'élargit, qu'il enferme dans son amour, non pas seulement ses plus proches, mais toute la France, tout le pays de la civilisation; le patriotisme de l'Allemand, au contraire, consiste en ce que son cœur se rétrécit, comme le cuir par la gelée, qu'il cesse d'être un citoyen du monde, un Européen, pour n'être plus qu'un étroit Allemand. Nous vîmes alors la balourdise idéale mise en pratique par le sieur Jahn, et ce fut l'aurore de la teigneuse et rustique opposition contre le sentiment le plus noble et le plus saint de tous ceux qu'a produits l'Allemagne, contre cet amour de l'humanité, contre cette fraternité universelle, ce cosmopoli-

tisme, qui ont été professés en tout temps par nos grands
génies, par Lessing, par Herder, par Schiller, Goëthe,
Jean Paul et toutes les âmes élevées de notre patrie.

Ce qui arriva ensuite en Allemagne vous est bien
connu. Lorsque Dieu, les frimas et les Cosaques eurent
détruit les meilleures troupes de Napoléon, nous autres
Allemands il nous prit la plus vive envie de nous délivrer
du joug étranger ; nous brûlâmes de la colère la plus
mâle contre cette servitude trop longtemps supportée ;
nous nous échauffâmes aux sons des belles mélodies et
des mauvais vers des chansons de Koerner, et nous ga-
gnâmes la liberté dans les combats, car nous faisons tout
ce que nous commandent nos princes.

Dans la période où se livrait cette lutte, une école,
disposée hostilement contre la manière française, et qui
vantait tous les vieux goûts populaires de l'Allemagne,
dans l'art et dans la vie réelle, devait trouver un vigou-
reux appui. Les principes de l'école romantique se pas-
sèrent alors de mains en mains avec les excitations des
gouvernements et le mot d'ordre des sociétés secrètes ;
et M. A.-G. Schlegel conspira contre Racine dans le
même but que le ministre Stein conspirait contre Napo-
léon. L'école vogua avec le torrent du temps, torrent
qui remontait vers sa propre source. Lorsque enfin le
patriotisme allemand et la nationalité allemande eurent
remporté la victoire, l'école romantique, gothique, ger-
manique, chrétienne, triompha définitivement, ainsi que
« l'art patriotique, religieux, allemand. » Napoléon, le

grand classique, classique comme Alexandre et César, tomba terrassé sur le sol, et MM. Auguste-Guillaume et Frédéric Schlegel, les petits romantiques, romantiques comme le Petit-Poucet et le Chat-Botté, relevèrent la tête en vainqueurs.

La réaction qui suit infailliblement les doctrines exagérées ne manqua pas d'avoir lieu en Allemagne. Ainsi que le spiritualisme chrétien avait été une réaction contre la domination brutale du matérialisme de l'empire romain; ainsi que l'amour renouvelé de l'art riant et des sciences de la Grèce pendant la période de la renaissance peut être regardé comme une réaction contre le spiritualisme chrétien poussé jusqu'à la mortification; ainsi que le réveil de l'esprit romantique du moyen âge peut être regardé aussi comme une réaction contre l'aride imitation de l'antique art classique : de même nous voyons maintenant commencer une réaction contre la restauration des opinions catholiques féodales, contre cette chevalerie et cet esprit clérical qui fut prêché à l'aide de la poésie et des monuments, et dans des circonstances fort étranges.

En admirant et en plaçant si haut les vieux artistes du moyen âge, les œuvres qu'on offrait en exemple, on avait pris soin d'expliquer leur perfection en disant que ces hommes croyaient au thème qu'ils représentaient; que, dans leur simplicité, dénuée d'art, ils pouvaient aller plus loin que les maîtres modernes, plus habiles dans le technique, il est vrai, mais privés de croyance; enfin

que la foi avait fait en eux des miracles. En effet, était-
il possible d'expliquer autrement les beautés d'un Fra
Angelico da Fiesole, ou les magnificences de frère
Ottfried? Dès lors, les artistes qui avaient pris l'art au
sérieux, et qui voulaient imiter le guingois divin de ces
tableaux merveilleux, la sainte gaucherie de ces poésies
miraculeuses, bref, le mysticisme inexplicable des an-
ciennes œuvres : ceux-là résolurent de se rendre en
pèlerinage à l'Hippocrène où les vieux maîtres avaient
puisé leur enthousiasme sacré ; ils se dirigèrent vers le
bénitier de l'église qui seule béatifie, de l'église catho-
lique, apostolique et romaine. Plusieurs de ces fau-
teurs enthousiastes de l'école romantique n'eurent pas
besoin d'une conversion formelle ; ils étaient catholiques
de naissance, et abjurèrent seulement les opinions in-
dépendantes qu'ils avaient eues jusqu'alors. Mais
d'autres étaient nés et élevés dans le sein de l'église
protestante, comme, par exemple, Frédéric Schlegel,
M. Louis Tieck, Novalis, Zacharie Werner, Adam Mul-
ler, etc.; et ils se virent forcés de soutenir leur accession
à la foi catholique par un acte public. Je n'ai cité ici que
des écrivains; le nombre des peintres qui abjurèrent,
par troupes, la confession évangélique, fut beaucoup
plus grand.

Quand on vit ces jeunes gens faire queue à la porte
de l'église romaine, et se presser à qui se rejetterait plus
tôt dans les vieilles chaînes qui garrottent l'esprit hu-
main, dont leurs pères s'étaient délivrés avec tant de

vigueur, on se mit à réfléchir en Allemagne, et à se-
couer la tête avec beaucoup d'inquiétude. Mais lors-
qu'on s'aperçut qu'une propagande de prêtres et de
gentilshommes, qui conjurait contre la liberté politique
et religieuse de l'Europe, conduisait toute cette affaire;
quand on vit que ce n'était autre chose que le jésuitisme
qui pipait si malheureusement la jeunesse allemande,
avec les doux accords de la muse romantique, un vif
mécontentement et une grande colère éclatèrent parmi
les amis de la liberté de penser et du protestantisme.

J'ai nommé en même temps la liberté de penser et le
protestantisme; mais j'espère qu'on ne m'accusera pas
d'une partialité aveugle pour cette religion. Bien que
ma confession m'attache, en Allemagne, à l'église pro-
testante, j'ai pu unir la liberté de penser au protestan-
tisme sans qu'on puisse m'accuser de partialité; car un
lien amical existe en Allemagne entre ces deux choses,
elles sont toujours étroitement alliées, et en quelque
sorte mère et fille. Quoiqu'on reproche à l'église pro-
testante un certain rétrécissement d'idées, il faut cepen-
dant reconnaître, à sa gloire immortelle, qu'en permet-
tant le libre examen dans l'église chrétienne, elle a
délivré les esprits du joug de l'autorité et que cette
liberté d'examiner, en Allemagne surtout, a permis à la
science de se développer avec indépendance. La philo-
sophie allemande, bien qu'elle se place aujourd'hui sur
le même rang que l'église protestante, et même au-
dessus d'elle, n'est cependant que sa fille; en cette qua-

lité, elle lui doit une piété compatissante; et les intérêts
de parenté exigèrent qu'elles se resserrassent encore
plus étroitement lorsqu'elles furent menacées par l'en-
nemi commun, par le jésuitisme. Tous les amis de la
liberté de penser et de l'église protestante, sceptiques
comme orthodoxes, s'élevèrent en même temps contre
les restaurateurs du catholicisme romain; et il va sans
dire que les libéraux, qui n'étaient en peine ni des
intérêts de la philosophie, ni de ceux de l'église
protestante, mais de la liberté civile et politique, en-
trèrent dans les rangs de cette opposition. Mais en
Allemagne les libéraux furent toujours, jusqu'à ce mo-
ment, à la fois des professeurs de philosophie et des
théologiens, et ce fut toujours pour cette idée de liberté
qu'ils combattirent, qu'ils eussent à traiter un sujet pu-
rement politique, ou philosophique, ou théologique.
Ceci se vérifie surtout dans la vie d'un homme qui mina
l'école romantique en Allemagne dès sa naissance, et
qui a le plus contribué à la renverser. Je parle de Jean-
Henri Voss.

Cet homme est inconnu en France, et cependant il
en est peu à qui le peuple allemand doive plus de recon-
naissance, eu égard aux progrès intellectuels qu'il lui a
fait faire. C'est peut-être, après Lessing, le plus grand
citoyen de la littérature allemande. En tout état de
choses, ce fut un grand homme, et il mérite que je ne
parle pas de lui en termes trop laconiques.

La biographie de Voss est presque celle de tous les

écrivains allemands de la vieille école. Il naquit dans le
Mecklembourg, l'an 1750, de pauvrres parents apparte-
nant encore à la condition de serfs, étudia la théologie,
la négligea lorsqu'il apprit à connaître la poésie et les
Grecs; s'occupa alors sérieusement de ces deux choses;
donna des leçons pour ne pas mourir de faim; se fit
maître d'école à Otterndorf, dans le pays de Hadeln,
traduisit les anciens, et vécut pauvre, frugalement et
laborieusement, jusqu'à l'âge de soixante-quinze ans. Il
avait un nom distingué parmi les poëtes de l'ancienne
école; mais les nouveaux poëtes romantiques déchi-
rèrent sans cesse son laurier, et raillaient continuelle-
ment l'honnête poëte passé de mode, qui chantait
cordialement, et quelquefois en patois allemand du
Bas–Elbe, la petite et paisible vie bourgeoise de ces
contrées; qui avait choisi pour les héros de ses poésies,
non pas des chevaliers féodaux et des madones, mais
un pasteur protestant tout simple et tout modeste,
et sa vertueuse famille, et qui était si sain, si ouvert,
si bourgeois et si naturel; tandis que les nouveaux
troubadours étaient si somnambules et si maladifs,
si dédaigneusement chevaleresques et si originalement
maniérés. A Frédéric Schlegel surtout, à ce chantre
ivre de la lubrique et romantique Lucinde, combien le
sobre Voss, avec sa chaste Louise et son vénérable pas-
teur de Grunau, dut être fatal! M. Auguste-Guillaume
Schlegel, qui n'avait pas poussé les choses aussi loin
que son frère, pouvait s'entendre beaucoup mieux avec

le vieux Voss; et il ne s'éleva après tout entre eux qu'une rivalité de traducteurs, qui fut au reste d'un grand avantage pour la langue allemande. Avant la naissance de la nouvelle école, Voss avait déjà traduit Homère; il se mit à traduire avec une ardeur inouïe les autres écrivains païens de l'antiquité, tandis que M. A.-G. Schlegel traduisait les poëtes chrétiens de l'époque romantique catholique. Leurs travaux à tous deux étaient dirigés par des vues de polémique qu'ils ne tenaient pas si secrètes qu'on ne pût les deviner. Voss par ses traductions voulait propager la poésie et les opinions classiques; tandis que M. A.-G. Schlegel, en rendant populaires, par de bonnes traductions, les poëtes romantiques chrétiens, cherchait à en inspirer le goût au public. Il y a plus, l'antagonisme de ces deux traducteurs se montrait même dans les formes de langage qu'ils employaient. Tandis que M. Schlegel polissait de plus en plus ses ouvrages, les rendait plus coulants et plus frottés, Voss devenait de plus en plus raide et rude dans ses traductions; de sorte que si l'on glissait sur les vers de Schlegel comme sur un parquet d'acajou bien luisant et bien poli, on trébuchait à chaque pas sur les blocs de marbre versifiés du vieux Voss. Enfin ce dernier, par rivalité, voulut traduire Shakspeare, que, dans sa première période, M. Schlegel avait si admirablement fait passer en allemand; mais mal en prit au vieux Voss, et encore pis à son libraire, la traduction n'eut pas le moindre succès. Là où M. Schlegel a traduit trop mollement, où sa poésie est comme de la crème fouettée, qu'on ne sait si c'est chose à boire ou à manger, Voss se montre dur comme la pierre, et l'on doit craindre qu'on ne se brise la mâchoire en prononçant ses vers. Mais ce qui distingue puissamment le vieux Voss, c'est la vigueur avec laquelle il lutte contre toutes les difficultés; et il n'eut pas à combattre seulement avec la langue, mais aussi avec ce dragon jésuitique, qui allongeait sa tête informe du fond des sombres profondeurs de la littérature allemande. Voss l'atteignit d'un rude coup, et lui fit une large blessure.

Un écrivain allemand, qui est connu pour être un des plus aigres adversaires de Voss, l'a nommé quelque part un paysan bas-saxon. En dépit de l'intention injurieuse, cette dénomination se trouve être très-juste. En effet, Voss fut un paysan bas-saxon, comme l'était Luther. Toute forme chevaleresque, toute courtoisie, toute gracieuseté lui manquaient; il appartenait tout à fait à cette énergique, rude et mâle race de peuples, à qui il fallut prêcher le christianisme avec le fer et le glaive; qui ne se soumit à cette croyance qu'après avoir perdu trois grandes batailles; qui a toujours conservé dans ses mœurs et dans ses manières quelques restes de la rudesse païenne du Nord, et qui, dans ses combats matériels et intellectuels, se montre aussi vaillant et aussi opiniâtre que ses anciens dieux. En vérité, quand j'examine Jean-Henri Voss dans sa polémique et dans toutes ses manières, il me semble voir Odin, le vieux dieu

borgne lui-même, qui a quitté son *Asgard* pour se faire
maître d'école à Otterndorf, dans le pays de Hadeln, et
enseigner aux blonds enfants du Holstein les déclinai-
sons latines avec le catéchisme chrétien, qui traduit les
auteurs grecs et allemands dans ses heures de loisir,
empruntant au dieu Thor son lourd marteau pour co-
gner et aplanir ses vers, et qui, las enfin et chagriné
de ce pénible travail, lève le marteau sur le pauvre
Fritz Stollberg, et lui en donne un grand coup sur
la tête.

Ce fut une fameuse histoire. Frédéric, comte de Stoll-
berg-Stollberg, était un poëte de la vieille école, extraor-
dinairement célèbre en Allemagne, peut-être moins par
ses talents poétiques que par ce titre de comte, qui avait
autrefois bien plus de poids dans la littérature allemande
que maintenant. Mais Frédéric Stollberg était un homme
libéral, d'un noble cœur, et c'était un ami de ces jeunes
gens bourgeois qui fondèrent une école poétique à
Goettingue. Je recommande aux littérateurs français de
lire la préface des poésies de Hoelty [1], dans laquelle
Jean-Henri Voss a peint la vie commune, et tout à fait
digne d'une idylle, que menait la bande poétique dont il
faisait partie, ainsi que Frédéric Stollberg. Ces deux
hommes finirent par rester seuls de toute cette troupe
de poëtes. Lorsque Frédéric Stollberg passa avec éclat
dans l'église romaine, et abjura l'amour de la liberté;

1. Voyez la notice littéraire à la fin de ce livre.

qu'il devint un propagateur de l'obscurantisme, et qu'il entraîna beaucoup de faibles par son exemple, Jean-Henri Voss, alors âgé de soixante-dix ans, se mit ouvertement en opposition avec son ami d'enfance, aussi âgé que lui, et écrivit le petit livre intitulé : *Comment Fritz Stollberg devint un servile.* Dans ce livre, il analysa toute sa vie, et il montra comment la nature aristocratique était toujours restée sournoisement cachée dans le comte Stollberg ; comment elle s'était laissée voir de plus en plus depuis les événements de la révolution française ; comment Stollberg s'était nettement attaché à l'association dite *la chaîne noble*, qui s'opposait au développement des principes de la liberté française ; comment les nobles s'étaient alliés au catholicisme ; comment, en rétablissant le catholicisme, on espérait servir les intérêts de la noblesse, et il dit en général quels efforts on faisait pour rétablir le moyen âge féodal chrétien et catholique, et pour anéantir la liberté civile et bourgeoise, et la liberté de pensée protestante. La démocratie et l'aristocratie allemandes, qui, bien avant ce temps de révolutions, lorsque celle-là n'avait rien à espérer, et celle-ci rien à craindre, fraternisaient avec tant de jeunesse et d'abandon, se trouvaient alors, comme vieillards, l'une en face de l'autre, se livrant un combat mortel. La partie du public allemand qui ne comprenait ni la signification ni l'effroyable nécessité de ce combat, blâma le pauvre Voss d'avoir impitoyablement dévoilé des circonstances domestiques, des petits événements intérieurs, qui formaient cependant à la fois un ensemble de preuves. Là aussi il se trouva de prétendus esprits distingués qui traitèrent de haut en bas ces étroites recherches de bagatelles, et qui accusèrent Voss de commérage et de propos mesquins. D'autres, bourgeois renforcés, inquiets pour eux-mêmes, et craignant qu'on ne tirât le rideau qui couvrait leurs propres misères, se rejetèrent sur la mission de la littérature, selon laquelle on doit s'interdire toute personnalité, tout examen de la vie privée. Enfin, lorsque Frédéric Stollberg mourut, vers le même temps, lorsqu'on attribua sa fin au chagrin, et qu'après sa mort parut le Petit livre d'Amour, dans lequel il s'exprimait d'un ton de pardon, avec le langage pieusement doucereux des jésuites, les pleurs de la compassion germanique coulèrent en abondance; les bons Allemands versèrent les larmes les plus épaisses; il s'amassa beaucoup de rage de cœur tendre contre le pauvre Voss, et la plupart des injures qui furent lancées sur lui lui vinrent des mêmes hommes dont il avait défendu les biens spirituels et temporels. En général, on peut compter en Allemagne sur la compassion et les larmes de la multitude, quand on est rudement traité dans une polémique.

Toutefois la polémique de Voss produisit une immense impression sur la multitude, et ruina dans l'opinion publique l'épidémie du moyen âge. Cette polémique avait attiré l'attention de toute l'Allemagne; une grande

partie du public se déclara pour Voss; une plus grande
partie ne se déclara que pour sa cause. Il s'ensuivit des
écrits et des réfutations, et les derniers jours du vieil
homme furent remplis d'amertume par tous ces dé-
bats. Il avait affaire aux plus fâcheux adversaires, aux
prêtres, qui l'attaquèrent en se couvrant de toutes sortes
de robes. Non pas seulement les kripto-catholiques,
mais aussi les piétistes, les quiétistes, les mystiques
luthériens, bref, toutes ces sectes supernaturalistes
à quelque opinion différente qu'elles appartinssent,
et quelque animadversion qu'elles se portassent, se
réunirent avec une haine égale contre Voss le ratio-
naliste. Sous ce nom, on désigne en Allemagne ceux
qui accordent à la raison ses droits même en matière
religieuse, par opposition aux sectateurs du dogme
supernaturaliste, qui, en pareille matière, y renoncent
entièrement. Ces derniers, dans leur haine contre les
pauvres rationalistes, ressemblent fort aux habitants
d'une maison de fous, qui, bien qu'en proie à des dé-
mences tout opposées, se supportent cependant jusqu'à
un certain point les uns les autres, mais qui se sentent
saisis d'une rage sans égale contre un homme qu'ils re-
gardent comme leur ennemi commun : cet homme n'est
autre que le médecin qui veut leur rendre la raison.

Si l'école romantique vit commencer sa ruine par la
révélation de ses intrigues ultramontaines, elle reçut en
même temps, dans son propre temple, un coup terrible,
et par la main d'un de ces dieux qu'elle avait intronisés

elle-même. Wolfgang Goëthe, du haut de son piédestal, prononça une sentence de condamnation sur MM. Schlegel, sur ces mêmes pontifes qui l'avaient environné de leur encens. Cette voix anéantit l'apparition tout entière. Les fantômes du moyen âge s'enfuirent; les hiboux se cachèrent de nouveau dans les ruines des vieux châteaux; les corbeaux s'envolèrent à tire-d'ailes dans les tours des églises gothiques; Frédéric Schlegel s'en alla à Vienne, où il entendit la messe tous les jours, et mangea de ces bonnes poulardes rôties qu'on y fait si bien; et M. Auguste-Guillaume Schlegel se retira dans la pagode de Brahma.

A parler franchement, Goëthe joua dans ce temps-là un rôle fort équivoque, et on ne peut le louer sans conditions. Il est vrai que les Schlegel n'ont jamais agi bien loyalement avec lui. Comme dans leur polémique contre la vieille école il leur fallait un poëte vivant pour type, et qu'ils n'en trouvaient pas de plus propre à leur but que Goëthe; que d'ailleurs ils attendaient de lui quelque appui littéraire, ils lui élevèrent un autel, y brûlèrent de l'encens, et firent agenouiller le peuple devant lui. Ils avaient aussi l'avantage d'avoir leur dieu tout proche. Une allée de beaux arbres sur lesquels poussent des prunes qu'on trouve fort bonnes quand la chaleur du soleil a excité la soif, conduit de Iéna à Weimar. Les Schlegel suivaient souvent ce chemin, et à Weimar ils avaient maint entretien avec M. le conseiller intime de Goëthe, qui fut toujours un très-grand diplomate, qui les écoutait paisiblement, souriait avec complaisance, et leur donnait quelquefois à dîner. Ils s'étaient aussi approchés de Schiller; mais celui-ci était un homme loyal, qui ne voulut pas entendre parler d'eux. La correspondance entre lui et Goëthe, qui fut imprimée il y a quelques années, a jeté un certain jour sur les rapports des deux poëtes avec les Schlegel. Goëthe sourit sans cesse d'un air de distinction quand il est question d'eux, et Schiller s'irrite de leur manie de faire parler d'eux à force de scandale, et les nomme des *étourneaux*.

Goëthe devait cependant aux frères Schlegel une partie de sa renommée. Ceux-ci avaient introduit et recommandé l'étude de ses ouvrages; la façon offensante et hautaine dont il congédia à la fin ces deux hommes sent un peu l'ingratitude. Peut-être le clairvoyant Goëthe était choqué de ce que les Schlegel ne voulaient l'employer que comme moyen pour arriver à leur but; peut-être, lui, ministre d'État d'un pays protestant, trouva-t-il que ce but pouvait le compromettre; peut-être est-ce la vieille colère païenne des dieux qui se réveilla en lui, lorsqu'il s'aperçut de ces sourdes manœuvres catholiques : car si Voss ressemblait au borgne Odin, Goëthe ressemblait, par son aspect et ses sentiments, au grand Jupiter en personne. Le premier fut obligé de frapper avec le marteau de Thor; l'autre n'eut besoin que de secouer avec humeur sa chevelure parfumée d'ambroisie, et les Schlegel rentrèrent sous le sol. Un document authentique de cette rupture de la part de Goëthe apparaît dans la seconde partie de son ouvrage périodique *Art et antiquité*, et il porte ce titre : *De l'art moderne allemand, chrétien et patriotique*. Par cet article, Goëthe fit un 18 brumaire dans la littérature allemande ; car il affermit sa domination, et se fit proclamer seul maître, en chassant si rudement les Schlegel du temple, en attirant à lui une foule de leurs disciples les plus zélés. Dès ce moment il ne fut plus question de MM. Schlegel ; on ne parla plus d'eux que de temps en temps, comme on parle encore quelquefois de Barras ou de Gohier ; il ne fut plus question de poésie romantique ou classique, mais de Goëthe et encore de Goëthe. Sans doute, il se présenta pendant ce temps dans l'arène quelques poëtes qui ne lui cédaient pas beaucoup en vigueur et en imagination, mais ils le reconnurent pour leur chef par courtoisie ; ils l'environnèrent en lui rendant hommage ; ils lui baisèrent la main et s'agenouillèrent devant lui. Ces grands du Parnasse, semblables aux grandes espagnoles qui ont le droit de rester la tête couverte devant leur roi, se distinguaient seulement des autres poëtes en ce qu'ils gardaient leur couronne de laurier sur leur chef en présence de Goëthe. Quelquefois aussi ils le frondaient, mais ils s'irritaient quand ils voyaient que les inférieurs se croyaient en droit d'en faire autant. Les grands seigneurs, quelques mauvaises dispositions qu'ils aient contre leur souverain, se fâchent toujours quand la plèbe se soulève contre lui. Les aristocrates intellectuels de l'Allemagne avaient, dans ces dernières années, des motifs très-fondés d'être remuants. Ainsi que je l'ai dit autrefois, Goëthe ressemblait à Louis XI, qui opprimait la haute noblesse et élevait le tiers état. Goëthe avait peur de tout écrivain original un peu résolu; il louait et ne prisait que les petits esprits insignifiants; il poussa même les choses si loin, qu'être loué par Goëthe équivalait à un brevet de médiocrité.

Plus tard, je parlerai des nouveaux poëtes qui ont apparu sous le régime impérial de Goëthe. C'est un jeune bois dont les troncs ne commencent à se montrer que depuis la chute du grand chêne centenaire dont les branches les cachaient et les ombrageaient tous.

Comme je l'ai dit, il ne manqua pas d'opposition contre ce grand chêne de Goëthe, et elle ne se fit pas sans amertume. Des hommes de l'opinion la plus opposée se réunirent contre lui. Les vieux croyants, les orthodoxes, s'irritèrent de ce que, dans le tronc de ce grand arbre, il ne se trouvait pas une niche avec une petite image de saint, que même les dryades nues de l'antiquité y célébraient leurs jeux; et, semblables à saint Boniface, ils eussent volontiers abattu, avec une cognée bénite, le vieux chêne enchanté. Les nouveaux croyants, les apôtres du libéralisme, s'irritaient au contraire de ce qu'il n'était pas un arbre de liberté, et qu'on ne pouvait en faire usage pour construire une barricade. L'arbre était trop haut en effet, on ne pouvait ficher un bonnet rouge à sa cime ni danser la carmagnole à son ombre. Quant au public, il l'honorait pour sa beauté, parce qu'il remplissait le monde de ses parfums, parce que ses branches s'élevaient si magnifiquement vers le ciel, et si haut, que les étoiles ne semblaient plus que les fruits dorés de cet arbre merveilleux.

L'opposition contre Goëthe ne commence qu'à l'apparition des *Fausses Années de pèlerinage*, qui parurent en 1821 sous le titre de *Années de pèlerinage de Wilhelm Meister*, quelque temps après la décadence des Schlegel, chez Gottfried Basse, à Quedlimbourg. Goëthe avait annoncé, sous ce titre, une continuation des *Années d'apprentissage de Wilhelm Meister*, et, par une circonstance singulière, cette continuation parut en même temps que la parodie littéraire, où l'on n'avait pas seulement imité, d'une façon outrée, la manière d'écrire de Goëthe, mais aussi le caractère du héros du roman original, nommé Meister. Cette singerie ne témoignait pas seulement de beaucoup d'esprit, mais encore d'un grand tact, et comme l'auteur sut garder pendant quelque temps l'anonyme, qu'on chercha vainement à le découvrir, l'intérêt du public fut excité de la manière la plus habile. On apprit à la fin que l'auteur était un ministre campagnard, parfaitement inconnu, nommé *Pustkuchen*, nom qui, en français, signifie *omelette soufflée*, et qui indique fort bien le caractère de l'écrivain. Ce n'était rien autre que la vieille saumure piétistique qui s'était gonflée sous un souffle esthétique contre Goëthe. Dans ce livre, on lui reprochait que ses poésies n'avaient pas de but moral ; qu'il ne savait pas créer de nobles caractères, mais uniquement des figures vulgaires. Au contraire, Schiller n'avait représenté que des caractères idéals et les plus élevés, et par conséquent il était un plus grand poëte.

Ce dernier point, à savoir que Schiller était un plus grand poëte que Goëthe, était la pensée principale que fit naître ce livre. On tomba dans la manie de comparer les productions des deux poëtes, et les opinions se partagèrent. Les schillériens se retranchèrent sur la candeur et la magnificence d'un Max Piccolomini, d'une Thékla, d'un marquis de Posa et d'autres héros du théâtre de Schiller, tandis que les personnages de Goëthe, Philine, Marguerite, Claire, et d'autres charmantes créatures furent déclarées des femmes immorales. Les goëthéens avouaient en souriant que ces personnages et d'autres ne se montraient pas sous un aspect moral, mais que la propagation de la morale qu'on exigeait dans les poésies de Goëthe n'est nullement le but de l'art : car dans l'art il n'y a pas plus de but que dans la construction de l'univers, où l'homme va déterrer à grand'peine les notions de *but* et *moyen*; l'art, comme l'univers, n'est là que pour lui-même. Ainsi, disaient-ils, que l'univers reste toujours le même, bien que dans leurs jugements les hommes varient sans cesse, l'art doit rester indépendant des vues temporaires des hommes. L'art devrait donc aussi rester entièrement indépendant

de la morale, qui change sur la terre aussi souvent que
se présente une religion nouvelle qui repousse les an-
ciennes. En effet, comme après quelques siècles écoulés,
il se forme ordinairement une nouvelle religion dans le
monde, et comme alors une nouvelle morale s'introduit
et se rend puissante sur les mœurs, chaque époque dé-
clarerait hérétiques et immorales les œuvres du temps
passé, s'il fallait les juger d'après la censure de la
morale passagère. De bons chrétiens qui condamnent la
chair comme une chose diabolique ressentent toujours
une vive aigreur à la vue des images des dieux grecs;
de chastes moines ont attaché un tablier devant la Vénus
antique; dans ces temps modernes même, nous avons
vu coller sur la nudité des statues une ridicule feuille de
vigne; et un dévot quaker a sacrifié son patrimoine tout
entier pour acheter et brûler les plus beaux tableaux
mythologiques de Jules Romain. Vraiment il méritait
de monter au ciel, et d'y être fouetté tous les jours à
coup de verges! Une religion qui voudrait placer Dieu
dans la matière, et qui, par conséquent, tiendrait la
chair pour divine, passant dans les mœurs, devrait pro-
duire une morale d'après laquelle on n'attacherait de
prix qu'aux œuvres d'art qui glorifient la chair, et elle
ferait rejeter comme immorales les œuvres de l'art chré-
tien qui représentent le flétrissement de la matière. Mais
il y a plus encore : non-seulement la morale change de
siècle en siècle, mais encore les œuvres d'art qui sont
morales dans un pays sont regardées comme immorales

dans un autre. Ainsi nos arts du dessin excitent l'horreur d'un vrai croyant musulman; et, en revanche, des objets qui passent pour fort innocents dans un harem de l'Orient sont un objet de scandale pour le chrétien. Dans l'Inde, où la profession d'une bayadère n'est nullement flétrie par les mœurs, le drame de *Vasantasena*, dont l'héroïne est une vénale fille de joie, ne passe pas du tout pour immoral. Si on le représentait au Théâtre-Français, tout le parterre crierait à l'immoralité, ce même parterre qui voit chaque jour avec plaisir des pièces d'intrigue dont les héroïnes sont de jeunes veuves qui finissent par se marier joyeusement, au lieu de se brûler avec leurs défunts époux, comme le veut la morale indienne.

Je ne diffère pas entièrement des goëthéens, qui, dans ces vues élevées sur l'art le placent si haut, et en font comme un second monde, au-dessous duquel s'agitent la vie des hommes, leurs religions et leurs morales, si mouvantes et si changeantes; mais je ne puis du tout les approuver, lorsqu'ils partent de ce principe pour proclamer l'art comme la chose la plus élevée, et mettre de côté le monde réel à qui appartient le premier rang.

Schiller s'est beaucoup plus attaché à ce dernier monde que Goëthe; et, sous ce point de vue, nous lui devons des louanges. L'esprit de son temps le saisit vivement, ce grand Frédéric Schiller. Il lutta avec lui; il fut contraint par lui, il le suivit au combat, il porta sa bannière, et c'est cette même bannière sous laquelle on a combattu avec tant d'enthousiasme de ce côté du Rhin. Schiller écrivit pour les grandes idées de la révolution; il détruisit les bastilles intellectuelles, il travailla à ce grand temple de la liberté qui doit renfermer toutes les nations comme une même confrérie; il fut cosmopolite. Schiller débuta par cette haine contre le passé, que nous voyons dans *les Brigands*, où il se montre comme un petit Titan espiègle, échappé de l'école, et qui court casser les vitres du grand Jupiter; il finit par cet amour pour l'avenir qui apparaît déjà dans *Don Carlos* comme un parterre de fleurs, et il est lui-même ce marquis de Posa, à la fois prophète et soldat, qui combat pour ce qu'il a prédit, et qui porte, sous le manteau espagnol, le plus noble cœur qui ait jamais aimé et souffert en Allemagne.

Le poëte, le créateur, ressemble ici à Dieu, qui fait ses créatures à sa propre image. Mais si Carl Moor et le marquis de Posa sont tout Schiller, Goëthe ressemble à son Werther, à son Wilhelm Meister, à son Faust, où l'on peut étudier les phases de son esprit. Si Schiller se jette tout à fait dans l'histoire, s'il s'enthousiasme pour les progrès sociaux de l'humanité, et chante les annales du monde : Goëthe, lui, se plonge dans les sensations individuelles, ou dans l'art ou dans la nature; Goëthe, le panthéiste, devait s'occuper uniquement, comme son affaire principale, de l'histoire de la nature, et ce ne fut pas seulement en des poésies, mais aussi en des ouvrages scientifiques, qu'il donna les résultats de ses recherches. Son indifférentisme était aussi un résultat de sa contemplation panthéistique de l'univers. Si Dieu est dans tout, il est absolument indifférent de s'occuper d'une chose ou d'une autre, de nuages ou de pierres antiques, de chansons populaires ou de carcasses de singes, d'hommes ou de comédiens. Mais Dieu est aussi dans le mouvement; dans l'action, dans chaque manifestation, dans le temps; son souffle saint agite les feuilles de l'histoire, qui est le véritable livre divin; et c'est là ce que sentit et soupçonna Frédéric Schiller, et il écrivit l'*Emancipation des Pays-Bas*, la *Guerre de trente ans*, la *Pucelle d'Orléans* et *Guillaume Tell*.

Sans doute, Goëthe chanta aussi quelques grandes histoires d'émancipation ; mais il les chanta comme artiste. Comme il avait rejeté avec chagrin l'enthousiasme chrétien qui lui semblait dégoûtant, et qu'il ne comprenait pas l'enthousiasme philosophique de notre temps, parce qu'il craignait, en s'y livrant, d'être tiré de sa tranquillité d'âme, il traita en général l'enthousiasme d'une façon tout historique, comme quelque chose de donné, comme une étoffe qu'il fallait travailler. L'esprit devint matière sous ses mains, et il lui donna la plus belle, la plus agréable forme. C'est ainsi qu'il devint le plus grand artiste dans notre littérature, et que tout ce qu'il écrivit fut un chef-d'œuvre merveilleusement fini.

L'exemple du maître entraîna les disciples, et l'Allemagne vit naître cette période littéraire que j'ai nommée autrefois *période des arts*, et à laquelle j'attribuais la

plus funeste influence sur le développement politique
du peuple allemand. Je ne prétends pas nier toutefois
la valeur réelle des chefs-d'œuvre de Goëthe. Ils ornent
notre chère patrie, comme de belles statues décorent un
jardin; mais ce sont des statues. On peut en devenir
amoureux, mais elles sont stériles. Les poésies de
Goëthe ne produisent pas l'action comme celles de
Schiller. L'action est fille de la parole, et les belles pa-
roles de Goëthe ne créent pas d'enfants. C'est la con-
damnation de tout ce qui est né seulement de l'art. La
statue que fit Pygmalion était une belle femme; le maî-
tre s'en éprit : elle reçut la vie sous ses baisers; mais ils
ne la fécondèrent pas. Je crois que M. Charles Nodier a
dit quelque chose de semblable. J'y songeais hier, en
me promenant dans les salles basses du Louvre, en con-
templant les vieilles statues des dieux. Ils étaient là avec
leurs yeux muets et blancs, leurs sourires de marbre,
où gisait une mélancolie secrète, peut-être un souvenir
affligeant de l'Égypte, le pays des morts, où ces dieux
ont pris origine; peut-être aussi un désir douloureux de
la vie, d'où d'autres divinités les ont chassés; un cha-
grin de leur immortalité morte : ils semblaient attendre
la parole qui devait les rendre à l'existence, qui devait
les délivrer de leur raide et froide immobilité. Ces mar-
bres antiques me firent songer aux poésies de Goëthe,
qui sont aussi achevées, aussi splendides, aussi calmes,
et qui semblent aussi sentir avec douleur que leur im-
mobilité et leur froideur les séparent de notre vie chaude

et animée; qu'elles ne peuvent se réjouir et souffrir
avec nous; qu'elles ne sont pas des êtres humains,
mais de malheureux mélanges de divinité et de pierre.

Le peu d'indications que j'ai donné explique la mau-
vaise humeur des différents partis qui s'élevèrent en
Allemagne contre Goëthe. Les orthodoxes étaient indi-
gnés contre le vieux païen, ainsi qu'on nomme générale-
ment Goëthe en Allemagne; ils craignaient son influence
sur le peuple en qui il glissait sa doctrine par de riantes
poésies et par des chansonnettes. Ils virent en lui l'en-
nemi le plus dangereux de la croix, qui, ainsi qu'il le
disait lui-même, lui était aussi désagréable que les
punaises, l'ail et la fumée de tabac; c'est du moins le
sens de la Xénie que Goëthe n'a pas craint de publier
au milieu de l'Allemagne, le pays où ces insectes, l'ail,
le tabac et le cagotisme ont fait une sainte-alliance. Ce
n'était pas là précisément ce qui nous déplaisait dans
Goëthe, à nous hommes de la révolution. Comme je l'ai
dit, nous blâmions la stérilité de sa parole, l'esprit ar-
tiste qui se répandit par lui en Allemagne, qui engourdit
la jeunesse et s'opposa à la régénération politique de
notre patrie. Aussi le panthéiste indifférent fut attaqué
par les côtés les plus opposés, pour parler français,
l'extrême droite et l'extrême gauche s'unirent contre
Goëthe; et tandis qu'un cafard noir frappait sur lui à
coups de crucifix, un enragé sans-culotte lui présentait
la pointe de sa pique.

Un écrivain allemand, qui avait publié une collection

de bons mots, intitulée *Streckverse*, et qu'on nommait le Saphir chrétien, pour le distinguer de M. Saphir, le spirituel bon-motiste de Vienne — M. Wolfang Menzel — entra à la même époque en lice contre Goëthe. M. Menzel ne se montra pas dans cette lutte absolument chrétien spiritualiste ou patriote mécontent. Il basa plutôt une partie de ses attaques sur les derniers raisonnements de Frédéric Schlegel, qui, après sa chute, lança du fond de son dôme gothique des anathèmes sur Goëthe, dont les poésies, comme il disait, *n'ont pas de point central*. M. Menzel alla plus loin, et montra que Goëthe n'avait pas de génie, mais seulement du talent, et il vanta Schiller par opposition. Cela eut lieu quelque temps avant la révolution de juillet. M. Menzel était alors le plus grand adorateur du moyen âge, aussi bien sous le rapport de ses œuvres d'art que de ses institutions; il honnissait avec une rage non interrompue Jean-Henri Voss, et vantait avec un enthousiasme inouï M. Joseph Goerres. Sa haine contre Goëthe était donc véritable, et il écrivit contre lui par conviction, et non pas, comme on le prétendait, pour se faire connaître. Quoique j'eusse pris rang parmi les adversaires de Goëthe, je n'étais pas moins mécontent de la rudesse de pareilles diatribes, et dans une critique que je fis de leurs auteurs, je me plaignis de leur manque de piété. Je fis observer que Goëthe était toujours le roi de notre littérature, et que quand on appliquait le couteau critique à un souverain, il fallait le faire avec la courtoisie

convenable, comme fit le bourreau qui décapita
Charles Ier, et qui s'agenouilla devant le prince avant
de remplir son office, pour lui demander en toute hu-
milité son pardon.

Parmi les antagonistes de Goëthe se trouvait aussi le
fameux conseiller aulique Müllner, et le seul ami qui
lui soit resté fidèle, le professeur Schütz, fils du vieux
Schütz. On y comptait aussi quelques autres dont les
noms sont moins fameux, par exemple un M. Spaun,
qui a passé un assez long temps dans une maison de
correction. Soit dit entre nous, c'était une société un
peu mêlée. J'ai dit ce qu'on fit dans ce camp; il serait
difficile d'énoncer quel motif décida chacun séparément
à déclarer la guerre. Je ne connais au juste le motif que
d'une seule de ces personnes; et comme cette personne
est moi-même, je le rapporterai nettement. J'avoue
donc avec franchise que c'était l'envie. Je dois cepen-
dant ajouter à ma louange que, dans Goëthe, je n'atta-
quai jamais le poëte, mais l'homme. Je n'ai jamais
blâmé ses ouvrages; je n'ai jamais pu y découvrir de
fautes, comme certains critiques qui, à l'aide de leurs
lunettes, eussent découvert les taches de la lune. Les
gens clairvoyants! ce qu'ils prenaient pour les taches
de cet astre c'étaient des bois fleuris, des fleuves d'ar-
gent, des montagnes majestueuses et des vallées riantes.
Rien n'est plus absurde que cette dépréciation de Goëthe
en faveur de Schiller, avec qui on n'agissait pas loyale-

ment, et qu'on ne plaçait si haut que pour mettre Goëthe au-dessous de lui. Ou bien ne savait-on pas que ces images idéales si vantées, ces statues qu'élevait Schiller, pour les autels de la vertu et de l'honnêteté, sont bien plus faciles à faire que ces petites créatures, pécheresses mondaines et souillées, que Goëthe nous laisse apercevoir dans ses ouvrages? Ne savent-ils pas que des peintres médiocres pour la plupart étendent sur leurs toiles des figures de saint de grandeur naturelle, tandis qu'il faut être déjà un grand maître pour peindre avec la vérité et la vie nécessaire quelque petit mendiant espagnol qui cherche sa vermine, un paysan flamand qui vomit ou à qui on arrache une dent, et de ces laides vieilles femmes que nous voyons dans les tableaux de chevalet de l'école hollandaise? Dans l'art, on réussit plus facilement à représenter le grand et le terrible, que le petit et le plaisant. Les sorciers de l'Égypte purent imiter un grand nombre des miracles de Moïse, par exemple les couleuvres, le sang, même les grenouilles; mais lorsqu'il fit des enchantements beaucoup plus faciles en apparence, comme la production des insectes, ils avouèrent leur impuissance en disant : « C'est là le doigt de Dieu! » Indignez-vous des scènes vulgaires du Faust, des orgies sur le Brocken, dans la cave d'Auerbach; indignez-vous des lubricités du Wilhelm Meister, vous ne pourriez imiter toutes ces choses : « c'est le doigt de Goëthe! » Mais vous ne voudriez pas les imiter, et je vous entends dire avec horreur : « Nous ne sommes pas des sorciers, nous sommes de bons chrétiens. » Pour sorciers, je le savais, vous ne l'êtes pas.

Le plus grand mérite de Goëthe, c'est la perfection de tout ce qu'il représente. Là il n'y a pas de parties qui sont fortes, tandis que les autres sont faibles. Point de choses achevées, tandis que d'autres ne sont qu'esquissées ; point d'embarras, de remplissage ; point de préférence pour des morceaux détachés. Il traite chaque personnage de ses drames et de ses romans, chaque fois que ce personnage se présente, comme s'il était le principal. Il en est ainsi dans Homère, ainsi dans Shakspeare. Dans tous les ouvrages des grands poëtes, il n'y a, à proprement parler, pas de personnages secondaires ; chaque figure est personnage principal à sa place. De tels poëtes ressemblent aux princes absolus, qui n'accordent pas aux hommes un prix indépendant, mais qui leur donnent la plus haute valeur, d'après leur bon plaisir et leur volonté.

Si j'ai parlé avec quelque rudesse des adversaires de Goëthe, je devrais traiter bien plus rudement ses apologistes. La plupart ont encore commis de plus grandes folies dans leur zèle. A cet égard, un certain M. Eckermann, qui ne manque pas d'esprit, s'est placé sur les limites du ridicule. Dans sa lutte contre M. Pustkuchen, Carl Immermann, notre plus grand poëte dramatique actuel, a gagné ses éperons de critique, et il a mis au jour, à cette occasion, un excellent petit livre. Les Berlinois se sont particulièrement distingués dans cette affaire. Le champion le plus distingué pour Goëthe fut en tout temps Varnhagen de Ense, un homme qui a dans le cœur des pensées grandes comme le monde, et qui les exprime en paroles élégantes et précieuses comme des chatons finement taillés ; Goëthe a toujours attaché le plus grand prix au jugement de cet esprit distingué. — Peut-être dois-je rappeler ici que M. Guillaume de Humboldt avait déjà écrit, quelque temps auparavant, un livre remarquable sur Goëthe.

Dans les dix dernières années, chaque foire de Leipzig voyait naître plusieurs écrits sur ce grand poëte. Les recherches de M. Schubart sur Goëthe appartiennent au domaine de la haute critique. Ce que M. Haering, qui écrit sous le nom de Willibald Alexis, a dit dans plusieurs écrits périodiques à ce sujet, est aussi important qu'ingénieux. M. Zimmermann, professeur à Hambourg, dans ses leçons orales a dit aussi d'excellentes choses sur Goëthe, qu'on retrouve dans ses *Feuilles dramaturgiques.* Dans plusieurs universités d'Allemagne, on fit des cours sur Goëthe ; et, de tous ses ouvrages, ce fut *le Faust* dont le public s'occupa le plus constamment. On le paraphrasa, on le commenta de mille manières : ce fut la Bible mondaine des Allemands.

Je ne serais pas un Allemand si je ne donnais quelques éclaircissements à propos de *Faust;* car, depuis le plus grand penseur jusqu'au plus mince écolier, depuis le philosophe, en descendant jusqu'au docteur en philosophie, il n'est personne qui n'ait essayé sa perspicacité sur ce livre. Mais il est, en vérité, aussi vaste que la Bible; et, comme elle, il embrasse le ciel et la terre avec l'homme et son exégèse. C'est le sujet qui est encore ici la cause principale de l'extrême popularité de *Faust* : que Goëthe ait tiré ce sujet des traditions populaires, cela démontre la profondeur de sa pensée et son génie qui sait toujours choisir le sujet le plus près, le plus juste et le plus droit. Je dois supposer que ce *Faust* est connu; car, dans les derniers temps, ce livre est devenu très-célèbre en France. Mais je ne sais si la vieille tradition populaire est aussi très-connue en ce pays et si l'on y colporte dans les marchés un petit livre de papier gris, mal imprimé et grotesquement orné de raides gravures en bois, sur lequel on lit ce titre circonstancié : « Comment le fameux enchanteur Johannes « Faustus, savant docteur, qui avait étudié toutes les « sciences, finit par jeter ses livres, et fit un pacte avec « le diable pour jouir de tous les plaisirs de la terre, « mais fut obligé de donner son âme à l'enfer. » Le peuple du moyen âge, en voyant des esprits puissants, leur a toujours attribué ces alliances avec le diable; et Albert le Grand, Raimond Lulle, Théophraste Paracelse, Agrippa de Nettesheim, et, en Angleterre, Roger Bacon, ont passé pour des maîtres en magie noire et des conjurateurs de démons. Mais on a fait des chants et des dires bien plus étranges du docteur Faustus, qui obtint du diable, non pas seulement la connaissance des choses, mais les jouissances les plus réelles. C'est aussi ce Faust qui inventa l'imprimerie, et qui vivait au temps où l'on commençait à prêcher contre l'autorité de l'Église et à examiner avec indépendance; si bien qu'avec ce Faust cesse la périole cléricale du moyen âge, et commence l'époque moderne, critique et scientifique. Il est, en effet, très-significatif qu'au temps où, d'après l'opinion populaire, aurait vécu le docteur Faust, la réformation commençait, et qu'il aurait trouvé lui-même l'art qui a donné au savoir la victoire sur la foi, l'imprimerie, un art qui nous a ravi la tranquillité d'âme catholique, et qui nous a jetés dans le doute et dans les révolutions; un autre dirait, qui nous a livrés à la puissance du diable. Mais non, la connaissance des choses par la raison, le savoir, nous donne après tout des jouissances dont la foi nous a sevrés bien longtemps. Nous reconnaissons que les hommes n'ont pas été appelés seulement à une égalité céleste, mais aussssi à l'égalité terrestre; la fraternité politique, qui nous est prêchée par la philosophie, est plus bienfaisante que la fraternité purement spirituelle où nous appelle l'évangile, et le savoir deviendra parole, et la parole se fera action, et nous pourrons encore être heureux dans ce monde sous notre enveloppe mortelle. Si ensuite nous venons en possession, après notre mort, de cette béatitude céleste que nous promet la religion, rien ne nous sera plus agréable.

C'est ce que le peuple allemand avait soupçonné depuis longtemps, car le peuple allemand est lui-même ce savant docteur Faust : il est ce spiritualiste qui reconnaît par l'esprit l'insuffisance de l'esprit, qui prétend à des jouissances matérielles, et qui revendique les droits de la chair. Mais encore renfermés que nous étions dans les symboles de la poésie chrétienne, où Dieu passe pour le représentant de l'esprit, et le diable pour le représentant de la chair, on dénonça cette réhabilitation de la chair comme une renégation de Dieu et une alliance avec le démon.

Il se passera quelque temps avant que, en Allemagne, ce qui est prophétisé si profondément dans ce poëme se réalise, avant que l'esprit nous serve à reconnaître les usurpations de l'esprit, et que nous réclamions les droits de la chair. C'est là la grande révolution qui est fille de la transformation.

Le *Divan de l'orient occidental* de Goëthe est moins connu ici que son *Faust*. C'est un livre écrit beaucoup plus tard, dont madame de Staël n'a pas eu connaissance, et que nous devons particulièrement mentionner. Il renferme les opinions et les sentiments de l'Orient exprimés en chants fleuris et en sentences pleines de pensées, et tout cela brûle et embaume comme un harem rempli d'odalisques ardentes, aux paupières peintes en noir, aux yeux de gazelle, aux bras blancs et aux mouvements arrondis ; et le cœur bat et défaille au lecteur comme il battit à l'heureux Gaspard Debureau, lorsqu'il se trouva à Constantinople sur le dernier bâton d'une échelle, et qu'il vit de haut en bas ce que le comman-

deur des croyants ne voit jamais que de bas en haut.
Quelquefois aussi le lecteur se croit étendu mollement
sur un tapis de Perse, fumant le tabac jaune du Tur-
kistan à l'aide d'un long tchibouk de jasmin et d'ambre,
tandis qu'une esclave noire le rafraîchit avec un éventail
de plumes de paon, et qu'un beau garçon lui présente
le véritable café de Moka. Goëthe a transporté dans
cette poésie ces voluptés enivrantes, et ses vers sont si
faciles, si heureux, si aériens, si veloutés, qu'on s'étonne
qu'il ait pu assouplir à ce point la langue allemande.
En même temps il donne en prose les plus précieuses
explications sur les mœurs et la vie de l'Orient, sur
l'existence patriarcale des Arabes, et là Goëthe se mon-
tre calme, souriant, ingénu comme un enfant, aussi
plein de sagesse qu'un vieillard. Cette prose est trans-
parente comme la mer par une calme et douce soirée
d'été, quand l'œil peut plonger dans ses profondeurs où
apparaissent les villes englouties avec leurs splendeurs
oubliées. Quelquefois cette prose est aussi magique,
aussi mystérieuse que le ciel quand le crépuscule le
voile, et les grandes pensées de Goëthe apparaissent
pures et dorées comme des étoiles. Le charme de ce
livre est inexplicable; c'est un selam que l'Occident
envoie à l'Orient, et il s'y trouve des fleurs bien curieuses!
des roses rouges et riantes, des hortensias semblables
au sein nu des jeunes filles, des digitales pourprées pa-
reilles à de longs doigts d'homme, de grotesques oreilles
d'ours, et au milieu du bouquet, modestes et cachées,

de silencieuses violettes allemandes. Ce selam signifie que l'Occident est fatigué de son maigre et glacial spiritualisme, et qu'il veut se réchauffer au corps sain et vigoureux de l'Orient. En écrivant son *Divan*, Goëthe, qui avait exprimé dans *Faust* sa répugnance pour les abstractions intellectuelles et son désir des joies réelles, se jeta, avec l'esprit même, dans les bras du sensualisme.

Il est donc important de remarquer que ce livre parut immédiatement après *Faust*. Ce fut la dernière phase de Goëthe, et son exemple eut une grande influence sur la littérature. Nos lyriques se mirent alors à chanter l'Orient. — Il n'est pas non plus inutile de dire que Goëthe, tandis qu'il chantait si joyeusement la Perse et l'Arabie, témoigna la répugnance la plus prononcée pour l'Inde. Ce qui lui déplaisait dans ce pays, c'était ce qu'il a de bizarre, de confus et d'obscur, et peut-être cette répugnance lui vient-elle de ce qu'il devina quelque arrière-pensée catholique dans les études sanscrites des Schlegel et de messieurs leurs amis. Ces messieurs regardaient l'Indostan comme le berceau de l'organisation du monde dans les formes catholiques; ils y voyaient le type de leur hiérarchie; ils y trouvaient leur trinité, leur incarnation, leur rédemption, leurs péchés, leurs castoïements et toutes leurs manies favorites. La répugnance de Goëthe pour l'Inde ne les aigrit pas peu, et M. Guillaume-Auguste Schlegel le nomma avec amertume « un païen converti à l'Islamisme. »

Parmi les écrits qui ont paru l'année passée, au sujet de Goëthe, un ouvrage posthume de Jean Falk, intitulé : *Goëthe peint d'après ses rapports intimes et personnels*, mérite d'être le plus remarqué. Outre un examen détaillé de *Faust* (cela ne pouvait manquer!), l'auteur nous communique d'excellentes notions sur Goëthe, et il nous le montre dans tous les rapports de sa vie, toujours fidèle à la nature, toujours impartial, avec toutes ses vertus et toutes ses fautes. Là nous voyons Goëthe en rapport avec sa mère, dont le naturel se réfléchit si merveilleusement dans la personne de son fils; nous le voyons comme naturaliste observant une chenille qui s'est enveloppée de sa chrysalide et qui doit s'envoler en papillon; nous le voyons près du grand Erder qui le tance sérieusement de son indifférentisme, qui fait qu'il ne daigne pas accorder à la transformation de l'homme l'attention qu'il donne à la transformation d'un insecte; nous le suivons à la cour du grand-duc de Weimar, improvisant joyeusement, assis parmi de jeunes dames d'honneur, semblable à Apollon au milieu des blondes génisses du roi Admètes; puis nous le voyons avec l'orgueil d'un dalaï-lama, refusant de reconnaître Kotzebue, lorsque celui-ci, pour l'humilier, préparait une solennité publique en l'honneur de Schiller; partout prudent, avisé, beau et aimable, figure heureuse et réjouissante comme celle des dieux éternels.

On trouvait, en effet, dans Goëthe, la réunion de la personnalité avec le génie, comme on la veut trouver parmi les hommes extraordinaires. Son extérieur était aussi imposant que la parole qui vivait dans ses écrits; son apparence était harmonieuse, nette, agréable, noblement conçue, et on pouvait étudier sur lui l'art grec, comme sur une antique. Ce corps plein de dignité, n'était jamais courbé par une rampante humilité chrétienne; les traits de ce visage n'étaient pas contractés par une mystique mortification; ces yeux n'étaient pas voilés par la timidité du pécheur; ils ne roulaient pas de dévots regards vers le ciel et ne craignaient pas de se fixer vers la terre : non, ils étaient calmes comme les regards d'un dieu. En général, c'est le signe distinctif des dieux, que leur regard est ferme et que leurs yeux ne vacillent pas. Aussi, quand Agni, Varunna, Yama et Indra prirent la forme de Nala aux noces de Damayanti, celle-ci reconnut son bien-aimé au mouvement de ses prunelles; car, je le répète, les prunelles des dieux sont toujours immobiles. Les yeux de Napoléon avaient cette vertu : aussi suis-je convaincu que c'était un dieu. Les yeux de Goëthe devaient être aussi divins dans l'âge le plus avancé que dans sa jeunesse. Le temps put bien couvrir sa tête de neige, mais non la courber. Il la portait toujours fière et haute, et quand il parlait il devenait toujours plus grand; et quand il étendait sa main, il semblait que son doigt pût montrer aux étoiles du ciel le chemin qu'elles devaient suivre. On veut avoir remarqué un trait glacé d'égoïsme à sa bouche, mais ce trait est propre encore aux dieux éternels, surtout au père des dieux, au grand Jupiter, à qui j'ai déjà comparé Goëthe. Vraiment, lorsque je le visitai à Weimar, tandis que je me trouvais en face de lui, je regardais furtivement de côté pour voir si l'aigle, avec la foudre au bec, n'était pas près de lui. J'étais sur le point de lui parler grec ; mais comme je remarquai qu'il comprenait l'allemand, je lui dis, dans cette langue, que les prunes des arbres entre Iéna et Weimar avaient très-bon goût. J'avais réfléchi pendant bien des nuits d'hiver à ce que je dirais d'élevé et de sublime à Goëthe lorsqu'un jour je le verrais ; et lorsque je le vis je n'eus rien autre chose à lui dire, sinon que les prunes de Saxe sont bonnes ! Et Goëthe se mit à sourire : il souriait avec ces mêmes lèvres avec lesquelles il avait baisé jadis la belle Léda, Europe, Danaé Sémélé et maintes autres princesses ou simples nymphes.

Les dieux s'en vont; Goëthe est mort. Il mourut le 22 du mois de mars de l'année 1832, cette année significative où notre terre a perdu ses plus grandes illustrations. On dirait que, dans cette année, la mort est devenue tout à coup aristocrate, et qu'elle a voulu distinguer les notabilités de la terre en les envoyant à la fois au tombeau. Peut-être a-t-elle voulu fonder une pairie là-bas, dans le royaume des ombres ; et, dans ce cas, sa fournée aurait été très-bien choisie : ou, au contraire, la mort aurait-elle voulu favoriser la démocratie dans cette année fatale, et établir l'égalité intellectuelle en ensevelissant les grandes autorités? Était-ce le respect ou l'insolence qui lui faisait épargner les rois? Pas un seul roi ne mourut dans cette année. Les dieux s'en vont, les rois restent.

CINQUIÈME PARTIE

— POËTES ROMANTIQUES —

I

La sincérité consciencieuse que je me suis rigoureusement imposée me force de dire que plusieurs Français m'ont reproché d'avoir parlé des Schlegel, et particulièrement de M. Auguste-Guillaume Schlegel, en termes par trop durs. Je crois que de pareils reproches ne m'auraient pas été adressés, si on était mieux instruit en France sur l'histoire littéraire de l'Allemagne. On ne connaît guère ici M. Auguste-Guillaume Schlegel que par les écrits de sa noble protectrice, madame de Staël. Un grand nombre de personnes ne connaissent que son nom : ce nom leur sonne à la mémoire comme quelque chose de vénérable et d'illustre, comme qui dirait le nom d'Osiris, dont ils ne savent aussi rien autre chose, sinon que c'était un merveilleux petit bonhomme de dieu qui fut adoré en Egypte. Ils ne connaissent pas mieux l'un que l'autre, et ils ne se doutent pas de la ressemblance qui se trouve entre eux.

Bien qu'il existe aujourd'hui un grand nombre d'écrivains allemands qui méritent, bien plus que les Schlegel, une mention étendue, je me vois obligé de consacrer encore quelques lignes à ces derniers pour répondre au reproche de dureté qui m'a été adressé. Malheureusement, ces nouvelles réflexions ne ressembleront pas non plus à un panégyrique.

Comme j'ai fait autrefois partie, en quelque sorte, des disciples académiques du plus âgé des Schelgel, il se pourrait qu'on me crût obligé de montrer quelque clémence à son égard. Mais M. Auguste-Guillaume Schlegel a-t-il épargné le vieux Burger, son maître, son père littéraire ? Nullement; car, dans la littérature comme dans les forêts des sauvages de l'Amérique septentrionale, les fils assomment leurs pères dès qu'ils sont devenus vieux et débiles.

J'ai déjà remarqué que Frédéric Schlegel était un esprit plus considérable que M. Auguste-Guillaume; et, en effet, ce dernier ne subsistait que des idées de son frère, qu'il s'entendait à élaborer artistement. Frédéric Schlegel était un profond penseur; il reconnaissait toutes les magnificences du passé, et il sentait toutes les douleurs du présent; mais il ne comprenait pas la sainteté de ces douleurs et leur nécessité pour le salut futur du monde. Il voyait se coucher le soleil, et il contemplait mélancoliquement la place où il avait disparu, se plaignant des ténèbres qu'il voyait s'amonceler à l'horizon; et il ne songeait pas que, du côté opposé, éclataient déjà les feux d'une nouvelle aurore. Frédéric Schlegel nommait un jour l'historien un prophète à rebours. Ce mot est la meilleure désignation qui puisse lui convenir à lui-même. Le présent lui était odieux; il était effrayé de l'avenir : ce n'était que dans le passé qui lui était si cher, que se portaient ses longs regards de voyant, et là seulement il reconnaissait l'héroïsme et le bonheur. Mais, dans les douleurs de notre âge, le pauvre Frédéric Schlegel ne devinait pas les douleurs d'un enfantement et d'une résurrection; il ne voyait que l'agonie et les gémissements de la mort, il ne se doutait pas pourquoi se déchirait le rideau du temple, pourquoi la terre tremblait et les rochers s'écroulaient; et la crainte de mourir lui fit prendre la fuite, et l'obligea de se réfugier au milieu des ruines tremblantes de l'église. L'auteur de *Lucinde* trouva ce lieu approprié à la disposition de son âme. Il avait dépensé dans sa vie un excès de présomption et de gaieté qu'il trouvait coupable, et il se sentait le besoin d'expier ces péchés de sa jeunesse et de son âge mûr. Il se fit catholique.

Lucinde est un roman. C'est, avec quelques poésies et le drame d'*Alarcos* imité de l'espagnol, la seule composition originale qui ait été laissée par Frédéric Schlegel. Dans le temps, les louanges ne manquèrent pas au roman ; alors le révérend M. Schleyermacher écrivit et publia des lettres remplies d'enthousiasme sur la *Lucinde*. Des critiques s'avancèrent jusqu'à dire que cette production était un véritable chef-d'œuvre, et ils ne craignirent pas de prophétiser que le roman de *Lucinde* serait regardé un jour comme le meilleur livre de la littérature allemande. Les autorités auraient dû faire justice de ces gens-là, comme on fait en Russie pour les prophètes qui annoncent un malheur public, et qu'on enferme jusqu'à ce que leur prédiction soit accomplie. Non, les dieux ont préservé notre littérature de cette grande calamité : le roman de Schlegel fut bientôt repoussé à cause de sa nullité effrénée, et maintenant son retentissement s'est tout à fait évanoui. Lucinde est le nom de l'héroïne du roman ; c'est une femme composée de saillies et de sensualités. Les défauts du roman viennent de ce qu'elle n'est pas femme, mais une composition mal combinée des deux abstractions : l'esprit et la sensualité. La mère de Dieu pardonnera peut-être à l'auteur de ce livre ; mais les muses ne lui pardonneront jamais. Un roman semblable, nommé *Florentin*, fut attribué par erreur au défunt Schlegel. Ce livre est, dit-on, l'ouvrage de sa femme, fille du célèbre Moïse Mendelsohn qu'il avait enlevée à son premier mari, et qui passa avec lui dans le sein de l'église catholique.

Je crois que Frédéric Schlegel en agit sérieusement avec le catholicisme. Je le crois de lui ; de beaucoup de ses amis, je n'en crois rien. En pareille circonstance, il est assez difficile de s'assurer de la vérité. L'hypocrisie est la sœur jumelle de la religion, et elles se ressemblent tant toutes les deux, qu'il est quelquefois impossible de les distinguer. C'est la même figure, le même costume, le même langage. L'une est cependant plus molle dans son parler, et ce mot *amour* vient plus souvent sur ses lèvres. Ici, en France, l'une de ces sœurs est morte, et l'autre en porte le deuil.

Depuis l'apparition du livre de madame de Staël sur l'Allemagne, Frédéric Schlegel a encore gratifié le public de deux grands ouvrages qui sont peut-être ses meilleures productions, et qui méritent en tous cas la mention la plus favorable. Ce sont : *la Sagesse et la langue des Indiens*, et ses *Leçons sur l'histoire de la littérature*. Par le premier de ces ouvrages, il n'a pas seulement introduit parmi nous l'étude du sanskrit, mais encore il l'a fondée. Il devint pour l'Allemagne ce que Williams Jones avait été pour l'Angleterre. Il avait appris le sanskrit de la manière la plus originale, et le petit nombre de fragments qu'il a donnés dans ce livre sont traduits admirablement. Grâce à la puissance d'observation dont il était doué, il comprit toute la signification de la versification épique des Indiens, de la Sloka, qui coule aussi largement dans leur poésie que le Gange, le fleuve aux eaux saintes et limpides. Je puis m'épargner les louanges, car l'ouvrage de Frédéric Schlegel sur l'Inde est assurément traduit en français, je ne trouve à blâmer que l'arrière-pensée du livre. Il est écrit dans l'intérêt de l'ultramontanisme. Ces braves gens avaient retrouvé, dans les poésies indiennes, non pas seulement les mystères du sacerdoce romain, mais toute sa hiérarchie et toutes ses luttes avec la puissance temporelle. Dans le Mahabarata et le Ramayana, ils voyaient un moyen âge aux formes d'éléphant. En effet, dans cette dernière épopée, quand le roi Wiswamitra lutte avec le prêtre Wasischta, cette lutte comporte les mêmes intérêts que ceux qui excitèrent l'un contre l'autre l'empereur et le pape, bien que l'objet de la querelle soit nommé ici, en Europe, l'investiture, et là-bas, dans l'Inde, la vache Sabala.

On peut élever le même reproche au sujet des leçons sur la littérature. Frédéric Schlegel y examine toutes les littératures d'un point de vue élevé, mais cette position élevée est toujours la cime du clocher d'une église gothique. Et à tout ce que dit Schlegel on entend sans cesse les cloches sonner, parfois aussi le croassement des corbeaux qui voltigent autour des ais de la vieille flèche. Pour moi, l'encens de la messe me monte au nez dès que j'ouvre ce livre, et aux meilleurs passages il me semble que je vois s'élever tout à coup de longues files de pensées tonsurées. Cependant je ne connais pas de meilleur livre en ce genre; et il n'y a que les travaux du même genre de Herder, qui pourraient nous procurer un pareil aperçu sur la littérature de tous les peuples. Mais Herder ne se mettait pas, comme un grand inquisiteur, sur un siége, pour juger les différentes nations, et les condamner ou les absoudre selon le degré de leur croyance. Non, Herder regardait toute l'humanité comme une harpe dans la main d'un grand maître; chaque peuple lui semblait une corde particulière de cet instrument, et il comprenait l'harmonie universelle qui résultait de ces accords différents.

Frédéric Schlegel mourut il y a cinq ans, par suite d'un excès gastronomique, dit-on. Il était âgé de cinquante-six ans. Sa mort occasionna un des plus repoussants scandales littéraires. Ses amis, le parti cagot, qui tient son quartier général à Munich, furent enragés de la manière détachée dont la presse libérale parla de cette mort; ils outragèrent et injurièrent de mille façons les libéraux allemands; mais toutefois, d'aucun d'eux ils ne purent dire qu'il avait enlevé la femme de son hôte, et qu'il avait, longtemps après, vécu des aumônes de ce mari outragé.

Maintenant je dois, puisqu'on le veut, parler de son frère aîné, M. Auguste-Guillaume Schlegel. Si c'était en Allemagne que je voulusse encore parler de lui, on me regarderait avec surprise.

Qui parle encore à Paris de la girafe?

M. Auguste-Guillaume Schlegel est né à Hanovre, le 5 septembre 1767. Ce n'est pas de lui que je tiens cette particularité. Je n'ai jamais été si peu poli que de m'informer de son âge. Si je ne me trompe, j'ai trouvé cette date dans les biographies des femmes savantes de l'Allemagne par Spindler. M. A.-G. Schlegel est donc âgé de soixante-sept ans. M. Alexandre de Humboldt et quelques naturalistes prétendent qu'il est plus âgé. Champollion était aussi de cette opinion. En parlant de ses services littéraires, je dois aussi revenir sur ses traductions : là, il rendit réellement de grands services. Sa traduction de Shakspeare est surtout un chef-d'œuvre incomparable. Peut-être, à l'exception de M. Gries et de M. le comte de Platen, M. A.-G. Schlegel est-il le plus grand métrique de l'Allemagne. Dans tous ses autres travaux, on ne saurait lui accorder que la seconde, ou même la troisième place. Dans la critique esthétique, il lui manque, comme je l'ai dit, la base d'une philosophie, et d'autres contemporains le dépassent beaucoup en ce genre, particulièrement Solger. Dans l'étude du vieux langage allemand, M. Schlegel est fort au-dessous de M. Jacob Grimm, qui, par sa grammaire, a mis fin à ces vues superficielles avec lesquelles on expliquait, à l'exemple des deux frères Schlegel, les monuments de notre langue. M. Schlegel aurait peut-être porté loin l'étude du vieux langage, s'il ne s'était élancé dans le sanskrit. Mais la vieille langue allemande n'était plus de mode, et le sanskrit pouvait exciter une nouvelle sensation. Mais aussi dans cette étude il resta en quelque sorte dilettante: l'initiative de ses pensées appartient encore à son frère Frédéric ; et ce qu'il y a de réel, de scientifique dans ses inductions sanskrites est l'œuvre, chacun le sait, de son savant collaborateur M. Lassen. M. Franz Bopp, à Berlin, est, en Allemagne, le véritable érudit sanskrit, et le premier de tous. Dans la science historique, M. Schlegel voulut une fois se cramponner à la renommée de Niebuhr qu'il attaqua; mais si on le compare à ce grand critique, ou à un Jean de Muller, à un Heeren et à d'autres historiens, on ne peut s'empêcher de sourire. Mais quel est son rang comme poëte? Ceci est difficile à déterminer.

Le joueur de violon Solomons, qui donnait des leçons au roi d'Angleterre George III, disait un jour à son auguste écolier : «Les joueurs de violon peuvent se diviser en trois classes. A la première appartiennent ceux qui ne savent pas jouer du tout; à la seconde, ceux qui jouent mal; et à la troisième ceux qui jouent bien. Votre Majesté s'est déjà élevée jusqu'à la seconde classe. »

M. Schlegel appartient-il à la première ou à la seconde classe des poëtes? Les uns disent qu'il n'est pas poëte du tout; les autres disent qu'il est un mauvais poëte. Tout ce que je sais, c'est qu'il n'est pas un Paganini.

M. A.-G. Schlegel ne dut sa célébrité qu'à l'assurance inouïe avec laquelle il attaqua les autorités littéraires qui existaient alors. Il arracha les couronnes de laurier qui couvraient de vieilles perruques; et à cette occasion il fit voler beaucoup de poudre aux yeux de son public. Sa renommée est une fille naturelle du scandale.

Je l'ai déjà fait observer plusieurs fois, la critique à l'aide de laquelle M. Schlegel attaqua les autorités ne repose pas sur une philosophie arrêtée. Quand nous revînmes de l'étonnement où nous avait jetés cette assurance, nous reconnûmes bientôt le vide absolu de la critique de M. Schlegel. Ainsi, lorsqu'il veut rabaisser le poëte Burger, il compare ses ballades aux vieilles ballades anglaises rassemblées par l'évêque Perey, et il montre combien celles-ci sont plus simples, plus naïves, plus gothiques, et par conséquent aussi plus empreintes de poésie. M. Schlegel a suffisamment compris l'esprit du passé, surtout celui du moyen âge, et il réussit fort bien à indiquer cet esprit dans les anciens monuments, et à expliquer leurs beautés sous ce point de vue. Mais tout ce qui appartient au présent, il ne saurait le comprendre; tout au plus saisit-il quelques traits extérieurs, quelque chose de la physionomie du temps présent, ordinairement la partie la moins belle; et comme il ne comprend pas l'esprit qui l'anime, il ne voit dans toute notre vie moderne qu'une tiède prose. En général, il n'appartient qu'à un grand poëte de saisir la poésie de la pensée d'un temps présent; la poésie d'un temps passé se devine plus facilement, et il est plus facile de la faire sentir aux autres. Ainsi M. Schlegel réussit à relever auprès de la multitude les poésies où repose le passé aux dépens de celles où respire et vit notre époque moderne. Les *relics of ancient poetry* rassemblées par Percy expriment l'esprit de leur temps comme les poésies de Burger expriment l'esprit du nôtre. Si M. Schlegel avait compris cet esprit il n'eût pas pris la fougue avec laquelle il éclate dans les poésies de Burger pour le cri rauque d'un grossier magister, mais bien pour le puissant cri de douleur d'un Titan qui fut martyrisé par l'aristocratie des gentillâtres

et des pédants académiques du Hanovre. Tel était le
supplice du pauvre auteur de *Lenore*, et de maint autre
homme de génie qui végétait péniblement à Goettingue
dans les fonctions de chétif professeur, et qui mou-
rait dans la misère. Comment le magnifique cheva-
lier A.-G. de Schlegel, protégé par de superbes patrons,
appointé, baronisé, enrubané, aurait-il pu comprendre
ces vers où Burger s'écrie avec rage : « Un homme
d'honneur, plutôt que de mendier les faveurs des grands,
doit se faire arracher de ce monde par la faim ! »

Le nom de Burger signifie, en allemand, *citoyen*.

Ce qui augmenta encore beaucoup la réputation de
M. Schlegel, ce fut la sensation qu'il produisit lorsque
plus tard ici, en France, il s'attaqua aux autorités litté-
raires des Français. Nous vîmes avec joie et orgueil
notre belliqueux compatriote démontrer aux Français
que toute leur littérature classique ne vaut rien ; que
Molière est un bouffon et un farceur, et non pas un
poëte ; que Racine a également bien peu de valeur, et
qu'en revanche nous autres Allemands, nous sommes
incontestablement les dieux du Parnasse. Son refrain
était toujours que les Français sont le peuple le plus
prosaïque du monde, et qu'il n'y a pas du tout de poésie
en France. Ces choses-là, l'homme les disait dans un
temps où, devant ses yeux, s'offraient encore journelle-
ment maint et maint coryphée de la Convention ; où il
voyait passer devant lui, en chair et en os, les derniers
acteurs de cette tragédie de géants, dans un temps où

Napoléon improvisait chaque jour une sublime épopée, lorsque Paris fourmillait de dieux, de héros et de rois... Mais M. Schlegel ne vit rien de ces choses. Lorsqu'il était ici, il ne voyait que lui-même, il ne regardait que sa figure dans un miroir, et de la sorte il est facile de comprendre qu'il n'ait pas aperçu de poésie en France.

Mais, je le répète, M. Schlegel n'a jamais pu comprendre que la poésie du passé. Celle du temps présent lui échappe. Tout ce qui est vie moderne lui semble excessivement prosaïque, et il n'a pu concevoir la poésie de la France, ce sol maternel de la société et de la poésie modernes. Racine dut être aussi le premier poëte que M. Schlegel ne put comprendre, car ce grand poëte se présente déjà comme le héraut des temps modernes près du grand roi avec qui commencent les temps nouveaux. Racine est le premier poëte moderne, comme Louis XIV fut le premier roi moderne. Dans Corneille respire encore le moyen âge. En lui et dans la fronde râle la voix de la vieille chevalerie qui pousse son dernier soupir ; aussi le désigne-t-on quelquefois comme un poëte romantique. Mais, dans Racine, les sentiments et les poésies du moyen âge sont complétement éteints : il ne réveille que des idées nouvelles ; c'est l'organe d'une société neuve. On voit éclore dans son sein les premières violettes du printemps qui ouvre notre jeune âge ; on y voit même les bourgeons des lauriers qui s'épanouissent plus tard si largement. Qui sait combien d'actions d'éclat jaillirent des vers tendres de Racine ? Les héros français qui gisent enterrés aux Pyramides, à Marengo, à Austerlitz, à Iéna, à Moscou, avaient entendu les vers de Racine, et leur empereur les avait écoutés de la bouche de Talma. Qui sait combien de quintaux de renommée reviennent à Racine sur la colonne de la place Vendôme? Euripide est-il un plus grand poëte que Racine? c'est ce que j'ignore; mais je sais que ce dernier fut une source vivante d'enthousiasme, qu'il a enflammé le courage par le feu de l'amour, et qu'il a enivré, ravi et ennobli tout un peuple. Qu'exigez-vous de plus d'un poëte? Nous sommes tous mortels; nous descendons dans le tombeau, et nous laissons derrière nous notre parole; et quand cette parole a rempli sa mission, alors elle retourne dans le sein de Dieu, ce refuge de toutes les paroles de poëte, cette patrie de toutes les harmonies.

Si M. Schlegel s'était borné à dire que la mission de la parole de Racine était accomplie, et que le temps qui s'avançait toujours exigeait d'autres poëtes, ses attaques auraient eu quelque base; mais elles se trouvèrent sans fondement lorsqu'il voulut démontrer la faiblesse de Racine en le comparant à des poëtes plus anciens. Non-seulement M. Schlegel n'a rien deviné de la grâce infinie, de la douce finesse, du charme profond qu'il y a dans cette pensée de Racine qui a revêtu de costumes antiques ses héros français modernes, mêlant ainsi à l'intérêt des passions modernes l'intérêt d'une piquante mascarade, mais il a encore été assez gauche pour prendre tous ces délicieux travestissements au sérieux, pour juger les Grecs de Versailles d'après les Grecs d'Athènes, et comparer la Phèdre de Racine avec la Phèdre d'Euripide! Cette manière de juger le présent à la mesure du passé est si fortement enracinée dans M. Schlegel, que c'est toujours avec le laurier des vieux poëtes qu'il fustige les jeunes, et que, pour rabaisser Euripide à son tour, il n'a rien su trouver de mieux que de le comparer au vieux Sophocle, ou même à Eschyle.

Je serais conduit trop loin si je voulais montrer en détail comment M. Schlegel, voulant déprécier Euripide en se servant de cette méthode, s'est montré aussi aigre et aussi injuste envers lui que le fut jadis Aristophane. Ce dernier se trouvait placé, sous ce rapport, à un point de vue qui offre une grande ressemblance avec le point de vue de l'école romantique. Sa polémique est fondée sur de semblables sensations et sur des tendances pareilles; et si l'on a nommé M. Tieck un Aristophane romantique, on pourrait avec raison nommer le parodiste d'Euripide et de Socrate un Tieck classique. Ainsi que M. Tieck et les Schlegel, en dépit de leur incrédulité, ont cependant gémi sur la chute du catholicisme; ainsi qu'ils ont désiré restaurer cette croyance dans la multitude; ainsi qu'ils ont bafoué dans ce dessein et chargé d'accusations les rationalistes et les humanistes; ainsi qu'ils ont exprimé la répugnance la plus amère pour les hommes qui répandaient dans la vie et la littérature une honnête pensée bourgeoise; ainsi qu'ils ont sifflé cet esprit de bourgeoisie comme des misères d'épiciers, lui opposant dans leur but la grande vie chevaleresque du moyen âge : de même Aristophane, qui se raillait des dieux, a-t-il cependant attaqué les philosophes qui préparaient la chute de tout l'Olympe; de même haïssait-il le rationaliste Socrate qui prêchait une meilleure morale; de même haïssait-il les poëtes qui annonçaient déjà et exprimaient une vie moderne aussi différente de l'ancienne période des dieux, des héros et des rois de la Grèce, que notre temps actuel diffère de la période féodale du moyen âge; de même il haïssait Euripide, qui n'était pas enivré du moyen âge de la Grèce comme l'étaient Eschyle et Sophocle, mais qui se rapprochait déjà de la tragédie bourgeoise. Je doute que M. Schlegel sache le véritable motif qui l'a porté à mettre Euripide si bas, en le comparant si défavorablement à Eschyle et à Sophocle; mais je pense qu'un sentiment ignoré de lui-même guidait sa plume, et qu'il sentait dans le vieux tragique l'élément moderne, la bourgeoisie et le protestantisme, qui jadis étaient déjà si en haine au catholique-païen, au marguillier athénien Aristophane.

Mais je fais peut-être à M. Schlegel un honneur qu'il n'a pas mérité, en lui prêtant des sympathies et des antipathies : il se peut qu'il n'en ait aucune. Dans sa jeunesse il fut un helléniste; et, dans un âge plus avancé, il devint un romantique. Il se fit le coryphée de la nouvelle école : elle reçut son nom et celui de son frère, et, de tous ceux de cette école, il fut peut-être celui qui la prit le moins au sérieux. Il la soutint de ses talents : il la seconda par ses études, se réjouit tant que la chose alla bien ; et lorsque l'école prit une mauvaise fin, il poussa ses études dans une autre voie.

Bien que l'école soit tombée en ruines, les efforts de M. Schlegel ont eu cependant de bons résultats pour notre littérature. Il avait surtout montré comment on pouvait traiter des objets scientifiques dans un langage élégant. Auparavant, nul écrivain allemand n'osait écrire un livre scientifique dans un style clair et agréable : on écrivait dans un langage sec et diffus, qui sentait affreusement le tabac et la chandelle. M. Schlegel est du petit nombre des Allemands qui ne fument pas de tabac, vertu qu'il doit à la société de madame de Staël. En effet, il doit à cette dame ce poli extérieur qu'il a pu faire valoir en Allemagne, avec tant d'avantages. Sous ce point de vue, la mort de l'admirable madame de Staël fut une grande perte pour ce savant Allemand, qui trouvait, dans son salon, tant d'occasions de connaître les modes nouvelles, et qui, en sa qualité de son accompagnateur dans toutes les capitales de l'Europe, pouvait voir le beau monde et s'approprier les plus belles manières. Ces habitudes de société lui étaient devenues si nécessaires, qu'après la mort de sa noble protectrice, il ne fut pas éloigné de s'offrir à la célèbre Catalani pour l'accompagner dans ses voyages.

Comme je l'ai dit, la propagation de l'élégance est le principal mérite de M. Schlegel ; et, grâce à lui, il se

glissa un peu de civilisation dans la vie des poëtes de
l'Allemagne. Goëthe avait déjà donné un exemple plein
d'influence ; il avait montré qu'on peut être poëte alle-
mand, et cependant être un homme de bonne compagnie.
Autrefois, nos poëtes allemands méprisaient toutes les
formes conventionnelles ; et le nom de poëte allemand,
ou le mot de génie poétique, avait la plus ignoble signi-
fication. Un poëte allemand était alors un homme qui
portait un habit râpé et en lambeaux ; qui confectionnait
pour un écu des pièces de vers à l'occasion des mariages
et des baptêmes ; qui s'enivrait loin de la bonne com-
pagnie où il n'était pas admis, et qu'on trouvait quel-
quefois, le soir, étendu sur les dalles de la rue, senti-
mentalement caressé par les rayons amoureux de Phébé.
Quand ces gens-là devenaient vieux, ils avaient coutume
de se plonger encore plus profondément dans leur mi-
sère. Il est vrai que c'était une misère sans souci, ou
accompagnée d'un seul souci, à savoir où l'on buvait le
plus de schnaps pour le moins d'argent.

C'est ainsi que je m'étais toujours représenté un poëte
allemand. Que je fus donc agréablement surpris, lors-
qu'en l'année 1819, tout jeune encore et visitant l'uni-
versité de Bonn, j'eus l'honneur de voir face à face le
génie poétique dans la personne de M. Auguste-Guil-
laume Schlegel ! Après Napoléon, c'était le premier
grand homme que je voyais, et je n'oublierai jamais
cette vue ineffable. J'éprouve encore aujourd'hui la
sainte terreur qui pénétra mon âme quand je me trouvai

devant sa chaire, et que je l'entendis parler. Je portais
alors une redingote de bure blanche, une toque rouge,
de longs cheveux blonds, et je n'avais pas de gants.
Mais M. Auguste-Guillaume Schlegel avait des gants
glacés, et il était entièrement habillé d'après la nouvelle
mode parisienne ; il était encore tout odorant du parfum
de la bonne compagnie et de l'eau de mille-fleurs qu'il
ne s'était pas épargnée : c'étaient l'élégance et la gen-
tillesse en personne ; et, lorsqu'il parla du grand chan-
celier d'Angleterre, il ajouta *mon ami*, et près de lui se
tenait un laquais sous la livrée baroniale de la maison
de Schlegel, qui avait soin des bougies placées dans des
flambeaux d'argent ; et, sur la chaire, à son côté, brillait
un verre d'eau sucrée sur une soucoupe de cristal. Un
laquais en livrée ! des bougies ! des flambeaux d'argent !
mon ami le grand chancelier d'Angleterre ! des gants
glacés ! de l'eau sucrée ! quelles choses inouïes dans la
classe d'un professeur allemand ! Tout cet éclat ne nous
éblouit pas peu, nous autres jeunes gens, et moi sur-
tout ; et je fis alors sur M. Schlegel trois odes, et cha-
cune de ces odes, commençait par ces paroles : « O toi
qui, etc. ; » mais ce n'était que dans la poésie que j'o-
sais tutoyer un homme si distingué. Son extérieur était
réellement très-imposant : sur sa petite tête mince ne
brillaient plus qu'un petit nombre de cheveux gris, et
son corps était si chétif, si consumé, si transparent,
qu'il semblait tout esprit, et qu'il avait l'air d'un symbole
du spiritualisme.

Cependant il venait de se marier, et lui, le chef des romantiques, il avait épousé la fille du conseiller du consistoire Paulus, à Heidelberg, le chef des rationalistes allemands. C'était une union symbolique ; le romantisme se mariait en même temps au rationalisme ; mais cet accouplement monstrueux ne produisit pas de fruits. Au contraire, la séparation n'en devint que plus grande. Déjà, le lendemain de la nuit des noces, le rationalisme s'en retourna, en fuyant à sa maison, et ne voulut avoir plus rien à faire avec le romantisme ; car le rationalisme, raisonnable comme il est toujours, ne voulait pas être marié d'une façon purement symbolique ; et dès qu'il reconnut la nullité intérieure du romantisme, il s'en alla. Je sens que tout ceci est un peu obscur. Je vais m'expliquer plus clairement.

Thyphon, le méchant Thyphon, haïssait Osiris (qui était un dieu égyptien, comme vous le savez), et lorsqu'il le tint en sa puissance, il le mit en pièces. Isis, la pauvre Isis, la femme d'Osiris, chercha péniblement à rapprocher ces morceaux, les cousut ensemble, et réussit à restaurer intégralement son époux déchiré. Intégralement ? Hélas ! non, il manquait un fragment capital, que la pauvre déesse n'avait pu retrouver. Pauvre Isis ! elle fut obligée de se contenter d'un complément en bois. Pauvre Isis ! De là vint un grand culte en Égypte, et à Heidelberg un grand scandale.

C'est un vieux mythe qui, dans son temps, a produit une joyeuse sensation. Depuis ce temps on perdit entiè-

rement de vue M. A.-G. Schlegel ; il s'était évanoui.
Le mécontentement que lui causait un pareil oubli le
poussa enfin, après longues années d'absence, vers Ber-
lin, l'ancienne capitale de sa grandeur littéraire. Il y vint
faire quelques leçons publiques sur l'esthétique ; mais il
n'avait appris rien de nouveau pendant tout cet inter-
valle ; et il parlait alors devant un public qui avait reçu
de Hegel une philosophie de l'art et une science de l'es-
thétique. On railla et on haussa les épaules. Il lui arriva,
comme à une vieille comédienne qui remonte, après
vingt ans d'absence, sur le théâtre de ses anciens succès,
et qui ne comprend pas pourquoi le public rit au lieu
d'applaudir. L'homme avait effroyablement changé, et
il réjouit Berlin, quatre semaines durant, par l'étalage
de ses ridicules. C'était un fat vieilli qui se faisait bafouer
partout ; on en raconte d'incroyables choses.

Ici, à Paris, j'eus la douleur de revoir M. A.-G. Schle-
gel en personne. Je n'avais jamais pu me figurer qu'un
pareil changement fût possible. Ce fut peu de temps
après mon arrivée. J'allais visiter la maison qui fut ha-
bitée par Molière ; car j'honore les grands poëtes, et je
cherche partout avec un esprit religieux les traces de
leur passage terrestre : c'est un culte. Sur mon chemin,
aux piliers de la halle, non loin de cette sainte maison,
j'aperçus un personnage dont les traits indécis me paru-
rent offrir quelque ressemblance avec le Guillaume
Schlegel d'autrefois. Je crus voir son esprit ; mais ce
n'était que son corps. L'esprit est mort ; c'est le corps

qui revient sur la terre. Ce corps avait passablement
engraissé ; la chair s'était rattachée à ces minces jambes
spiritualistes, et on apercevait même un ventre prépon-
dérant, au-dessus duquel pendait une grande quantité de
rubans d'ordres. La petite tête, jadis si grise et si argen-
tée, portait une joyeuse perruque blonde. L'homme était
habillé à la mode de l'année 1818, dans laquelle mourut
madame de Staël. Il souriait gaiement, et s'agitait avec
une coquetterie juvénile ; il s'était réellement opéré en
lui un rajeunissement merveilleux : c'était une plaisante
seconde édition de sa jeunesse ; il semblait revenir en
fleur ; et je soupçonne même que le vermillon de ses
joues n'était pas emprunté à l'art, mais à une saine
ironie de la nature.

En ce moment, il me sembla voir le défunt Poquelin
à sa fenêtre, me jetant un sourire en désignant du
doigt cette joviale et mélancolique apparition. Son côté
ridicule m'apparut alors dans un vif éclat ; je compris
toute la profondeur et la portée de la bouffonnerie qui
s'y trouvait imprimée, et j'aperçus dans tout son jour le
caractère de comédie de ce personnage, qui, malheu-
reusement, n'a pas trouvé de grand comique pour le
mettre sur la scène. Molière seul eût été l'homme ca-
pable de transporter une pareille figure sur le Théâtre-
Français ; lui seul avait le talent nécessaire pour une
telle entreprise. C'est ce que soupçonna de bonne heure
M. A.-G. Schlegel ; et il prit Molière en aversion, comme
Napoléon prit en aversion Tacite. M. Schlegel, le fin

critique, avait, dès longtemps, pressenti qu'il n'eût pas échappé à Molière, ce grand comique, s'il eût encore vécu. Napoléon, le César français, disait de Tacite qu'il avait calomnié les empereurs romains. M. Schlegel, l'Osiris allemand, dit de Molière qu'il n'était pas un poëte, mais simplement un bouffon.

M. Auguste-Guillaume Schlegel quitta bientôt Paris, après avoir été décoré de l'ordre de la Légion d'honneur. Le *Moniteur* a hésité jusqu'à ce jour de donner officiellement cette nouvelle; mais Thalie, la muse de la comédie, l'a vivement inscrite sur ses joyeuses tablettes.

II

Après les Schlegel, M. Louis Tieck fut un des écrivains les plus actifs de l'école romantique. Il combattit et il composa pour elle. Ce fut un poëte, nom que ne mérita aucun des deux Schlegel. Ce fut un fils véritable de Phœbus Apollo, et, comme le dieu éternellement adolescent, il ne porta pas seulement la lyre, mais l'arc et le carquois rempli de flèches retentissantes. Il était ivre d'enthousiasme lyrique et de cruauté critique, comme son père le Delphien. Comme celui-ci, dès qu'il avait impitoyablement écorché quelque Marsyas littéraire, ses doigts sanglants se portaient joyeusement sur les cordes d'or de sa lyre, et il se mettait à chanter une douce chanson de troubadour.

La polémique qu'il soutint, sous une forme dramatique, contre les adversaires de l'école, est une des plus curieuses apparitions de notre littérature; ce sont des drames satiriques que l'on compare ordinairement aux comédies d'Aristophane, mais ils en diffèrent autant qu'une tragédie de Sophocle diffère d'une tragédie de Shakspeare. Les comédies antiques avaient toute l'unité d'action, la marche rigoureuse et la langue élégamment

métrique de la tragédie antique dont elles étaient la
parodie. Les satires dramatiques de M. Tieck sont cou-
pées d'une façon aussi aventureuse, et elles sont aussi
irrégulières, conçues dans un langage aussi capricieux
que les tragédies de Shakspeare. Cette forme était-elle
une nouvelle invention de M. Tieck ? Non; elle existait
déjà parmi le peuple, et particulièrement en Italie. Ceux
qui comprennent l'italien peuvent se faire une juste
idée des drames de M. Tieck, en ajoutant quelques rê-
veries de clair de lune allemandes aux comédies fantas-
tiques, merveilleuses et bariolées du vénitien Gozzi.
M. Tieck a même emprunté aux joyeux enfants des La-
gunes la plupart de ses masques. A son exemple, beau-
coup de poëtes allemands s'emparèrent de cette forme,
et nous eûmes des comédies dont l'effet n'était pas pro-
duit par un caractère plaisant ou par une bouffonne in-
trigue, mais où l'on nous introduisait immédiatement
dans un monde fabuleux où les animaux parlent et
agissent comme des hommes, et où le hasard et le
caprice prennent la place de l'ordre naturel des
choses. C'est ce que nous voyons aussi dans Aristo-
phane. Seulement le dernier a pris cette forme pour
dramatiser toute la profondeur de ses vues sur la société,
comme dans *les Oiseaux*, où les manies insensées des
hommes, leur goût de bâtir des chimères dans l'espace,
leur audace à braver les dieux éternels, et la vanité de
leurs triomphes, sont représentés sous les masques les
plus burlesques. C'est ce qui fait la grandeur d'Aristo-

phane. Ses vues sont immenses ; elles sont plus grandes, plus tragiques même que celles des tragiques ; ses comédies sont réellement des tragédies rieuses. Voyez son Paisteteros. Un poëte moderne l'eût montré, à la fin de la pièce, dans sa nullité ridicule. Là, au contraire, il gagne Basilea, la belle, la puissante Basilea ; il s'élève dans sa ville de nuées avec sa divine épouse, les dieux sont forcés de se conformer à sa volonté, la folie célèbre son union avec la puissance, et la pièce se termine par de joyeux chants d'hyménée. Est-il, pour un homme raisonnable, quelque chose de plus terriblement tragique que cette victoire et que ce triomphe des fous ? Nos Aristophanes allemands ne s'élèvent pas si haut : ils se sont interdit toute haute pensée, toute vaste contemplation du monde ; sur les deux plus importantes choses humaines, la politique et la religion, ils ont gardé un très-modeste silence, et ils ne se sont hasardés à traiter que le thème choisi par Aristophane, dans *les Grenouilles*. Pour objet principal de leurs satires, ils ont choisi le théâtre lui-même, et ils se sont moqués, avec plus ou moins de verve, des défauts de notre scène.

Mais il faut avoir égard à l'état politique de l'Allemagne. Nos satiriques, forcés de détourner leurs traits loin de tous les princes véritables, voulurent se dédommager de cette contrainte sur les rois de théâtre et les princes de coulisses. Nous qui ne possédions presque pas de journaux politiques discutants, nous avons toujours été comblés d'une foule de feuilles esthétiques,

qui ne contiennent que des contes oiseux et des articles
de théâtre ; de sorte qu'en voyant nos publications pé-
riodiques, on serait tenté de croire que toute la nation
allemande ne se compose que de bavardes nourrices et
de critiques de théâtre. Mais on nous eût mal jugés.
Après la révolution de juillet, dès qu'il fut permis de
prononcer une parole libre dans notre chère patrie, on
vit combien peu ces piteuses écrivasseries nous conten-
taient. Il s'éleva tout à coup des feuilles où l'on jugea le
jeu, bon ou mauvais, des rois véritables, et plus d'un
d'entre eux, qui avait oublié son rôle, fut sifflé dans sa
propre capitale. Nos Schéhérazades littéraires , qui
avaient coutume d'endormir, par leurs contes, le public,
ce lourd sultan, furent obligés de se taire, et les comé-
diens virent avec étonnement que leur parterre était
vide le jour où ils jouaient le plus divinement. La cage
des terribles critiques restait même souvent déserte. Les
bons héros de théâtre s'étaient souvent plaints d'être
sans cesse l'objet de toutes les conversations et de tous
les écrits, et de ce que leurs vertus domestiques servis-
sent de pâture aux gazettes. Quel fut leur effroi en voyant
que les choses prenaient une telle marche qu'il ne serait
bientôt plus du tout question de leurs personnes !

En effet , quand le soleil de juillet nous éclaira, le
théâtre, la critique et les contes prirent subitement fin
en Allemagne, et les comédiens, les critiques et les con-
teurs tremblèrent et s'écrièrent que l'art touchait à sa
ruine. Mais cette grande catastrophe qui menaçait notre

patrie a été heureusement détournée par la sagesse et la force de la diète de Francfort. Une révolution n'éclatera pas en Allemagne, on doit l'espérer; nous sommes préservés de la guillotine et de toutes les horreurs de la liberté de la presse; les chambres des députés, dont la concurrence faisait tant de tort aux théâtres, qui ont cependant des priviléges concédés antérieurement, seront supprimées, et l'art est sauvé. On fait en ce moment, en Allemagne et particulièrement en Prusse, tout ce qu'il est possible de faire pour l'art. Les musées rayonnent de toutes les couleurs de l'iris, les orchestres retentissent, les danseuses exécutent leurs plus voluptueux entrechats, le public est distrait et réjoui par mille et un contes, et la critique de théâtre fleurit plus que jamais !

Justin rapporte dans ses histoires que Cyrus, ayant apaisé la révolte des Lydiens, sut réfréner l'esprit turbulent de ce peuple courageux, en le forçant de s'occuper des beaux-arts et d'autres choses joyeuses. Depuis ce temps, il ne fut plus question des émeutes lydiennes; les restaurateurs lydiens, les danseuses et les artistes du pays, n'en furent que plus célèbres.

Nous avons maintenant du repos en Allemagne; la critique du théâtre et les contes y sont de nouveau l'affaire principale, et comme M. Tieck excelle dans ces deux branches, tous les amis de l'art lui paient le tribut d'admiration qui lui est dû. C'est, en effet, le meilleur écrivain de nouvelles de l'Allemagne. Ses écrits ne sont

pas toutefois de la même espèce et de la même valeur.
Comme chez les peintres, on peut distinguer dans
M. Tieck plusieurs manières. Sa première manière appar-
tient encore entièrement à l'ancienne école ; il n'écrivait
alors que sur la demande et la commande d'un libraire ;
et ce libraire n'était autre que Nicolaï en personne, le
champion le plus opiniâtre des lumières et de la phil-
anthropie, le plus grand ennemi de la superstition, du
mysticisme et du romantisme. Nicolaï était un mauvais
écrivain, une perruque prosaïque, qui s'est rendu sou-
vent fort ridicule avec son nez sans cesse braqué sur les
jésuites ; mais nous qui sommes nés plus tard, nous
devons avouer que le vieux Nicolaï était un homme plein
de droiture ; qu'il parla avec loyauté au peuple alle-
mand, et que, par amour pour la sainte cause de la
vérité, il ne recula pas devant le plus cruel de tous les
martyres, devant le ridicule. On m'a conté, à Berlin,
que M. Tieck habitait autrefois la maison de ce brave
homme ; il demeurait à un étage au-dessus de Nicolaï ;
le temps nouveau marchait déjà sur la tête du vieux
temps.

Les ouvrages que M. Tieck écrivit dans sa première
manière, des contes et de longs romans pour la plupart,
comme *William Lowel*, le meilleur de tous, sont fort
insignifiants. Il semble que cette opulente et poétique
nature ait été avare dans sa jeunesse, et qu'elle ait con-
servé ses trésors pour des temps plus éloignés ; ou
peut-être M. Tieck ne connaissait-il pas lui-même les

richesses que renfermait sa poitrine, et les Schlegel furent-ils forcés de les découvrir à l'aide de la magique baguette de coudrier. Dès que M. Tieck se trouva en contact avec les Schlegel, tous les trésors de son imagination, de son âme et de son esprit s'ouvrirent : les diamants étincelèrent, les perles les plus pures tombèrent par flots, et, par-dessus tout, éclata l'escarboucle, ce joyau fabuleux, dont les poëtes romantiques parlaient tant alors, et qu'ils ont tant chanté. Cette riche poitrine fut la véritable trésorerie où puisèrent les Schlegel pour subvenir aux frais de leurs campagnes littéraires. M. Tieck dut écrire pour l'école les comédies satiriques dont j'ai parlé, et confectionner en même temps, d'après la nouvelle recette esthétique, une foule de poésies à la dernière façon. C'est là la seconde manière de M. Tieck. Ses productions dramatiques les plus remarquables dans cette manière sont : *l'Empereur Octavien*, *Sainte Geneviève* et *Fortunatus*, trois drames composés d'après les livres populaires du même nom. Ces vieilles légendes que le peuple allemand conserve toujours précieusement, le poëte les a revêtues d'un riche et nouveau vêtement. Mais, pour moi, j'en conviens, je les préfère dans leur vieille forme simple et naïve. Quelque belle que soit la *Geneviève* de M. Tieck, j'aime mieux le livre populaire, mal imprimé à Cologne sur le Rhin, avec de mauvaises gravures en bois, où l'on a représenté d'une façon touchante la pauvre princesse palatine toute nue, chastement couverte de ses longs cheveux, et faisant allaiter son enfant par une biche compatissante.

Les nouvelles que M. Tieck a écrites dans sa seconde
manière sont beaucoup plus précieuses que ces drames;
elles sont aussi, pour la plupart, imitées des vieilles lé-
gendes populaires. Les plus excellentes sont *le blond
Eckbert* et *le Runenberg*. Dans ses poésies, on sent une
intimité mystérieuse, un accord singulier avec la nature,
mais surtout avec l'empire des plantes et des pierres.
Le lecteur se sent comme transporté dans une forêt en-
chantée; il entend les sources souterraines ruisseler
mélodieusement. Il croit entendre quelquefois son propre
nom prononcé dans les murmures du feuillage. Des
plantes aux larges feuilles, qui semblent animées, en-
lacent ses pieds et entravent sa marche; des fleurs mer-
veilleuses et inconnues ouvrent, pour le contempler, de
grands yeux diaprés de mille couleurs; des lèvres invi-
sibles pressent son front; de hauts champignons dorés
s'agitent au pied des arbres, et résonnent doucement
comme des clochettes; de grands oiseaux silencieux se
balancent sur les branches, et baissent vers lui leurs
longs becs pensifs..... Tout respire; tout est frémissant
et plein d'attente.... Tout à coup le cor résonne; une
image de femme aux plumes flottantes, le faucon au
poing, passe sur une blanche haquenée; et elle est si
belle, si blonde; ses yeux sont si bleus, si riants et à la
fois si sérieux, si sincères et en même temps si ironiques,
si chastes et en même temps si voluptueux, que l'on croit
voir l'imagination de notre excellent Louis Tieck en

personne. Oui, son imagination est une courtoise damoiselle, qui poursuit dans une forêt enchantée des animaux fabuleux, peut-être la rare licorne, qui ne se laisse prendre que par une vierge.

Une singulière modification s'opère à présent chez M. Tieck; elle annonce sa troisième manière. Après avoir quelque temps gardé le silence au temps de la décadence des Schlegel, il reparut en public, et de la façon à laquelle on s'attendait le moins. L'ancien enthousiaste, qui s'était jeté dans le sein de l'église catholique avec un zèle de néophyte, qui avait combattu si puissamment la philanthropie et le protestantisme, qui ne respirait que pour la féodalité et le moyen âge, qui n'aimait l'art que dans les expansions d'un cœur naïf, se présenta dès lors comme adversaire de l'extravagance, comme peintre de la moderne vie bourgeoise, comme artiste qui demande la clarté de la conscience dans l'art; en un mot, comme un homme de bon sens. C'est ainsi qu'il se montre dans une série de nouvelles nouvelles, dont quelques-unes sont connues en France. L'étude de Goëthe y est visible, et, en général, dans sa troisième manière, M. Tieck apparaît comme un disciple de Goëthe. C'est la même clarté artistique, la même sérénité, le même calme et la même ironie. L'école des Schlegel n'avait pas réussi jadis à attirer Goëthe, nous voyons à présent cette école, représentée par M. Louis Tieck, passer dans le camp de Goëthe. Ceci fait souvenir d'une légende musulmane. Le prophète avait dit à la montagne : « Montagne, viens à moi. » Mais la montagne ne vint pas. Et, voyez-vous, un plus grand miracle s'accomplit : le prophète alla à la montagne.

M. Tieck est né à Berlin, le 31 mai 1773. Depuis une longue suite d'années, cet auteur s'est établi à Dresde, où il s'occupe particulièrement du théâtre; et lui qui dans ses écrits a sans cesse persiflé les conseillers auliques comme le type du ridicule, il est maintenant devenu conseiller aulique de S. M. le roi de Saxe. Il faut convenir que le bon Dieu est un satirique encore plus grand que M. Tieck.

Il s'est élevé aujourd'hui une singulière mésintelligence entre la raison et l'imagination de M. Tieck. La première, la raison de M. Tieck, est un honnête bourgeois bien sobre, qui honore l'économie et l'ordre, et qui ne veut pas entendre parler d'enthousiasme; mais l'autre, son imagination, est toujours cette femme chevaleresque aux plumes flottantes, et le faucon au poing. Ces deux créatures forment une curieuse union, et il est quelquefois affligeant de voir la pauvre noble dame forcée de servir son époux bourgeois dans son ménage, et d'aller dans sa boutique l'aider à vendre du beurre et du fromage. Mais quelquefois, la nuit, quand l'honnête homme ronfle paisiblement, la tête plongée dans son bonnet de coton, la noble dame se lève furtivement de son lit de misère conjugale, elle monte son blanc palefroi, et court chasser joyeusement, comme jadis, dans la forêt enchantée du romantisme.

Je ne saurais passer sous silence que la raison de M. Tieck est devenue plus raide que jamais dans ses dernières nouvelles, que son imagination fait de plus en plus pénitence pour son tempérament romantique, et que même, dans les nuits froides, elle reste, en bâillant avec satisfaction, dans la couche conjugale, où elle se rapproche presque avec amour de son maigre époux.

Cependant M. Tieck est toujours un grand poëte, car il peut créer des êtres animés, et de son cœur s'échappent des paroles qui ont le pouvoir d'agiter nos cœurs. Une nature molle, quelque chose d'indécis, d'incertain, une faiblesse extrême, ce sont là les qualités qu'on ne trouve pas seulement aujourd'hui, mais qu'on a toujours vantées en lui. Ce manque de force et de résolution se fait trop sentir dans tout ce qu'il fait et dans tout ce qu'il écrit. Il ne se montre jamais prime-sautier. Sa première manière ne le dénonce pas du tout; la seconde le présente comme un fidèle écuyer, portant l'écu, la lance et le heaume des Schlegel; et sa troisième manière indique un imitateur de Goëthe. Ses critiques de théâtre qu'il a rassemblées sous le titre de *Feuilles dramaturgiques,* sont encore ce qu'il a fait de plus original; mais ce sont des critiques de théâtre.

Pour peindre tout à fait Hamlet comme un homme faible, Shakspeare le fait lier conversation avec des comédiens, et apparaître comme un bon critique de théâtre.

M. Tieck ne s'est jamais soumis à une discipline sé-

vère. Il n'a étudié que les langues modernes et les vieux
documents de notre poésie teutonique. Il paraît qu'il est
resté toujours étranger aux études anciennes, comme un
véritable romantique. Jamais il ne s'est occupé de phi-
losophie ; cette branche de savoir semble même lui
répugner. Dans les champs de la science, M. Tieck n'a
cueilli que des fleurs et des branches légères, pour
régaler avec les premières le nez de ses amis, et avec
les dernières le dos de ses adversaires. Ses écrits sont
des bouquets ou des faisceaux de verges. Nulle part
une gerbe avec des épis.

Après Goëthe, c'est Cervantes que M. Tieck a le plus
imité. L'ironie humoristique, je pourrais dire l'humeur
ironique de ces deux écrivains, répand aussi son par-
fum dans les nouvelles qui appartiennent à la troisième
manière de M. Tieck. L'ironie et l'*humour* y sont telle-
ment fondues qu'elles sont une. Il est beaucoup question
chez nous de cette ironie humoristique ; l'école de Goëthe
l'a prise comme une des plus grandes qualités du maî-
tre, et elle joue en ce moment un rôle important dans
la littérature allemande. Mais elle n'est qu'un signe de
notre servitude politique, et comme Cervantes, écrivant
du temps de l'inquisition, dut chercher un refuge dans
l'ironie de bonne humeur pour ne pas donner prise aux
familiers du saint office, Goëthe prit l'habitude de dire
avec ce même ton d'ironie tout ce qu'il ne pouvait dire
nettement, lui ministre d'État, lui courtisan. Goëthe n'a
jamais tu la vérité : seulement, quand il n'a pu la mon-

trer nue, il l'a habillée d'ironie et d'*humour*. Les honnêtes Allemands, qui plient sous la censure et les entraves de toute espèce, et qui ne peuvent cependant jamais renfermer leurs opinions, sont particulièrement réduits à la forme ironique et humoristique. C'est le seul moyen d'évasion qui reste encore à leur droiture, et dans cette forme leur honnêteté se montre encore de la manière la plus touchante. Ceci me ramène de nouveau à Hamlet, prince de Danemark. Hamlet est la plus honnête peau de mortel qui soit au monde. Sa dissimulation ne sert qu'à cacher les dehors. Il est fantasque, parce qu'un esprit fantasque choque moins l'étiquette de cour qu'une franchise vigoureuse. Dans toutes ses saillies ironiques, il laisse toujours voir qu'il se manière à dessein ; son opinion véritable se décèle dans tout ce qu'il dit et ce qu'il fait, à tout homme qui s'entend à voir quelque chose, et même au roi à qui il ne peut dire ouvertement la vérité (il est trop faible pour cela), mais auquel il ne prétend la cacher d'aucune façon. Hamlet est parfaitement loyal ; l'homme le plus loyal pouvait seul dire : « Nous sommes tous des fourbes. » En jouant le fou il ne veut pas non plus nous tromper, il sent bien lui-même qu'il est fou.

J'ai encore à louer deux ouvrages de M. Tieck, par lesquels il s'est acquis tout particulièrement des droits à la reconnaissance du public allemand. Ce sont sa traduction d'une suite de drames anglais antérieurs à Shakspeare, et sa traduction du *Don Quixote*.

Parmi ces drames il en est quelques-uns qui portent le même nom et traitent le même sujet que des pièces de Shakspeare. Nous y trouvons encore la même intrigue, le même développement scénique, enfin toute la tragédie de Shakspeare, moins la poésie. Quelques commentateurs se sont imaginé que c'étaient les ébauches du grand poëte, pour ainsi dire ses cartons dramatiques, et, si je ne me trompe, M. Tieck lui-même a soutenu que le *Roi Jean*, qui fait partie de ces vieilles pièces, était un ouvrage de Shakspeare, par lequel il aurait préludé au grand chef-d'œuvre que nous connaissons sous ce titre ; mais c'est une erreur. Ces tragédies ne sont que les pièces surannées que nous savons avoir été refaites complétement ou en partie par Shakspeare, selon les besoins des directeurs de théâtre, qui lui ont payé douze à seize schellings pour un tel travail. C'était un pauvre arrangeur qui valait bien les plus superbes royautés littéraires d'aujourd'hui. L'autre grand poëte, Miguel Cervantes, ne jouait pas un rôle moins humble dans le monde réel. Ces deux hommes, l'auteur de *Hamlet* et l'auteur de *Don Quixote*, sont les plus grands poëtes qu'ait produits le temps moderne. Mais Cervantes, encore plus que le doux William, exerce sur moi un charme indéfinissable. Je l'aime jusqu'aux larmes. Cet amour date de très-longtemps.

« La vie et les actions de l'ingénieux hidalgo don Quixote de la Mancha, écrites par Miguel de Cervantes Saavedra. » C'est là le premier livre que j'ai lu, après avoir appris à prononcer assez couramment les lettres. Je me ressouviens encore parfaitement de ce petit temps où je m'échappais de bon matin de la maison paternelle et où j'allais courir au jardin de la cour, pour lire, sans être troublé, le *Don Quixote*. C'était par une belle matinée de mai; le printemps, qui commençait, brillait déjà dans une paisible aurore, et il se faisait louer par le rossignol, son doux flatteur, et celui-ci chantait ses louanges d'une voix si molle et si caressante, que les roses les plus pudiques ouvraient leurs boutons, et que les gazons amoureux et les rayons du soleil se donnaient de tendres et vifs baisers, et que les arbres et les fleurs frémissaient de ravissement. Moi, je m'assis sur un vieux banc de pierre bordé de mousse, dans l'allée qu'on nommait l'Allée des Soupirs, non loin du jet d'eau, et mon jeune cœur se réjouit des grandes aventures du hardi chevalier. Dans ma probité enfantine, je prenais tout au plus sérieux. De quelque manière que le pauvre héros fût ballotté par le sort, je me disais qu'il devait en être ainsi, que c'était le lot des héros d'être honnis aussi bien que d'être battus, et cela m'affligeait fort. J'étais un enfant, et je ne connaissais pas l'ironie que Dieu a créée dans son univers, et que le grand poëte a imitée dans le sien; et je pouvais répandre les larmes les plus amères quand le noble chevalier ne recueillait que de l'ingratitude et des horions pour sa grandeur d'âme; et comme, peu exercé dans la lecture, je prononçais chaque mot à haute voix, les oiseaux et les arbres pou-

vaient m'éntendre. Comme moi, ces innocents êtres de
la nature n'entendaient rien à l'ironie, eux aussi pre-
naient tout au sérieux, et ils pleuraient des douleurs
du pauvre chevalier. Je crus du moins voir gémir un
vieux chêne, et le grave jet d'eau secouer plus violem-
ment sa barbe ondoyante pour gémir sur la dureté des
hommes. Nous trouvâmes que l'héroïsme du chevalier
ne méritait pas moins d'admiration quand le lion, peu
en train de combattre, lui tourna le dos, et que ses
actions étaient d'autant plus glorieuses et méritoires, que
son corps était chétif et desséché, que l'armure qui le
protégeait était vermoulue, et que la rosse qui le portait
était décharnée. Nous méprisâmes la basse populace qui
attaquait lâchement le héros à coups de bâton, mais
plus encore la haute populace, qui, parée d'habits de
soie, de belles phrases distinguées et d'un titre ducal,
se moquait d'un homme qui la surpassait tant en no-
blesse et en esprit. Le chevalier de Dulcinée s'élevait de
plus en plus dans mon estime, et il gagnait de plus en
plus mon affection à mesure que je lisais dans ce livre
merveilleux, ce qui arriva tous les jours dans ce jardin
jusqu'à la fin de l'automne, où j'atteignis la fin de l'his-
toire; mais jamais je n'oublierai le jour où je lus le récit
de ce malheureux combat où le chevalier fut si triste-
ment vaincu.

C'était un triste jour : de laids nuages gris couvraient
un ciel gris; les feuilles jaunies se détachaient doulou-
reusement des arbres; de lourdes larmes de pluie étaient

suspendues aux dernières fleurs, qui inclinaient mélancoliquement leurs têtes mourantes. Les rossignols avaient depuis longtemps cessé de chanter; l'image de la décadence de toutes choses m'environnait de toutes parts, et mon cœur faillit se briser lorsque je lus comment le noble chevalier se trouva étendu tout poudreux et tout meurtri sur le sol, et comme sans lever sa visière, élevant vers son vainqueur une voix creuse et affaiblie qui semblait sortir du fond d'une tombe, il lui dit : « Dulcinée est la plus belle dame de l'univers, et moi le plus malheureux des chevaliers du monde entier; mais il ne convient pas que ma faiblesse me fasse nier cette vérité... Percez-moi de votre lance, chevalier ! »

Hélas! cet éclatant paladin du croissant d'argent, qui vainquit le plus vaillant et le plus noble des chevaliers, c'était un barbier déguisé.

Je crus que je ne me consolerais jamais; mais le temps console de tout.

Revenons à M. Tieck. Sa traduction lui a parfaitement réussi. Personne n'a mieux compris la folle grandezza de l'ingénieux hidalgo de la Mancha ; personne ne l'a si fidèlement rendue que notre excellent Tieck. Ce livre se fait lire en allemand comme dans l'original; et avec *Hamlet* et *Faust*, c'est peut-être la poésie favorite des Allemands. C'est que, dans ces deux étonnants et profonds ouvrages, comme dans le *Don Quixote*, nous avons retrouvé la tragédie de notre propre néant. Les jeunes gens allemands aiment *Hamlet*, parce qu'ils sentent « que le temps est sorti de ses gonds. » Ils soupirent également de ce qu'ils sont appelés à le rétablir; ils sentent en même temps leur incroyable faiblesse, et déclament sur « être ou n'être pas. » Les hommes mûrs aiment au contraire davantage le *Faust*. La disposition de leur âme les entraîne vers ce hardi investigateur, qui forme un pacte avec le monde des esprits et ne craint pas le diable. Mais ceux qui ont reconnu que tout est vanité, que tous les efforts humains sont vains, préfèrent le roman de Cervantes; ils y voient un persiflage de tout enthousiasme, et tous nos chevaliers actuels qui combattent pour une idée leur semblent autant de Don Quixote. Miguel de Cervantes a-t-il soupçonné l'application qu'un temps moderne ferait de son ouvrage ? a-t-il réellement parodié l'enthousiasme idéal dans son long et sec chevalier, et la raison positive dans son épais écuyer? Toujours est-il que la dernière joue le rôle le plus ridicule, car la raison, avec tous ses proverbes sensés et usuels, n'est pas moins forcée de trotter, sur un âne paisible, derrière l'enthousiasme; en dépit de ses meilleures vues, elle et son âne ne sont pas moins forcés de partager toutes les disgrâces qui arrivent si fréquemment au noble chevalier et à sa noble Rossinante : car l'enthousiasme idéal est une nature si puissamment entraînante, que la positive raison, avec ses ânes, est toujours involontairement forcée de le suivre.

Ou bien le profond penseur espagnol a-t-il voulu plus vivement persifler la nature humaine ? a-t-il représenté

notre âme sous la forme de don Quixote, et notre corps
sous la forme de Sancho Pança? Cette longue histoire
serait alors un grand mystère où la question de l'esprit
et de la matière serait discutée dans sa plus affreuse
vérité. Tout ce que je vois dans ce livre, c'est que le
pauvre matériel Sancho souffre beaucoup pour les don-
quixoteries spiritualistes; il reçoit sans cesse des coups
ignobles pour les plus nobles vues de son maître, et il
est plus intelligent que lui, car il sait que les coups sont
très-fâcheux et les *olla podrida* très-agréables. Vraiment
le corps semble souvent plus clairvoyant que l'esprit, et
l'homme pense souvent mieux avec son dos et son
estomac qu'avec sa tête.

Mais si le vieux Cervantes n'a voulu peindre dans son
Don Quixote que les fous qui se sont imaginé de res-
taurer un passé éteint, et particulièrement la chevalerie
du moyen âge, ce serait une ironie du hasard que l'école
des Schlegel nous eût donné la meilleure traduction
d'un livre qui est le plus réjouissant miroir de sa propre
folie.

III

Parmi toutes les folies de l'école romantique en Allemagne, la constance avec laquelle on loua et vanta Jacob Boehm, le cordonnier de Vôrlitz, mérite une mention particulière. Ce nom était comme le *schiboleth* de ces gens-là. Quand ils prononçaient le nom de Jacob Boehm, ils faisaient leurs plus sérieuses grimaces. Je ne pourrais dire si ce singulier cordonnier fut un philosophe aussi distingué que beaucoup de mystiques allemands l'assurent, car je n'ai jamais rien lu de lui ; mais je suis persuadé qu'il ne faisait pas d'aussi bonnes bottes que M. Sakoski. En général, les cordonniers jouent un certain rôle dans notre littérature, et Hans Sachs, un cordonnier qui vivait en 1454 à Nuremberg, est regardé, par l'école romantique, comme un de nos meilleurs poëtes. Celui-là, je l'ai lu, et je dois avouer que je doute que M. Sakoski ait jamais fait d'aussi bons vers que notre vieux et laborieux Hans Sachs.

J'ai encore à indiquer l'influence de M. Joseph Schelling sur l'école romantique. Il résidait alors à Jéna, qui était le quartier général de l'école. M. J. Schelling, ce que le public ignore, a aussi écrit des poésies sous le nom de Bonaventura; entre autres une pièce intitulée : *les Dernières paroles du pasteur de Drontheim.* Cette pièce n'est pas mal; elle est mystérieuse, sinistre et saisissante. C'est l'histoire d'un ministre protestant qui est enlevé à minuit de chez lui par des cavaliers masqués; il est conduit, les yeux bandés, dans une vieille église, où on lui commande de donner la bénédiction nuptiale à deux jeunes gens qui sont agenouillés devant l'autel. La fiancée est d'une rare beauté, mais triste et pâle comme la mort. Aussi, à peine la cérémonie est-elle finie que les cavaliers masqués lui tranchent la tête. Le pasteur est reconduit chez lui après avoir prêté serment de ne jamais dévoiler ce qu'il a vu; aussi n'a-t-il divulgué ce secret qu'à son lit de mort.

J'ai déjà parlé de l'importance philosophique de M. Schelling; j'ai montré sa splendeur d'autrefois, et j'avais, hélas! à rapporter aussi son état actuel, sa déplorable alliance avec le parti du passé, la déchéance de cette royauté philosophique.

La haine et l'envie ont causé la chute des anges, et il est malheureusement trop certain que le dépit de voir Hégel grandir toujours en considération a conduit le pauvre M. Schelling où nous le voyons maintenant, c'est-à-dire dans les rets de cette triste propagande dont le quartier général est à Munich. M. Schelling a trahi la philosophie et l'a livrée à la religion. Tous les témoignages s'accordent là-dessus, et on pouvait prévoir depuis longtemps qu'il en viendrait là. J'avais souvent entendu, de la bouche de quelques puissants de Munich, ces mémorables paroles : « Il faut allier la foi au savoir. » Cette phrase était innocente comme la fleur, mais sous la fleur se cachait le serpent. Maintenant je sais ce que vous avez voulu ! M. Schelling est aujourd'hui contraint d'employer toutes les forces de son esprit à soutenir la religion, et tout ce qu'il nous enseigne sous le nom de philosophie n'est rien autre chose qu'une justification de la foi. En même temps on spéculait sur l'avantage secondaire d'attirer à Munich, à l'aide de ce nom célèbre, une jeunesse avide des leçons de la sagesse, et de lui glisser plus facilement le mensonge jésuitique sous le manteau de la philosophie. Cette jeunesse s'agenouille pieusement devant l'homme qu'elle regarde comme le grand prêtre de la vérité, et elle reçoit sans défiance, de ses mains, une hostie empoisonnée !

Parmi les disciples de M. Schelling, l'Allemagne nomme avec beaucoup de louanges M. Steffens, qui professe en ce moment la philosophie à Berlin. Il vivait à Jéna, lorsque les Schlegel y faisaient leurs manigances, et son nom se trouve souvent dans les fastes de l'école romantique. Plus tard il a écrit aussi quelques nouvelles, où l'on trouve beaucoup de sens et peu de poésie. Ses ouvrages scientifiques sont plus importants, particulièrement son Anthropologie, qui est remplie d'idées originales. Sous ce rapport, on lui a rendu moins de justice qu'il ne mérite. D'autres ont eu l'art de travailler ses idées, et de les livrer au public comme les leurs. M. Steffens a, plus qu'un autre, droit de se plaindre du détournement de ses idées; mais, parmi ses idées, il en est une que personne ne s'est appropriée, et c'est son idée principale. Cette précieuse idée est que Henri Steffens, né le 2 mai 1773, à Stavanger, en Norvége, est aujourd'hui le plus grand homme de son siècle.

Dans ces derniers temps, cet homme est tombé dans les mains des piétistes, et sa philosophie n'est plus qu'un piétisme pleureur et à l'eau tiède.

M. Joseph Goerres est un esprit semblable. J'ai déjà parlé plusieurs fois de lui. Il appartient à l'école de M. Schelling. On le connaît, en Allemagne, sous le nom du *quatrième allié*. C'est ainsi que le nomma, en 1814, un journaliste français, lorsque, sur l'ordre de la sainte-alliance, il prêchait une haine violente contre la France. M. Goerres a vécu sur ce compliment jusqu'à ce jour. Mais, en effet, personne ne savait si puissamment animer ses compatriotes de haine contre les Français, à l'aide de nos souvenirs nationaux; et le journal qu'il écrivit dans cette vue, intitulé *le Mercure du Rhin*, est plein de formules d'évocation qui auraient encore une grande influence si la guerre s'allumait de nouveau. Depuis, M. Goerres tomba presque dans l'oubli. Les princes, n'ayant plus besoin de lui, l'envoyèrent promener; et, lorsqu'il se mit à gronder, ils le persécutèrent. On agit avec lui comme les Espagnols de Cuba qui, dans les guerres avec les Indiens, avaient dressé leurs grands chiens à déchirer les sauvages; mais lorsque la guerre fut finie, et que les chiens, ayant pris goût au sang humain, commencèrent à mordre leurs maîtres aux jambes, ceux-ci furent obligés de se débarrasser violemment de ces dogues sanguinaires. Quand M. Goerres, délaissé par les princes, n'eut plus rien à mettre sous la dent, il se jeta dans les bras des jésuites. Il les sert encore à cette heure, et il est un des principaux soutiens de la propagande de Munich. Je le vis là, il y a plusieurs années; je le vis dans tout l'éclat de son abaissement. Il faisait des lectures sur l'histoire universelle devant un auditoire qui était principalement composé de séminaristes; et il en était arrivé à la chute de l'homme et au péché originel. Quelle affreuse destinée est celle des ennemis de la France! Le quatrième allié est condamné à réciter, tout le long de l'année, à des séminaristes, l'histoire du péché originel! Dans le débit de cet homme, comme dans ses livres, régnaient la plus grande confusion, le plus grand désordre de langage et d'idées, et ce n'est pas sans raison qu'on l'a souvent comparé à la tour de Babel. Il ressemble véritablement à une tour immense, où cent mille pensées fermenteraient, jailliraient, s'interpelleraient, se querelleraient, sans que l'une pût jamais comprendre l'autre. Quelquefois le tapage semblait s'apaiser un moment dans sa tête, et il parlait alors longuement, lentement et ennuyeusement, et de ses lèvres mécontentes tombaient des paroles monotones, comme des gouttes de pluie d'une gouttière de plomb. Quand quelquefois la vieille sauvagerie démagogique se réveillait en lui, et contrastait d'une manière repoussante avec ses humbles phrases d'humilité monacale; quand il pérorait d'un ton de charité chrétienne, tout en sautant de côté et d'autre d'un air de rage et de férocité, alors on croyait voir dans cette chaire une hyène tonsurée s'agitant dans une cage.

M. Goerres est né à Coblentz, le 25 janvier 1776.

Je demande la permission de ne pas toucher aux autres particularités de sa vie, ainsi qu'à celles de son maître et d'un grand nombre de ses compagnons d'école. Déjà, dans le jugement des deux Schlegel, j'ai peut-être dépassé les bornes de la critique; mais hélas! il est bien douloureux de contempler de près les astres de notre littérature. Les étoiles du ciel ne nous apparaissent peut-être si belles et si pures que parce qu'elles sont éloignées, et que nous ignorons leur vie privée. Il y a certainement là haut des étoiles qui mendient et des étoiles qui trompent, des étoiles hypocrites et des étoiles qui sont forcées de faire toutes sortes de bassesses, des étoiles qui flattent leurs ennemis, et, ce qui est encore plus triste, qui flattent leurs amis, comme nous faisons ici-bas. Les comètes qu'on voit quelquefois errer dans l'espace, les cheveux étincelants et épars, comme des ménades célestes, ce sont peut-être des étoiles libertines qui se retirent ensuite avec repentir dans un coin obscur du ciel, et haïssent le soleil.

Je n'ai parlé ici que des deux disciples de M. Schelling

qui se sont distingués dans ce mouvement du roman-
tisme ; mais ce ne sont nullement les têtes les plus émi-
nentes de l'école du ci-devant Schelling. Pour écarter
toute erreur, il me faut indiquer, en passant, que
MM. Oken et François Baader sont supérieurs à tous
leurs condisciples vivants. Le premier, l'illustre Oken,
est resté fidèle à la doctrine primitive de son maître ;
l'autre, M. Baader, a malheureusement trop donné dans
le mysticisme ; mais je doute qu'il se soit profondément
abîmé dans l'intrigue ultramontaine, comme on le pré-
tend. Il se tient encore un peu séparé de cette pieuse
confrérie de Munich, qui s'est proposé de sauver la
religion par la philosophie.

Tout comme jadis, les philosophes de l'école d'Alexan-
drie employaient toute leur sagacité à préserver d'une
ruine totale, par leurs déductions allégoriques, le culte
chancelant de Jupiter, ainsi nos philosophes allemands
tentent quelque chose de semblable pour notre religion
moderne. Il nous semble peu nécessaire de rechercher
si ces philosophes ont un but intéressé ou désintéressé ;
mais, en les voyant liés avec le parti des prêtres, dont
les intérêts matériels reposent sur la religion, nous les
nommerons jésuites. Cependant ils ne doivent pas es-
pérer que nous les confondrons avec les anciens jésuites :
ceux-là étaient de grands et puissants esprits, pleins de
sagesse, de force, de volonté. Et vous, faibles que vous
êtes, vous pensez que vous triompherez des obstacles
qui ont fait trébucher ces noirs géants ! Jamais l'esprit

humain n'a trouvé de plus hautes combinaisons que celles
à l'aide desquelles les anciens jésuites ont cherché à sou-
tenir le catholicisme. Ils ne purent réussir, parce qu'ils
étaient animés de zèle, non pas pour le catholicisme
lui-même, mais pour sa conservation. Quant à la religion
en elle-même, ils y tenaient fort peu : aussi profanaient-
ils souvent le principe catholique pour assurer sa domi-
nation : ils s'entendaient dans l'occasion avec les païens,
avec les puissants de la terre; ils servaient leurs goûts
et leurs vices; ils se faisaient assassins et marchands; et
là où il était besoin, ils se montraient même athées.
Mais c'est en vain que leurs confesseurs accordèrent les
plus joyeuses absolutions, et que leurs casuistes se mi-
rent à l'œuvre pour innocenter chaque faute et chaque
crime; en vain luttèrent-ils avec les laïques dans les arts
et dans les sciences pour en faire des moyens de succès,
leur impuissance se révéla visiblement. Ils se montrè-
rent jaloux de tous les grands savants et de tous les ar-
tistes habiles, et ne purent rien créer ni rien produire de
sublime. Ils ont composé des hymnes pieux et construit
des dômes; mais, dans leurs poésies, gémit l'obéissance
tremblante devant les chefs de l'ordre; et, dans leurs
édifices on reconnaît un esprit inquiet de servitude;
leurs pierres semblent avoir la docilité et la souplesse de
ceux qui les ont assemblées. M. Barrault disait un jour
avec raison : « Les jésuites, ne pouvant élever la terre
jusqu'au ciel, ont abaissé le ciel jusqu'à la terre. » Tous
leurs efforts et tous leurs travaux furent sans fruit : la

vérité ne peut naître du mensonge, et Dieu ne saurait
être sauvé par le démon.

Laissons les jésuites reposer dans leurs tombes, et
haussons les épaules avec pitié à la vue des jésuites nou-
veaux. Ceux-là sont morts, et ceux-ci ne sont que les
vers qui s'échappent en rampant de leurs cadavres. Ils
ressemblent aussi peu aux anciens jésuites, que M. Schel-
ling d'aujourd'hui ressemble au Schelling d'autrefois.

J'ai eu peu d'indications à donner sur les rapports de
M. Schelling avec l'école romantique. Son influence a
été presque entièrement personnelle; mais il faut dire
aussi que l'élan imprimé par sa philosophie donna de
plus vives idées aux poëtes, et les porta à jeter un coup
d'œil plus profond sur la nature. Quelques-uns se plon-
gèrent dans cette contemplation avec toutes les forces de
leur âme; d'autres retinrent quelques formules d'en-
chantement, à l'aide desquelles on pouvait faire sortir de
la nature des sentiments et un langage plus humains
qu'on ne l'avait fait jusqu'alors. Les premiers de ces
poëtes furent les mystiques proprement dits, assez sem-
blables, sous beaucoup de rapports, aux religionnaires
de l'Inde, qui s'inspirent de la nature et s'identifient avec
elle. Les autres étaient plutôt des conjureurs qui appel-
lent à volonté les malins esprits; ils ressemblaient aux
sorciers arabes qui donnent la vie aux pierres et pétri-
fient les êtres animés.

Novalis appartenait tout particulièrement à la pre-
mière de ces deux classes, et Hoffmann tenait essentiel-

lement de la seconde. Novalis voyait partout des miracles, et de gracieux miracles; il surprenait le langage des fleurs, il savait le secret de chaque jeune rose, il s'identifiait parfaitement avec toute la nature; et, lorsque vint l'automne et que les feuilles tombèrent, il mourut. Hoffmann, au contraire, ne voyait partout que des spectres; ils lui faisaient des grimaces du fond de chaque théière chinoise et de dessous chaque perruque de Berlin; c'était un enchanteur qui changeait les hommes en bêtes, et ces bêtes en conseillers auliques prussiens, et en conseillers des finances. Il savait évoquer les morts et les faire sortir du tombeau; mais la vie le repoussait comme une triste apparition. Il le sentit lui-même; il sentit qu'il était devenu un fantôme: la nature entière lui sembla un miroir trouble et mal taillé, dans lequel il se voyait partagé en mille fragments, à travers un nuage, défait comme un visage de mort, et ses ouvrages ne furent autre chose qu'un effroyable cri d'angoisse en vingt volumes. Hoffmann n'appartient pas à l'école romantique. Il ne fut pas en contact avec les Schlegel et encore moins avec leurs tendances. Je ne le mentionne ici que par opposition à Novalis qui était tout à fait un poëte de cette école. Ce dernier est moins connu ici que Hoffmann, que Loève-Veimars et Eugène Renduel ont mené par la main devant le public français, et qu'ils ont fait parvenir en France à une immense réputation. Chez nous, en Allemagne, Hoffmann n'est nullement en vogue aujourd'hui; mais il l'a été autrefois. Dans son temps, il fut beaucoup lu, mais seulement par les personnes dont les nerfs étaient trop vigoureux ou trop faibles pour être affectés par de doux accords. Les véritables penseurs et les natures poétiques ne voulurent pas entendre parler de lui. Cependant, il faut en convenir, comme poëte, Hoffmann est beaucoup plus considérable que Novalis. Le dernier, avec ses images idéales, flotte toujours dans les nuages, tandis que Hoffmann, avec ses masques bizarres, se cramponne toujours à la réalité. Comme le géant Antée devenait plus vigoureux et invincible quand il touchait du pied la terre, sa mère, tandis qu'il perdait ses forces quand Hercule le soulevait en l'air, ainsi le poëte est puissant tant qu'il n'abandonne pas le terrain de la réalité, et devient faible dès qu'il s'élève en rêvant dans l'espace.

La grande ressemblance qui existe entre ces deux poëtes, c'est que leur poésie est une maladie. Aussi a-t-on dit qu'il appartient plus aux médecins qu'aux critiques de juger leurs écrits. La nuance rose qui domine dans les écrits de Novalis n'est pas la couleur de la santé, mais l'éclat menteur de la phthisie; et la teinte de pourpre qui anime les contes fantastiques d'Hoffmann n'est pas la flamme du génie, mais bien le feu de la fièvre.

Mais avons-nous bien le droit de faire de telles critiques, nous qui ne sommes pas comblés d'un excès de santé? Et maintenant surtout lorsque la littérature ressemble à un vaste lazaret? A moins que la poésie ne soit elle-même une maladie, comme la perle qui n'est qu'une infirmité dont souffre le pauvre animal nommé l'huître.

Novalis naquit, en 1772, le 2 mai; il mourut à vingt-neuf ans. Son véritable nom était Hardenberg. Il aima une jeune dame qui était atteinte de phthisie, et qui mourut de ce mal. Cette triste histoire plane sur tout ce qu'il écrit; sa vie ne fut plus qu'une rêveuse agonie, et il mourut lui-même, en 1801, d'une maladie de poitrine, avant d'avoir achevé son roman. Ce roman, tel qu'il est resté, n'est qu'un fragment d'un grand poëme allégorique qui devait, comme la Divine Comédie du Dante, célébrer toutes les choses du ciel et de la terre. Henri de Ofterdingen, célèbre poëte, est le héros de ce roman. Nous le voyons jeune homme, à Eisenach, charmante petite ville située au pied de cette vieille Wartbourg où se sont accomplies les plus grandes choses, mais aussi les plus stupides, où Luther a traduit sa Bible, et où quelques imbéciles teutomanes ont brûlé le Code de gendarmerie du sieur Kamptz. Dans ce château eut aussi lieu jadis la fameuse lutte des chanteurs où, entre autres poëtes, Henri de Ofterdingen soutint, contre Klingsohr de Hongrie, ce dangereux combat poétique dont le chevalier de Manesse nous a conservé le souvenir dans sa collection d'antiquités. Le bourreau devait faire tomber la tête du vaincu, et le landgrave de Thuringe était juge du camp. Le château de la Wartbourg, le théâtre de la renommée de Henri de Ofterdingen, s'élève majestueusement sur son berceau, et le début du roman de Novalis nous montre son héros à Eisenach, dans la maison paternelle. Les vieux parents sont déjà couchés, et dorment; l'horloge rustique fait entendre son tic-tac monotone; le vent siffle à travers les petites fenêtres rondes, et la chambre s'éclaire de temps en temps des rayons de la lune.

« Le jeune homme s'agitait péniblement sur sa couche, songeant à l'étranger et à ses récits. Ce ne sont pas ses trésors qui ont éveillé dans mon âme de si ardents désirs, se disait-il; loin de moi l'avidité et l'avarice ! mais je brûle de voir cette fleur d'azur dont il m'a parlé. Elle occupe sans relâche toute ma pensée, et je ne puis rêver à autre chose. Jamais je n'éprouvai une semblable sensation; il me semble que jusqu'à ce jour ma vie ait été un rêve, et que je me sois endormi dans un autre monde, et qu'à cette heure je me réveille. Dans le monde où je vis d'ordinaire, qui se serait occupé d'une fleur? qui a jamais entendu dire qu'une fleur ait inspiré une si vive passion? »

Henri de Ofterdingen débute par ces paroles, et dans tout ce roman respire le parfum et brille l'éclat de la fleur d'azur. Il est singulièrement remarquable que les personnages les plus fabuleux de ce livre aient pour nous un air de connaissance et de parenté; il semble que nous les ayons vus ailleurs, et qu'ils aient vécu familièrement avec nous en des temps reculés. On sent se réveiller de vieux souvenirs; Sophie elle-même porte un visage qui nous est connu, et nous retrouvons à certaines pages de grandes allées de bouleaux où nous nous sommes promenés et où nous avons devisé avec elle. Mais toutes ces choses sont vues à une faible lueur de crépuscule; c'est un songe à demi oublié.

La muse de Novalis était une fille blanche et élancée, aux yeux bleus et sérieux, aux cheveux blonds dorés, aux lèvres riantes, et avec un petit signe maternel, couleur de fraise, sur le côté gauche du menton. C'est que je me représente comme la muse de la poésie de Novalis la jeune fille même qui me fit connaître Novalis, et dans les belles mains de qui je trouvai le livre de maroquin rouge à tranches dorées qui renfermait le roman de Ofterdingen. Elle portait toujours une robe bleue, et elle se nommait Sophie. Elle vivait à quelques lieues de Goettingue, chez sa sœur, qui était maîtresse de poste, grosse femme joviale, aux joues vermeilles et au sein prépondérant, que les raides dentelles dont il était garni faisaient ressembler à une forteresse, mais cette forteresse était imprenable; car cette femme était un Gibraltar de la vertu. C'était une femme active, toute pratique, toute ménagère, et cependant tous ses plaisirs consistaient à lire les romans d'Hoffmann. Dans Hoffmann elle trouvait l'homme qui s'entendait à secouer sa rude nature, et à lui imprimer d'agréables mouvements. Quant à sa pâle et tendre sœur, la vue seule d'un livre d'Hoffmann

lui causait une impression désagréable ; et si elle en
touchait un par méprise, elle se retirait en elle-même
involontairement. Elle était délicate comme une sensi-
tive, et ses paroles étaient si parfumées, si harmo-
nieuses ! Quand on les mettait ensemble, elles deve-
naient tout naturellement des vers. J'ai noté plusieurs
choses qu'elle m'a dites : ce sont de singulières poésies
tout à fait à la manière de Novalis, mais encore plus
spiritualisées et plus éclatantes. Une de ces poésies,
qu'elle me disait lorsque je lui fis mes adieux en partant
pour l'Italie, m'est particulièrement chère. Une nuit
d'automne, dans un jardin où une fête s'était terminée
par une illumination, on entend un colloque entre le
dernier lampion, la dernière rose et un cygne sauvage.
Les brouillards du matin s'élèvent, la dernière lampe
s'éteint, la rose s'effeuille, et le cygne, ouvrant ses ailes
blanches, s'envole vers le sud.

Dans le pays d'Hanovre, il se trouve en effet beau-
coup de cygnes sauvages qui partent dans l'automne
pour les contrées méridionales, et qui nous reviennent
dans la saison chaude. Ils passent sans doute l'hiver
dans le pays d'Afrique ; car nous trouvâmes une fois,
dans le sein d'un cygne mort, une flèche que le profes-
seur Blumenbach reconnut pour une arme africaine.
Le pauvre oiseau était revenu, la flèche dans sa poitrine,
à son nid du Nord pour y mourir. Maint autre cygne
n'a peut-être pas eu la force d'accomplir son voyage ;

et il est peut-être resté à languir dans un désert de sable brûlant, ou bien est-il perché en ce moment, avec ses ailes affaiblies, sur quelque pyramide égyptienne, jetant des regards douloureux du côté du Nord, vers sa fraîche retraite d'été, dans le pays d'Hanovre.

Lorsque, vers la fin de l'automne de 1828, je revins du sud (et moi aussi, la flèche brûlante dans le sein), ma route me conduisit dans les environs de Goettingue, et je m'arrêtai, pour changer de chevaux, chez ma grosse amie, la maîtresse de poste. Je ne l'avais pas vue depuis plus d'une année, et la bonne femme me parut très-changée. Sa gorge ressemblait toujours à une place forte, mais à une place saccagée. Les bastions étaient rasés; les deux tours principales n'étaient plus que des ruines chancelantes; nulle sentinelle ne gardait le rempart, et la citadelle, le cœur, était brisée. Ainsi que me le dit le postillon Piper, elle avait même perdu son goût pour les romans d'Hoffmann, mais elle n'en buvait que plus de brandevin avant de se coucher. Cela était aussi plus simple, car ces braves gens trouvaient le brandevin dans leur logis, tandis qu'ils étaient obligés d'aller chercher les romans d'Hoffmann à quatre heures de chemin de là, dans le cabinet de lecture de Dauerlich, à Goettingue. Le postillon Piper était un petit homme aigre et raccourci comme s'il avait bu du vinaigre. Lorsque je m'informai à lui de la sœur de la maîtresse de poste, il me répondit: « Mademoiselle

Sophie mourra bientôt, et elle est déjà un ange. » Quelle
admirable créature que celle dont l'aigre postillon Piper
me disait : « C'est un ange ! » et il parlait ainsi en co-
gnant les volailles de la cour avec ses gros pieds armés
de grosses bottes. La maison de poste, autrefois si
riante et si blanche, était changée comme l'hôtesse; elle
était devenue d'une teinte jaune maladive, et les mu-
railles elles-mêmes avaient de profondes rides. Dans la
cour étaient étendues des voitures brisées, et sur un
bâton était suspendu, pour sécher, un manteau de pos-
tillon de couleur écarlate, humide et déchiré. Mademoi-
selle Sophie était à la fenêtre et lisait; et lorsque je
montai vers elle, je retrouvai dans ses mains le volume
de maroquin rouge à tranches dorées, le roman d'Ofter-
dingen de Novalis. Elle avait toujours lu et sans cesse
dans ce livre : aussi elle ressemblait à une ombre. Sa
beauté était toute céleste, et sa vue excitait une douce
douleur. Je pris ses deux mains pâles et amaigries dans
les miennes, et je lui demandai : « Mademoiselle So-
phie, comment vous portez-vous? — Je suis bien,
répondit-elle, et bientôt je serai mieux encore ! » Et elle
me montra par la fenêtre, dans le nouveau cimetière,
un petit monticule peu éloigné de la maison. Sur cette
éminence chenue s'élevait un petit peuplier mince et des-
séché; on n'y voyait que quelques feuilles qui tremblo-
taient au souffle du vent d'automne. Ce n'était pas un
arbre : c'était le fantôme d'un arbre.

Sous ce peuplier repose maintenant mademoiselle Sophie, et le souvenir qu'elle m'a laissé, le livre de maroquin rouge aux tranches dorées où se trouve le roman de Henri d'Ofterdingen de Novalis, est placé en ce moment sur ma table, et je m'en suis servi pour composer ces pages.

IV

Connaissez-vous la Chine, la patrie du dragon volant et des théières de porcelaine? Tout le pays est un cabinet de raretés, environné d'une immense et interminable muraille et de cent mille sentinelles tartares. Mais les oiseaux et les pensées des savants de l'Europe volent par delà, et lorsqu'ils ont tout vu à satiété, ils reviennent nous conter des merveilles de cette curieuse contrée et de ce curieux peuple. La nature avec ses apparitions grêles et contournées, ses fleurs gigantesquement fantasques, ses arbres nains, ses montagnes découpées, ses fruits voluptueusement baroques, ses oiseaux parés et bariolés, est là-bas une caricature aussi fabuleuse que l'homme avec sa tête pointue et couronnée d'une flamme chevelue, ses révérences, ses ongles démesurés, sa vieille et intelligente gravité, et sa langue enfantine composée de monosyllabes. En ce pays, la nature et l'homme ne peuvent se regarder sans rire. Mais ils ne rient pas hautement, parce qu'ils sont tous deux trop civilisés et trop polis, et pour se contenir ils font les grimaces les plus bizarres. Là, on ne trouve ni ombre ni perspective, et sur les maisons aux mille couleurs s'élèvent l'un sur l'autre des toits tendus comme des parapluies, garnis de cloches de métal retentissant, de sorte que le vent lui-même produit un son comique et devient ridicule en passant en ce lieu.

Dans une de ces maisons à clochettes, demeurait jadis une princesse dont les petits pieds étaient encore plus petits que les pieds des autres Chinoises, dont les petits yeux obliques étaient encore plus doux et plus rêveurs que les petits yeux obliques des autres dames de l'empire céleste, et dont le petit cœur palpitant renfermait l'humeur la plus folle et les caprices les plus désordonnés. Sa joie la plus grande était de pouvoir déchirer les plus somptueuses étoffes d'or et de soie. Quand elle les entendait gémir et craquer sous ses doigts, elle se pâmait de ravissement. Enfin, quand elle eut sacrifié toute sa fortune à ce goût, lorsqu'elle eut déchiré tous ses biens et ses domaines, elle fut déclarée, de l'avis de tous les mandarins, incapable de se gouverner, reconnue pour une insensée incurable, et renfermée dans une tour ronde.

Cette princesse chinoise, le caprice personnifié, est en même temps la personnification de la muse d'un poëte allemand dont on ne saurait se dispenser de parler dans une histoire de la poésie romantique. C'est la muse qui nous sourit d'un air si égaré du fond des poésies de M. Clément Brentano. Elle déchire les plus brillantes étoffes de satin, les brocards d'or les plus éclatants, et son aimable esprit de destruction, sa joyeuse et floris-

sante folie remplissent l'âme d'un ravissement funeste et
d'une gaillarde angoisse. Depuis quinze ans, M. Bren-
tano vit éloigné du monde et dans la réclusion, muré
en quelque sorte dans son catholicisme; il ne lui restait
plus rien de précieux à déchirer! Il a même, dit-on,
déchiré les cœurs qui l'aimaient, et chacun de ses amis
se plaint de quelque folle injure; mais c'est particuliè-
rement sur lui-même et sur son talent poétique qu'il a
exercé son humeur destructive.

J'appelle surtout l'attention sur une comédie de ce
poëte intitulée *Ponce de Léon*. Il n'est rien au monde
de plus en lambeaux que cet ouvrage, autant sous le
rapport des pensées que sous le rapport du langage.
Mais tous ces lambeaux vivent et s'agitent joyeusement:
on croit assister à un bal masqué de paroles et
d'images. Tout cela bourdonne dans un charmant dés-
ordre, et la démence qui domine produit seule une
certaine unité. De fous calembours courent dans toute
la pièce comme de souples arlequins, et frappent de
tous côtés de leurs battes légères. Quelquefois s'avance
une idée sérieuse, mais elle trébuche comme le Dottore
bolonais. De grandes phrases blafardes s'allongent
comme un blanc pierrot avec ses manches pendantes
et ses immenses boutons; on voit sautiller de petites
épigrammes courbées, à courtes jambes, informes et
bouffonnes comme Polichinelle; des sentiments tendres
voltigent çà et là comme d'agaçantes Colombines; et
tout danse, pirouette et s'élance et caquette avec une

incroyable gaieté, que domine le son retentissant des trompettes de l'esprit de destruction.

L'œuvre la plus remarquable de ce poëte est une tragédie : la *Fondation de Prague*. Il s'y trouve des scènes où l'on se sent saisi de l'effroi mystérieux que causent les légendes séculaires. On entend frémir les sombres forêts de la Bohême, que parcourent encore les colériques divinités des Slaves ; on entend le gazouillement des rossignols païens ; mais la cime des arbres est déjà éclairée par la douce aurore du christianisme. M. Brentano a écrit aussi quelques bons récits, entre autres l'Histoire du brave Gaspard et de la belle Nanette. Lorsque la belle Nanette était encore un enfant, et comme elle était allée, avec sa grand'mère, chez le bourreau, pour lui acheter, comme fait le bas peuple en Allemagne, quelques drogues efficaces, tout à coup quelque chose remua dans l'armoire devant laquelle se trouvait la belle Nanette, et l'enfant s'écria avec effroi : « Une souris ! une souris ! » Mais le bourreau s'effraya encore davantage, devint triste comme un mort et dit à la grand'mère : « Ma chère femme, dans cette armoire est suspendu le sabre avec lequel j'exécute, et ce sabre s'agite de lui-même chaque fois que quelqu'un qui doit être décapité s'en approche. Mon sabre a soif du sang de cet enfant. Permettez que je m'en serve pour égratigner seulement un peu le cou de cette petite. Le sabre sera satisfait d'une seule goutte de ce sang, et il ne conservera pas le désir de répandre le reste. » Mais la grand'mère ne prêta pas l'oreille à ce raisonnable avis, et elle eut plus tard à s'en repentir, lorsque la belle Nanette fut réellement décapitée par le glaive du bourreau.

M. Clément Brentano peut avoir aujourd'hui cinquante-sept ans. Il vit à Francfort dans une solitude d'ermite. Il est membre correspondant de la propagande catholique. Son nom s'est presque éteint dans ces derniers temps, et l'on ne s'en souvient que quelquefois à l'occasion des chansons populaires qu'il a publiées avec son ami Arnim. Ils ont donné tous deux, sous le titre : l'Enfant au cor merveilleux (*des Knaben Wunderhorn*), une collection de chants qu'ils ont recueillis en partie de la bouche du peuple, et en partie de feuilles volantes et de vieux bouquins. Je ne saurais trop louer ce livre ; il renferme les fleurs les plus délicates de l'esprit allemand ; et quiconque voudra connaître le peuple allemand sous un aspect aimable, que celui-là lise ce livre. Ce livre est ouvert devant moi en ce moment, et il me semble qu'il me parfume de l'odeur de nos tilleuls du Nord. Le tilleul joue en effet un grand rôle dans ces chansons ; les amants devisent le soir sous son ombrage, c'est leur arbre favori ; sans doute parce que la feuille du tilleul a la forme d'un cœur. Cette remarque fut faite un jour par un poëte allemand que j'aime par-dessus tous les autres, à savoir par moi-même. Sur le frontispice du livre est un enfant qui souffle dans un cor, et quand un pauvre Allemand jeté en pays étranger con-

temple longtemps cette image, il croit entendre les sons
de ce cor, qui lui sont bien connus, et il pourrait en
prendre le mal du pays, comme le lansquenet suisse
placé jadis en sentinelle sur un bastion de Strasbourg,
qui, entendant de loin le ranz des vaches, jeta sa pique
passa le Rhin à la nage, mais fut bientôt repris et fusillé
comme déserteur. L'enfant au cor merveilleux a recueilli
une touchante chanson à ce sujet :

> Sur le rempart, à Strasbourg,
> Ce fut un triste jour,
> J'entendis le cor, le cor des Alpes retentir,
> Alors jusqu'au pays je voulus nager, m'en aller,
> Hélas ! je ne pus fuir.
>
> A une heure dans la nuit,
> Ne m'ont-ils pas arrêté,
> Arrêté et conduit devant mon capitaine, en son réduit.
> Ah ! mon Dieu ! dans les vagues bleues, il m'ont péché ;
> Hélas ! de moi c'est fini.
>
> Demain matin, quand six heures sonneront,
> Devant le front du régiment ils me mèneront ;
> Là il me faudra demander pardon
> Et recevoir ma dernière permission ;
> Hélas ! je sais cela déjà.
>
> Mes frères, me voilà,
> Vous me voyez pour la dernière fois.
> Le petit pâtre est cause de tout mon embarras.
> C'est le cor des Alpes qui a fait tous mes chagrins,
> Et je m'en plains.

Il règne un charme singulier dans cette chanson po-
pulaire. Les poëtes artistes s'efforcent d'imiter ces pro-

I.   18.

ductions de nature, à peu près comme on fait des mi-
néraux factices; mais, quand ils ont composé les parties
intégrantes au moyen de procédés chimiques, la chose
principale leur échappe encore, ils ne peuvent rempla-
cer l'énergie sympathique de cette œuvre. Dans ces
chansons, on sent les battements de cœur du peuple
allemand. Là, se révèle sa mélancolique sérénité, sa
folle raison; on entend les roulements de la colère alle-
mande, les sifflements de la raillerie allemande; ici,
l'amour allemand a déposé ses baisers; dans ce livre,
on trouve les pleurs de la sensibilité allemande. Un sa-
vant analyste trouverait du sel et du fer dans ces pleurs!
Quelle naïveté dans la fidélité de ce peuple : que de
loyauté dans ses trahisons! quel honnête garçon est le
pauvre Schwartenhals, quoiqu'il vole sur les grandes
routes! Écoutez ce qu'il dit de lui-même :

Je vins trouver l'hôtesse dans sa maison,
Elle me demanda mon nom.
Je suis un pauvre garçon.
Qui boit et mange en toute saison.

On me mena dans une salle peinte,
Où l'on m'offrit une grande pinte.
On avait beau remplir mon verre,
Je le laissai tomber à terre.

On me mit à la place d'honneur,
Pour me traiter en grand seigneur;
Quand il fallut payer l'écot,
Rien ne sonna dans mon sarrot.

La nuit, quand je voulus aller dormir,

On me montra la grange,
Je n'eus plus envie de rire;
On me traitait d'une façon étrange.

Et quand je fus dans ma cage,
Et que je voulus faire mon nid,
Je fus piqué par les épis
Et par les chardons sauvages.

Le matin, en me réveillant,
La gelée couvrait la toiture,
Et je m'en allai en riant,
En riant de ma mésaventure.

Je pris mon épée à la main
Et l'attachai sur ma hanche.
Il me fallut aller à pied,
N'ayant pas de quoi chevaucher.

Je m'en allai bien doucement,
Tirant le long du chemin,
Quand vint un fils de marchand
Qui me laissa tout son argent.

Ce pauvre Schwartenhals est un véritable caractère allemand. Il règne une grande énergie dans cette chanson; mais celle de Marguerite mérite aussi d'être connue. C'est une fille encore que j'aime beaucoup. Hans dit à Gretel ou Marguerite :

« Mets tes beaux habits, Gretline, mets tes beaux habits,
Allons-nous-en tous dîner;
Les blés sont coupés,
Le vin est versé. »

Ah ! Hanslin, cher Hanslin,
Restons toujours ensemble,

La semaine on travaille dans les champs,
Et les fêtes à l'auberge à boire.

Il la prit par la main,
Par sa main blanche ;
Il la mena au bout du chemin,
Jusqu'à l'auberge la plus proche.

« Hôtesse, chère hôtesse,
Donnez-nous du vin frais,
Les habits de cette Gretline,
Nous allons les dépenser. »

Marguerite se mit à pleurer,
Et son chagrin devint si gros,
Que le long de ses joues vermeilles,
Coulèrent deux blancs ruisseaux.

« Ah ! Hanslin, cher Hanslin,
Ne parle pas ainsi,
Toi avec qui en secret j'ai fui
De la ferme de mon père. »

Il la prit par la main,
Par sa main blanche,
Et il la mena au bout du chemin,
Jusqu'au plus proche jardin.

. . . .

« Ah! Gretline, chère Gretline,
Pourquoi pleurer si fort?
Te repens-tu de ton courage,
Ou regrettes-tu ton honneur? »

« Je ne me repens pas de mon courage,
Je ne regrette pas mon honneur,
Je regrette mes habits de fête,
Que l'hôtesse ne me rendra pas. »

Ce n'est pas ici la Marguerite de Goëthe, et son repentir ne fournirait pas un tableau à M. Scheffer. Ce n'est pas là un clair de lune allemand. Il se trouve dans cette chanson aussi peu de sentimentalité que dans celle où un jeune drôle demande accès près de sa maîtresse pendant la nuit, et où celle-ci répond :

« Chevauche vers cette route,
Chevauche sur cette bruyère,
D'où tu as pris ta course.
Là est une grosse pierre,
Ta tête y appuieras,
Et de duvet tu n'emporteras. »

Mais la clarté de la lune tombe à flots argentés, et scintille, de toutes parts, de cette chanson :

Si j'étais un petit oiseau,
Et si j'avais deux ailes,
Je volerais vers toi,
Mais je demeure ici,
Ne pouvant le faire.

Quand je suis loin de toi,
Le songe vers toi me ramène;
Je converse alors avec toi,
Et je ne me trouve seule
Qu'au moment du réveil.

Il n'est pas d'heure de la nuit
Où mon amour ne veille,
Et où je ne me dise mille fois
Que tu m'as donné ton âme.

Si l'on veut savoir le nom de l'auteur, la chanson ré-
pond elle-même par ces derniers vers :

« Qui donc a inventé la jolie chansonnette ?
Sur l'eau trois oies l'ont apportée,
Trois oies, une blanche et deux grises. »

Mais d'ordinaire c'est un peuple errant, des vaga-
bonds, des soldats, des écoliers ambulants ou des com-
pagnons ouvriers qui ont composé ces chansons. Les
compagnons surtout sont de grands poëtes. Que de fois,
dans mes voyages pédestres, ai-je entretenu commerce
avec cette sorte de gens ! Que de fois je les ai vus,
excités par une circonstance extraordinaire, improviser
un morceau de poésie populaire, ou le siffler en plein
air ! Les petits oiseaux perchés sur les branches des
arbres l'écoutaient attentivement ; et, quand passait par
là un autre compagnon, le havresac au dos et le bâton
à la main, les oiseaux lui gazouillaient ce chant aux
oreilles ; il chantonnait alors les vers qui manquaient,
et la chanson se trouvait finie. Les paroles tombent du
ciel sur les lèvres de ces compagnons ; ils n'ont qu'à les
prononcer, et elles sont plus poétiques que toutes les
belles phrases que nous déterrons du fond de notre cer-
veau. Le caractère des compagnons ouvriers allemands
respire dans ces chants populaires ; c'est une remar-
quable race d'hommes qui, sans le sou dans leur poche,
parcourent l'Allemagne dans tous les sens, candides,
joyeux et libres. D'ordinaire, je les trouvais trois en-

semble dans leurs pèlerinages. Dans ces trois camarades, il y avait toujours un raisonneur qui discutait de bonne humeur sur tout ce qui se rencontrait, sur chaque oiseau qui traversait les airs, sur chaque cavalier qui passait; et, quand ils arrivaient dans une laide contrée, couverte de huttes misérables, habitée par une population mendiante et déguenillée, le raisonneur disait ironiquement: « Le bon Dieu a fait le monde en six jours; mais il y « paraît, car il reste encore beaucoup à faire. » Le second compagnon n'interrompt l'autre que rarement, et par quelques remarques furieuses. Il ne peut dire une parole sans jurer; il maudit avec colère tous les maîtres chez qui il a travaillé, et son refrain banal est qu'il se repent de n'avoir pas laissé en souvenir une volée de coups à l'hôtesse d'Halberstadt, qui lui apportait journellement la choucroute. A ce mot de Halberstadt, soupire du fond de son âme le troisième compagnon; c'est le plus jeune. Il entreprend sa première tournée dans le monde; il pense toujours à sa gentille bonne amie aux yeux noirs, laisse tomber sa tête sur son sein, et ne prononce pas une parole.

L'Enfant au cor merveilleux est un monument bien remarquable de notre littérature. Ce livre a exercé une trop noble influence sur les lyriques de l'école romantique, particulièrement sur notre excellent M. Uhland, pour le passer sous silence; ce livre et le poème des Nibelungen jouèrent un grand rôle dans cette période. Il faut donc aussi mentionner ce dernier ouvrage.

Longtemps il ne fut question d'autre chose, chez nous, que du livre des Nibelungen ; et les philologues classiques ne furent pas peu scandalisés d'entendre comparer cette épopée à l'Iliade, et même de voir s'élever une discussion pour savoir laquelle de ces deux œuvres est la plus excellente. Le public ressemblait assez, dans cette circonstance, à ces enfants à qui on demande sérieusement : « Aimes-tu mieux un cheval ou des confi- « tures ? » Toutefois, ce chant des Nibelungen est d'une haute puissance ; il est difficile qu'un Français puisse s'en faire une idée. Le langage dans lequel il est composé lui serait encore plus inintelligible. C'est une langue de pierre, et les vers sont des blocs rimés. Çà et là, entre les interstices, s'élèvent de belles fleurs, rouges comme des gouttes de sang, ou s'échappe le lierre rampant, semblable à de longues lames vertes. De ces passions de géants qui s'agitent dans cette épopée, vous pouvez encore moins vous faire une idée, bonnes gens civilisés et polis que vous êtes ! Figurez-vous une claire nuit d'été, les étoiles pâles comme l'argent, grandes comme le soleil, étincelant sur un ciel bleu, tous les dômes gothiques de l'Europe semblent s'être donné rendez-vous dans une vaste plaine ; et, parmi cette foule de colosses, viendraient paisiblement le moutier de Strasbourg, le dôme de Cologne, le clocher de Florence, la cathédrale de Rouen, la flèche d'Amiens et l'église de Milan, qui s'attrouperaient autour de la belle Notre-Dame de Paris, et lui feraient galamment la cour. Il est vrai que leur démarche est un peu lourde, que quelques-uns s'y prennent gauchement, et qu'on est quelquefois tenté de rire de leurs transports amoureux; mais ce ricanement cesse dès qu'on les voit entrer en fureur, se ruer les uns sur les autres, quand Notre-Dame de Paris élève avec désespoir ses deux bras de pierre vers le ciel, saisit tout à coup un glaive, et abat la tête du plus grand de tous ces dômes. Mais non, vous ne pourriez encore vous faire une idée des principaux personnages du chant des Nibelungen; il n'est pas de tour aussi haute, pas de pierre aussi dure que le féroce Hagen et la vindicative Chrimhilde.

Mais qui a composé ce poëme? On sait aussi peu le nom de l'auteur des *Nibelungen* que le nom de l'auteur des chants populaires. Chose singulière! on ignore presque toujours le créateur des livres les plus admirables, des poëmes, des édifices et des plus nobles monuments de l'art. Comment se nommait l'architecte qui imagina le dôme de Cologne? Qui a peint sous ce dôme le tableau d'autel où la ravissante mère de Dieu et les trois rois sont si admirablement représentés? Qui a composé ce livre de Job qui a consolé tant de races d'hommes souffrantes? Les hommes n'oublient que trop facilement les noms de leurs bienfaiteurs; les noms des bons et nobles qui ont travaillé pour le bonheur de leurs concitoyens se trouvent rarement dans la bouche des peuples; leur épaisse mémoire ne conserve que les noms de leurs oppresseurs et de leurs cruels héros de guerres.

L'arbre oublie le silencieux jardinier qui l'a préservé du froid, arrosé dans la sécheresse, qui l'a protégé contre les bêtes malfaisantes ; mais il conserve fidèlement les noms qu'on grave sur son écorce avec un acier tranchant, et il les transmet aux races futures en caractères toujours grandissants.

V

On a coutume de réunir les noms de Brentano et d'Arnim, à cause de leur livre de l'*Enfant au cor merveilleux* qu'ils ont publié ensemble, et je ne veux pas les séparer. Le dernier mérite notre attention à un plus haut degré. Louis-Achim d'Arnim est un grand poëte, et une des têtes les plus originales de l'école romantique. Les amateurs du fantastique prendront plus de goût à ses œuvres qu'à toutes celles des autres écrivains allemands. Il surpasse en cela Hoffmann autant que Novalis; il savait vivre encore plus intimement dans la nature que celui-ci, et pouvait conjurer des spectres encore plus terribles que ceux d'Hoffmann. Souvent, quand je regardais Hoffmann, il me semblait qu'il s'était échappé, en chair et en os, d'un des ouvrages d'Arnim. Cet écrivain est resté complétement inconnu pour le public, et il n'a de réputation que parmi les littérateurs; mais ces derniers, tout en reconnaissant son mérite infini, ne lui ont jamais rendu publiquement la justice qu'il mérite, et quelques-uns même ont parlé de lui avec dédain. Il n'est pas besoin de dire que ce sont précisément ceux qui ont imité sa manière. On pourrait leur appliquer ce mot de Steevens au sujet de Voltaire, qui parlait avec mépris de Shakspeare, après s'être servi d'Othello pour composer son Orosmane : « Ces gens-là ressemblent à des voleurs qui mettent le feu à la maison où ils ont volé. » Pourquoi M. Tieck n'a-t-il jamais convenablement parlé d'Arnim, lui qui sait dire de si belles choses sur tant de mauvaises œuvres insignifiantes? MM. Schlegel ont également gardé le silence sur Arnim. Ce n'est qu'après sa mort qu'il obtint une notice biographique d'un compagnon de l'école. Je crois que la renommée d'Arnim ne put jamais s'élever bien haut, parce qu'il était resté encore beaucoup trop protestant pour ses amis du parti catholique, et parce que, d'un autre côté, le parti protestant le tenait pour un crypto-catholique. Mais pourquoi le public l'a-t-il repoussé? le public, pour qui ses romans et ses nouvelles se trouvaient placés dans chaque salon de lecture? Hoffmann eut le même sort quant à la presse littéraire. Il ne fut presque pas parlé de lui dans nos gazettes et nos feuilles esthétiques, la haute critique observa un dédaigneux silence à son égard; mais toutefois il fut généralement lu. Pourquoi le public allemand négligea-t-il Arnim, un écrivain dont l'imagination était si vaste et embrassait tant de choses, dont l'âme était empreinte d'un sentiment si profond, et qui possédait à un si haut degré le don de peindre? Quelque chose manquait à ce poëte, et ce quelque chose était justement ce que le public cherche dans les livres, la vie. Le peuple exige que les écrivains éprouvent avec lui ses passions de tous les jours ; qu'ils lui tirent de leur propre sein des sensations agréables ou pénibles ; en un mot, le peuple veut être ému. Arnim ne pouvait pas contenter ce besoin. Ce n'était pas un poëte de la vie, mais de la mort. Dans tout ce qu'il écrit, c'est comme un mouvement d'ombres ; les figures s'agitent ; elles remuent leurs lèvres comme si elles parlaient, mais on voit seulement leurs paroles, on ne les entend pas. Ces figures sautent, courent, se renversent sur la tête, s'approchent de nous mystérieusement, et nous insinuent à l'oreille qu'ils sont morts. Un tel spectacle serait trop douloureux et accablant, n'était la grâce qu'Arnim répand sur toutes ces compositions, et qui ressemble au sourire d'un enfant, mais d'un enfant mort. Arnim sait peindre l'amour, quelquefois aussi la sensualité, mais nous ne pouvons sentir ces choses avec lui ; nous voyons de belles formes, des seins agités, des hanches arrondies, mais un froid linceul enveloppe tous ces corps. Quelquefois Arnim est caustique, et l'on ne peut se défendre de rire, mais c'est comme si la mort nous chatouillait du bout de sa faucille. D'ordinaire, Arnim est sérieux, sérieux comme un Allemand mort la veille. Un Allemand vivant est déjà cependant une créature suffisamment grave. Mais un Français ne peut se figurer combien nous sommes sérieux après notre mort, nous autres Allemands ; nos figures sont alors encore plus longues que de coutume, et les vers qui dînent à nos dépens deviennent tout mélancoliques rien qu'à nous voir. En France, on se fait une idée effroyable du sérieux terrible d'Hoffmann, mais c'est un jeu d'enfant en comparaison du sérieux d'Arnim. Quand Hoffmann conjure ses morts, lorsqu'ils sortent de leurs tombeaux et dansent autour de lui, il tremble lui-même d'effroi ; il danse au milieu d'eux et il fait les plus affreuses grimaces. Mais Arnim conjure ses morts comme un général passe une revue ; il est assis sur son grand cheval-spectre, et fait défiler avec sang-froid les effroyables bataillons qui le regardent avec respect et semblent le redouter. Pour lui, il se contente de les saluer d'un air affable.

Louis-Achim d'Arnim naquit en Brandebourg l'an 1785, et mourut l'hiver de 1830. Il écrivit des compositions dramatiques, des romans et des nouvelles. Ses drames sont remplis de poésie intime, et particulièrement une pièce intitulée *le Coq de bruyère*. La première scène ne serait pas indigne du plus grand poëte. Comme l'ennui le plus accablant est fidèlement représenté avec une incroyable vérité ! L'un des trois fils naturels du défunt landgrave est assis tout seul dans un coin de l'immense salle du château abandonné. Il se parle à lui-même en bâillant, et se plaint que ses jambes poussent et deviennent toujours plus longues sous la table, et que le vent froid du matin siffle entre ses dents. Son frère, le bon Franz, arrive lentement, vêtu des habits de feu son père, qui lui sont beaucoup trop larges ; et il songe avec tristesse, qu'autrefois, à pareille heure, il aidait son père à s'habiller ; il se rappelle que le landgrave lui jetait

souveut un croûton qui était trop dur pour ses vieilles
dents, et lui donnait de temps en temps un coup de pied
avec humeur. Ce dernier souvenir touche le bon Franz
jusqu'aux larmes, et il se plaint amèrement que son père
soit mort et ne puisse plus lui donner de coups.

Les romans d'Arnim se nomment *les Gardiens de la
Couronne* et *la Comtesse Dolores*. Le premier de ces
romans a aussi un magnifique début. La scène est au
haut de la tour de vigie de Waiblingen, dans la petite
chambre du gardien et de sa digne et grosse femme, mais
qui n'est pas aussi grosse qu'on le croit en bas dans la
ville. En effet, on la calomnie en disant qu'elle est de-
venue si corpulente dans sa tour, qu'elle ne peut plus
descendre l'étroit escalier tournoyant, et que, ne pouvant
sortir, elle a été obligée, après la mort de son premier
mari, le vieux gardien, d'épouser le nouveau tourier. La
pauvre femme s'affligeait fort de ces méchants propos,
et elle ne pouvait descendre l'escalier, uniquement parce
qu'elle avait des vertiges. — Le second roman d'Arnim,
la Comtesse Dolores, offre encore une brillante entrée
en scène, et l'auteur y peint admirablement la poésie de
la pauvreté, et, de plus, la pauvreté noble dont il souf-
frait lui-même alors, et qu'il a souvent choisie pour son
thème. Quel maître que cet Arnim, dans la peinture de
la destruction ! Je crois toujours voir devant mes yeux
le château désert de la jeune comtesse Dolores, qui
semble encore plus ruiné, à cause du riant goût italien
dans lequel le vieux comte l'a bâti, mais sans l'achever.

Le château est une ruine moderne, le jardin est complé-
tement désert, les allées de buis taillés sont tombées
dans un désordre sauvage; les arbres poussent au hasard
et projettent leurs branches sur le chemin; les oliviers
et les lauriers rampent douloureusement sur le sol; les
belles fleurs exotiques sont entourées de plantes gour-
mandes; les statues sont tombées de leurs socles, et deux
petits mendiants, assis à califourchon sur une Vénus de
marbre tombée au milieu du gazon, la fouaillent avec
des chardons. Lorsque le vieux comte revient dans son
château après une longue absence, la conduite singulière
de ses gens, et surtout de sa femme, le frappe vivement.
Il se passe beaucoup de choses bizarres, et surtout à
table. Cela vient sans doute de ce que la pauvre femme
est morte de chagrin, comme tout le reste de la domes-
ticité du château, qui est morte aussi depuis longtemps.
A la fin cependant, le comte semble s'apercevoir qu'il se
trouve parmi des spectres, et, sans en rien témoigner,
il se remet silencieusement en route.

De toutes les nouvelles d'Arnim, la plus précieuse, ce
me semble, est *Isabella d'Égypte*. Là il nous montre la
vie aventureuse des Zigeuner, qu'on nomme en France
Bohémiens et aussi Egyptiens. Là vit et respire ce rare et
merveilleux peuple avec ses visages bruns, ses yeux
doux et prophétiques, et ses douloureux secrets. Une joie
tumultueuse et bruyante cache une profonde et mys-
tique mélancolie. D'après une légende qui est racontée
de la façon la plus aimable dans cette nouvelle, les

Zigeuner sont condamnés à errer un certain temps par le monde, pour expier la dureté inhospitalière avec laquelle ils repoussèrent la sainte mère de Dieu, lorsque jadis, en Égypte, elle vint leur demander asile pour une nuit. Dans le moyen âge, on n'avait pas encore une philosophie catholique, et il fallait bien employer la poésie pour justifier les lois les plus indignes et les plus cruelles. Mais les lois du moyen âge ne furent plus barbares envers personne qu'envers les Zigeuner. Dans certains pays, elles permettaient de pendre un Zingaro sans procédure et sans jugement, sur un simple soupçon de vol. Ce fut ainsi que fut pendu, bien qu'innocent, leur chef Michaël, nommé le duc d'Egypte. La nouvelle d'Arnim commence par cette triste circonstance. Les Zigeuner ont descendu de la potence leur duc mort; ils lui ont mis son rouge manteau de prince sur les épaules; ils ont placé la couronne d'argent sur sa tête, et l'ont jeté dans les eaux de la Schelde, bien convaincus que le fleuve compatissant le ramènera dans sa patrie, dans le pays chéri d'Égypte. La pauvre princesse bohémienne Isabella, sa fille, ne sait rien de cette affreuse histoire. Elle habite seule une maison en ruines sur les bords de la Schelde. Une nuit, elle entend l'onde murmurer d'une façon singulière, et elle voit tout à coup son père sortir à demi du fleuve; il est pâle et blême, le vêtement pourpre des morts le couvre, et la lune jette sa clarté chagrine sur la couronne d'argent qui brille sur sa tête. Le cœur de la pauvre enfant est près de se briser; elle

veut en vain retenir le corps de son père ; il flotte paisi-
blement au large vers la belle Égypte, où l'on attend son
arrivée pour l'ensevelir, conformément à son rang, sous
une des plus hautes pyramides. Rien n'est plus touchant
que le repas funèbre par lequel la jeune fille honore la
mémoire de son père. Elle étend un voile blanc sur une
grande pierre dans les champs ; elle place des mets et du
vin, et mange solennellement. L'excellent Arnim est
toujours attendrissant lorsqu'il nous parle des Zigeuner,
auxquels il a voué une constante compassion dans plu-
sieurs de ses ouvrages, entre autres dans la conclusion
du *Cor merveilleux*, où il prétend que nous devons aux
Bohémiens d'immenses bienfaits, et surtout la plupart
de nos médecines. Nous les avons payés d'ingratitude
et persécutés cruellement. Il se plaint que tout leur
amour pour nous ne leur a pas valu une patrie, et il les
compare, sous ce point de vue, aux petits nains dont
parle une de nos légendes, qui apportaient tout ce qui
était nécessaire aux festins de leurs ennemis, mais qu'on
battit et qu'on chassa du pays à cause de quelques pois
qu'ils prirent dans un champ. Ce fut un triste spectacle
que la vue de toutes ces petites gens galopant pendant
la nuit sur le pont, défilant comme un troupeau de bre-
bis, et forcés chacun de déposer en partant une petite
pièce de monnaie, jusqu'à ce qu'ils en eussent rempli
une tonne.

Une traduction d'*Isabella d'Égypte*, ne servirait pas
seulement à donner aux Français une idée des écrits

d'Arnim, mais elle leur apprendrait que toutes les terribles, épouvantables, cruelles et fantastiques histoires qu'ils ont tirées, dans ces derniers temps, avec tant de peine, de leurs cerveaux, ne sont, comparées aux compositions d'Arnim, que les rêves roses du matin d'une danseuse de l'Opéra. Dans toutes les histoires de spectres français, mises ensemble, on n'a pas réuni autant d'idées à faire frissonner que dans un certain carrosse qu'Arnim fait voyager de Brake à Bruxelles, et où se trouvaient assis, l'un près de l'autre, les quatre personnages suivants :

1° Une vieille bohémienne, qui est en même temps sorcière. Elle ressemble au plus joli des sept péchés mortels, et étincelle dans un magnifique costume de brocard d'or et de soie.

2° M. Peau-d'ours, un mort qui a quitté son tombeau pour gagner quelques ducats, et qui s'est engagé pour sept ans en qualité de domestique. C'est un gras cadavre, qui porte une redingote de peau d'ours blanc, dans laquelle il gèle.

3° Un golem, à savoir une figure d'argile, qui est pétrie dans la forme d'une jolie femme, et qui se conduit comme une jolie femme. Sur son front, caché sous des boucles de cheveux noirs, est écrit en lettres hébraïques le mot *vérité*, et quand on l'efface, toute la figure tombe inanimée et redevient argile.

4° Le feld-maréchal Cornélius Népos, qui n'est pas parent du célèbre historien de ce nom, et qui ne peut même se dire d'une origine bourgeoise, car il est de naissance une racine, une racine que les Français nomment mandragore. Cette racine croît sous l'échafaud, là où ont coulé les larmes équivoques d'un pendu. Elle poussa un effroyable cri lorsque la belle Isabella l'arracha de la terre à minuit. Cette plante ressemble à un nain, seulement elle n'a ni yeux, ni bouche, ni cheveux. La charmante fille lui mit sur le visage deux grains d'orge noirs et une fleur d'églantier rouge, d'où il sortit une bouche et des yeux, puis elle éparpilla un peu de millet sur la tête du petit homme, et il poussa des cheveux, un peu crépus, il est vrai. Elle berça le monstre dans ses bras blancs; quand il gémissait comme un enfant, elle le baisait si fort de ses lèvres de rose, qu'elle lui fit presque sortir de la tête ses yeux de grains d'orge, et elle le gâta tellement qu'il voulut à toute force être feld-maréchal. Il fallut le couvrir de ce brillant uniforme, lui conférer ce noble titre : et c'était lord Wellington en miniature.

Ne sont-ce pas là quatre personnes bien distinguées ? Vous aurez beau piller la Morgue, les Charniers, la Cour des Miracles et toutes les maladreries du moyen âge, vous n'assemblerez pas une si bonne compagnie que celle qui se trouve dans ce seul carrosse, roulant sur la route de Bruxelles. O spirituels Français, vous devriez reconnaître que le terrible n'est pas votre genre, et que la France n'est pas un sol propre à produire des spectres de cette nature ! Quand vous conjurez des fantômes, nous ne pouvons nous empêcher de rire. Oui, nous autres Allemands, qui savons demeurer sérieux en face de vos plus joyeuses facéties, nous nous livrons à la gaieté la plus folle en lisant vos histoires de revenants, car vos revenants sont toujours des spectres français. Spectre français ! quelle contradiction dans ces paroles ! Dans ce mot *spectre*, il y a tant d'isolement, de grondement, de silencieux, d'allemand, et, dans ce mot *français*, tant de sociabilité, de gentillesse, de babil et de français ! Comment un Français pourrait-il devenir un spectre, et comment un spectre pourrait-il exister à Paris ? à Paris, dans le foyer de la société européenne ! Entre minuit et une heure, qui est, de toute éternité, le temps assigné aux spectres, la vie la plus animée se répand encore dans les rues de Paris ; c'est en ce moment que retentit à l'Opéra le bruyant finale ; des bandes joyeuses s'écoulent des Variétés et du Gymnase, et tout rit et saute sur les boulevarts, et tout le monde court aux soirées. Qu'un pauvre spectre errant se trouverait malheureux dans cette foule animée ! et comment un Français, même s'il était mort, pourrait-il conserver la gravité nécessaire pour le métier de revenant, quand la gaieté populaire le cernerait de toutes parts ? S'il y avait réellement des spectres à Paris, je suis convaincu que les Français, sociables comme ils le sont, se lieraient entre eux même comme revenants, qu'on verrait bientôt se former des réunions de spectres, se fonder un café des morts, une gazette des morts, une Revue de Paris morte, et qu'on recevrait des invitations à des soirées de morts, *où l'on fera de la musique.*

Je suis certain que les morts s'amuseraient beaucoup plus à Paris que les vivants ne s'amusent chez nous. Quant à moi, si je savais qu'on pût exister à Paris en qualité de spectre, je ne craindrais plus la mort. Je prendrais seulement mes mesures pour être enterré au Père-Lachaise, afin de pouvoir faire mes apparitions à Paris entre minuit et une heure. Quelle heure délicieuse ! Et vous, mes compatriotes, quand vous viendrez à Paris après ma mort, et que vous verrez mon spectre errer la nuit par les rues, ne vous effrayez pas ; je ne serai pas un revenant terrible, à la triste manière allemande, mais un spectre parisien qui revient pour son plaisir.

Pauvres écrivains français qui conjurez des fantômes, vous me faites l'effet d'enfants qui se mettent des masques devant le visage pour se faire peur les uns aux autres. Ce sont des masques graves et terribles, mais à travers les trous des yeux on aperçoit de joyeux regards d'enfants. Nous autres Allemands, nous montrons quelquefois, au contraire, des yeux de mort à travers un aimable masque juvénile. Vous êtes un peuple élégant, sociable, aimable, raisonnable et vivant; et ce qui est beau, noble et humain est seulement de votre domaine. C'est ce que vos anciens écrivains avaient parfaitement compris, et vous autres écrivains modernes, vous finirez par le comprendre aussi. Renoncez aux spectres et aux choses terribles. Laissez-nous, à nous autres

Allemands, toutes les horreurs du délire, les rêves de la fièvre et le royaume des esprits. L'Allemagne est un pays convenable pour les vieilles sorcières, les peaux d'ours morts, les golems de tout sexe, et surtout pour des feld-maréchaux comme le petit Cornélius Népos. Ce n'est que de l'autre côté du Rhin que de tels spectres peuvent réussir; la France ne sera jamais un pays pour eux. Lorsque je me mis en route pour venir en France, mes spectres m'accompagnèrent jusqu'à la frontière. Là, ils prirent tristement congé de moi; car la vue du drapeau tricolore dissipe les spectres de toute espèce.

Oh! que je voudrais m'établir sur la flèche du clocher de Strasbourg, en tenant dans une main un drapeau tri-colore qui flotterait jusqu'à Francfort. Je crois qu'en déroulant ce drapeau béni sur ma chère patrie, et pro-nonçant les véritables paroles d'exorcisme, les vieilles sorcières s'envoleraient sur leurs manches à balai, la froide race servile des peaux-d'ours rentrerait dans sa tombe, les golems tomberaient en poudre, le feld-maréchal Cornélius Népos retournerait dans le lieu d'où il est venu, et toute l'apparition se dissiperait pour jamais.

VI

Il est aussi difficile d'écrire l'histoire de la littérature que l'histoire naturelle. Dans l'une et l'autre science l'on ne se préoccupe que des phénomènes les plus saillants. Mais le moindre verre d'eau contient tout un monde d'animalcules merveilleux qui témoignent de la toute-puissance de Dieu tout aussi bien que les bêtes les plus énormes, et le plus petit almanach des Muses renferme une quantité de poëtereaux qui, aux yeux de l'amateur, sont aussi curieux que les éléphants de la littérature. Dieu est grand!

Et la plupart des historiographes des belles-lettres ne font-ils pas de l'histoire de la littérature une ménagerie où tout est parfaitement étiqueté, où nous pouvons voir dans des cages séparées les mammifères épiques, les oiseaux lyriques, les auteurs dramatiques d'eau douce, les prosateurs amphibies qui écrivent autant de romans maritimes que continentaux, les mollusques humoristiques, etc. D'autres, au contraire, traitent dogmatiquement l'histoire de la littérature: ils parlent des sentiments primitifs de l'humanité qui se sont formés, cultivés dans les différentes époques et qui ont fini par revêtir une forme artistique. Ces messieurs commencent *ab ovo* comme les historiens qui font sortir de l'œuf de Léda toute la guerre de Troie. Système ridicule! Car je suis convaincu que si l'on eût fait une omelette de l'œuf de Léda, Hector et Achille n'en auraient pas moins combattu vaillamment devant la porte de Scée. Les grands faits et les grands livres ne doivent pas leur naissance à ces mille petites causes insignifiantes; ils sont les produits de la nécessité. Il y a ici des rapports avec les révolutions célestes, et ce sont peut-être les influences solaires, planétaires et astrales qui les font éclore sur notre globe. Les faits ne sont que les résultats des idées..... Mais d'où vient qu'à certaines époques, certaines idées s'emparent des hommes si puissamment, qu'elles changent leur vie entière avec ses joies et ses peines, et réforment en même temps l'expression artistique de leur pensée, le style.

C'est peut-être le moment d'écrire une astrologie littéraire et d'expliquer l'apparition de certaines idées ou de certains livres d'après la constellation des étoiles.

Ou bien la venue de certaines idées répond-elle aux besoins momentanés des hommes? Cherchent-ils toujours les idées qui légitimeront leurs désirs présents? En effet, les hommes, à en juger par leurs ressorts intimes, sont tous des doctrinaires. Ils savent toujours trouver une doctrine qui justifie leur renoncement ou leur convoitise. Aux mauvais jours de maigre chère, où la joie est presque inaccessible, ils se courbent devant le dogme de l'abstinence, en prétendant que les raisins de ce monde sont trop verts. Lorsque des temps plus prospères arrivent où les bonnes gens ont à leur portée les beaux fruits de la terre, alors vous voyez apparaître une doctrine plus gaie qui revendique toutes les douceurs de la vie et le droit inaliénable de la jouissance.

Approchons-nous de la fin du jeune chrétien? atteignons-nous déjà à l'âge riant de la joie, nous éclaire-t-il déjà de ses premières lueurs? Comment la joyeuse doctrine transformera-t-elle l'avenir?

C'est dans la poitrine des écrivains d'une nation que repose l'image de ses destins futurs, et un critique qui disséquerait un de nos nouveaux poëtes allemands avec un scalpel assez affilé pourrait facilement prophétiser de l'état de ses entrailles, à la manière des anciens sacrificateurs païens, quel sera plus tard le sort de l'Allemagne.

Ce serait avec un vrai plaisir que, Calchas littéraire, j'immolerais sous ma critique quelques-uns de nos jeunes poëtes, si je ne craignais de voir dans leurs entrailles bien des choses sur lesquelles je n'aimerais pas à me prononcer dans ce moment. Car on ne peut pas parler de notre nouvelle littérature allemande sans toucher le terrain de la politique. En France, où les écrivains cherchent à s'éloigner du mouvement politique plus même qu'il ne le faudrait, on peut juger les beaux esprits du jour sans dire un mot des affaires du jour. Mais de l'autre côté du Rhin les meilleurs auteurs se jettent aujourd'hui à corps perdu dans le mouvement politique dont ils s'étaient tenus si longtemps éloignés. Vous autres Français, voilà cinquante ans que vous êtes sur pied et vous êtes las à cette heure. Pour nous, Allemands, qui, jusqu'à présent, menions une vie sédentaire, restant assis dans notre cabinet de travail, occupés à développer des systèmes de philosophie transcendantale ou à commenter les vieux bouquins de l'antiquité, nous sentons le besoin de nous donner un peu d'exercice. La même raison que j'ai indiquée plus haut m'empêche de parler, comme il le mérite, d'un auteur que madame de Staël n'a fait qu'effleurer légèrement, et qui, depuis les spirituels articles de Philarète Chasles, est devenu particulièrement l'objet de l'attention du public français. Je veux parler de Jean-Paul-Frédéric Richter. On l'a appelé *l'Unique*. Excellente dénomination dont je ne saisis toute la justesse que maintenant, après avoir inutilement cherché à quelle place de l'histoire littéraire on pourrait parler de lui. A son début il était contemporain de l'école romantique, sans pour cela y prendre la moindre part; dans la suite il n'entra pas non plus en communication avec l'école artistique de Goëthe. Il est tout à fait isolé dans son époque, justement parce que, contrairement aux deux écoles, il s'est adonné entièrement à son époque, et que son cœur en débordait. Son cœur et ses écrits ne font qu'un. Cette qualité, cette unité, nous la retrouvons aussi chez beaucoup de jeunes écrivains de l'Allemagne actuelle dont on a désigné une partie, avec plus ou moins de raison, par le nom de Jeune Allemagne. Eux aussi ils ne veulent faire aucune différence entre leur vie et leurs écrits, ils ne séparent plus la politique de la science, l'art de la religion, et ils sont en même temps artistes, tribuns et apôtres.

Oui, je dis *apôtres*, car je ne saurais trouver pour eux une désignation plus caractéristique. Ils puisent dans une nouvelle croyance une passion dont les écrivains de l'époque antérieure n'avaient aucun pressentiment. Cette passion, c'est la foi au progrès, foi qui est née de la science. Nous avons mesuré les pays, pesé les forces de la nature, compté les moyens de l'industrie, et voici ce que nous avons trouvé : La terre est assez grande, chacun a assez d'espace pour y bâtir la cabane de son bonheur. Cette terre peut tous nous nourrir, si tous nous voulons travailler, au lieu de vivre aux dépens les uns des autres. Alors il sera superflu de prêcher le ciel aux pauvres pour ne pas leur faire envier le bonheur des riches. Le nombre de ceux qui possèdent cette foi et cette science n'est pas trop grand, il est vrai. Mais le temps est venu où les peuples comptent bien moins par le nombre des têtes que par la valeur des cœurs.

J'ai dit comment Jean-Paul précéda les jeunes écrivains du progrès en Allemagne dans leur tendance politique et sociale. Mais ces nouveaux auteurs ont su, tout en conservant la tendance pratique de Jean-Paul, se dégager de la confusion baroque et des grotesques allures de son style qui est si difficile à goûter. Il est impossible à une tête française claire et bien ordonnée de se faire une idée de ce style Jean-Paulesque. L'édifice de ses périodes est composé de toutes sortes de petites chambrettes, tellement étroites que, lorsque deux idées viennent à s'y rencontrer, elles courent risque de s'entre-heurter. En haut, au plafond, ce ne sont que des crochets où Jean-Paul suspend toute espèce de pensées, tandis qu'aux murailles sont mille secrets tiroirs où il cache des sentiments. Nul écrivain allemand n'est aussi riche que lui en pensées et en sentiments, mais il ne les laisse pas arriver à maturité, et la richesse de son esprit et de son cœur nous cause plus d'étonnement que de jouissance. Des pensées et des sentiments qui s'élèveraient comme des arbres gigantesques, s'il les laissait prendre racine et s'étendre avec toutes leurs branches, leurs fleurs et leurs feuilles, il les arrache du sol lorsqu'ils ne sont à peine que de petites plantes ou même encore de simples germes, et le voilà qui vous apporte comme un plat de légumes ordinaires toutes ces futures forêts. Et tout cela fait un singulier mets fort peu dégustable, car tous les estomacs ne sont pas de force à digérer une pareille quantité de chênes, tilleuls, sapins, cèdres, palmiers et bananiers en herbe. Jean-Paul est poëte et aussi quelque peu philosophe. Mais on ne peut pas être moins artiste que lui dans ses écrits. Il a mis au monde dans ses romans des figures véritablement poétiques. Mais toutes ces créations traînent après elles un cordon ombilical d'une fabuleuse longueur, elles s'embarrassent dans ses nœuds et s'étranglent. Au lieu de pensées, il nous donne pour ainsi dire son penser même. Nous assistons à la formation matérielle de ses idées, à l'action cérébrale de son esprit : il offre au lecteur plutôt son cerveau que sa pensée. C'est le plus gai et en même temps le plus sentimental des écrivains ; oui, la sentimentalité le domine toujours, et son rire se change soudain en larmes. Il cache quelquefois sa grandeur d'âme sous les haillons d'un gueux vulgaire, puis tout à coup comme les princes incognito que nous voyons sur la scène, il déboutonne sa grossière souquenille et nous voyons alors sur sa poitrine briller l'étoile princière.

C'est en cela que Jean-Paul ressemble au grand Irlandais auquel on l'a si souvent comparé. Quand il s'est perdu dans les trivialités les plus grossières, l'auteur de Tristram Shandy sait aussi par de sublimes transitions nous rappeler sa dignité royale, sa noble origine, sa parenté avec Shakspeare. Comme Lorenz Sterne, Jean-Paul nous a livré toute sa personnalité, comme lui il s'est montré dans le plus complet déshabillé, mais pourtant avec une certaine gêne pudique, surtout sous le rapport sexuel. Sterne se présente au public tout nu, tandis que Jean-Paul n'a que de grands trous dans son pantalon ; sa nudité est plutôt ridicule qu'idéale. C'est à tort que quelques critiques pensent que Jean-Paul a possédé plus de vrai sentiment que Sterne, parce que celui-ci, aussitôt que son « humour » atteint une hauteur tragique, tombe sans transition aucune dans le ton le plus égrillard et le plus cynique; tandis que Jean-Paul, pour peu que la plaisanterie commence à devenir sérieuse, se met à pleurer petit à petit, et laisse tout doucement tomber ses larmes goutte à goutte. Non, Sterne sent encore plus profondément que Jean-Paul, car il est un plus grand poëte. Il est comme je l'ai déjà dit, sorti de la même souche que Shakspeare, et lui aussi a été élevé sur le Parnasse par les nobles demoiselles de ces hauts lieux, les Muses. Mais, comme les femmes font toujours, elles l'ont gâté de bonne heure par leurs caresses. C'était l'enfant chéri de la pâle déesse de la tragédie. Un jour, dans un accès de tendresse cruelle, elle lui baisa le cœur avec tant de passion, tant d'amour délirant, que ce jeune cœur commença à saigner et comprit tout à coup toutes les douleurs de ce monde; le tendre cœur de poëte fut rempli depuis d'une ineffable commisération. Mais la plus jeune fille de Mnémosine, la fraîche déesse de la gaieté, accourut bien vite sur ses socques gaillards et prit dans ses bras l'enfant endolori. Elle chercha à le calmer par ses rires et ses chants, lui donna pour hochet son masque comique et les grelots de la folie, et posant sur ses lèvres son plus agaçant baiser, elle le dota de toute sa légèreté, de toute sa folâtre étourderie, de toute sa verve dévergondée. Et depuis ce temps le cœur et les lèvres de Sterne tombèrent dans un singulier désaccord. Quand son cœur est quelquefois plein des émotions les plus tragiques, et qu'il veut exprimer les plus profondes douleurs, alors, à sa propre surprise, s'envolent de ses lèvres les paroles les plus joyeuses et les plus bouffonnes. Pauvre Yorrik !

VII

Au moyen âge le peuple croyait que partout où l'on devait élever un édifice, il fallait immoler quelque créature vivante et rougir de son sang la pierre fondamentale, précaution par laquelle la bâtisse serait inébranlable. Était-ce la vieille superstition païenne qui croyait acheter la faveur des dieux par ses sanglants sacrifices, ou bien était-ce une fausse interprétation de la doctrine chrétienne de la rédemption, qui avait donné naissance à cette opinion sur la merveilleuse puissance du sang, sur la sanctification par le sang? Toujours est-il que cette croyance sanguinaire régnait partout, et dans les chants et les traditions populaires nous trouvons maintes horribles histoires d'enfants et d'animaux dont le sang cimenta de grandes constructions. Aujourd'hui l'humanité a un peu plus de bon sens. Nous ne croyons plus à la puissance merveilleuse du sang, pas plus d'un gentilhomme que d'un dieu, et la grande masse n'a foi qu'en l'argent. Mais en quoi consiste cette religion d'aujourd'hui, est-ce l'argent fait Dieu ou Dieu fait argent? N'importe, l'argent est le seul culte actuel. Ce n'est plus qu'au métal monnayé, aux hosties d'or et d'argent que le peuple attribue une vertu miraculeuse. L'argent est le commencement et la fin de toutes les œuvres des hommes d'aujourd'hui, et quand ils ont à bâtir un monument, ils ont grand soin de déposer sur la pierre fondamentale quelques pièces d'argent, toutes sortes de monnaies renfermées dans une boîte.

Oui, de même que toute chose dans le moyen âge, tous les édifices, ceux de pierre autant que ceux de l'esprit, l'Église et l'État reposaient sur la croyance à la vertu du sang, aussi toutes nos constitutions et nos institutions d'aujourd'hui n'ont pour fondement que l'argent, l'argent seul. Le culte sanguinaire du moyen âge était une superstition, la religion de l'argent comptant, que nous voyons de nos jours, est de l'égoïsme. La raison a détruit le premier, le sentiment détruira l'autre. Le fondement de la société humaine sera un jour meilleur, et tous les grands cœurs de l'Europe sont douloureusement travaillés par le besoin de trouver cette nouvelle base.

Peut-être est-ce le dégoût de cette religion de l'argent qui poussa en Allemagne quelques poëtes de l'école romantique, pleins de loyales intentions, à chercher dans le passé un refuge contre le présent, et à favoriser la restauration du moyen âge. A cette classe apparte-naient les poëtes dont j'ai parlé séparément dans ce cinquième livre après avoir traité dans le livre précédent de l'école romantique en général. C'est à cause de leur

importance historico-littéraire et non pas à cause de
leur valeur intrinsèque que j'ai parlé tout d'abord et en
détail des membres de cette coterie dont le but et les
efforts étaient communs. C'est pourquoi l'on voudra
bien ne pas se méprendre sur mes intentions, si je
parle tardivement et plus sobrement de Zacharie Wer-
mer, du baron de Lamotte-Fouqué et de M. Louis
Uhland. Ces trois écrivains demanderaient, par leur mé-
rite, à être traités plus en détail et célébrés plus large-
ment que ceux dont je me suis occupé jusqu'ici; car
Zacharie Werner fut le seul auteur dramatique de
l'école, dont les pièces aient été représentées sur la
scène et applaudies du parterre. M. le baron de Lamotte-
Fouqué fut le seul poëte épique de l'école, dont les
romans aient intéressé le public entier, et M. Louis
Uhland est le seul lyrique de l'école, dont les chansons
aient pénétré dans les masses et vivent encore dans la
bouche de ses contemporains.

Sous ce rapport ces trois poëtes sont supérieurs à
M. Louis Tieck que j'ai loué comme un des meilleurs
écrivains de l'école; quoique le théâtre ait été sa pas-
sion favorite, et que dès son enfance jusqu'à ce jour il
se soit occupé du monde des comédiens et de ses
moindres détails, il n'a jamais su créer un drame qui
ait ému le public comme l'ont fait ceux de Zacharie
Werner. Il a toujours fallu à Tieck un public intime,
un parterre domestique, à qui il déclamât ses vers en
personne, et sur les applaudissements duquel il pût

compter. Et tandis que M. de Lamotte-Fouqué était lu avec un plaisir égal par la duchesse et la blanchisseuse, et qu'il brillait comme le soleil des cabinets de lecture, M. Tieck n'était que la lampe lumineuse d'une soirée de thé où les invités, doucement éclairés, humaient le thé et la poésie dans un calme parfait, à la lecture des contes et des nouvelles de M. Tieck. La force de cette poésie devait ressortir d'autant plus qu'elle contrastait avec la faiblesse de la boisson ; et à Berlin , où l'on boit le thé le plus anodin, M. Tieck dut passer pour un poëte des plus énergiques. Pendant que les *Lieder* de notre excellent Uhland retentissaient dans les bois et dans les vallées, pendant qu'ils sont encore hurlés en chœur par de farouches étudiants et gazouillés par les timides jeunes filles aux yeux bleus, pas un seul *Lied* de M. Tieck n'a pénétré nos âmes, n'est resté dans nos oreilles. Le public ne connaît pas un seul *Lied* du grand poëte lyrique.

Zacharie Werner est né à Kœnigsberg, en Prusse, le 18 novembre 1768. Sa liaison avec les Schlegel ne fut que sympathique et jamais personnelle. Loin d'eux, il comprit ce qu'ils voulaient et fit son possible pour écrire dans leur sens; mais il ne pouvait s'enthousiasmer que partiellement pour la restauration du moyen âge, il n'en célébra qu'un côté, la hiérarchie catholique. Le côté féodal des vieux temps n'a pas pu remuer son esprit aussi puissamment. Son compatriote T. A. Hoffmann, dans les *Confrères Sérapions*, nous a donné là-dessus une explication bien remarquable. Il raconte que la mère de Werner eut la raison détraquée, et que, pendant sa grossesse, elle s'était figuré qu'elle était la mère de Dieu, et qu'elle allait enfanter le Sauveur du monde. L'esprit de Werner, pendant toute sa vie, porta la marque indélébile de cette religieuse démence. Le plus effroyable fanatisme religieux règne dans toutes ses compositions. Une seule, *le 24 février*, en est tout à fait exempte, elle appartient aux produits les plus précieux de notre littérature dramatique. Mieux que tous les autres drames de Werner, celui-ci a excité sur la scène le plus grand enthousiasme. Ses autres pièces ont moins plu aux masses, parce qu'avec toute sa puissance dramatique le poëte ignorait entièrement les connaissances traditionnelles du théâtre.

Le biographe de Hoffmann, le conseiller Hitzig, a écrit aussi la vie de Werner. C'est un travail consciencieux, aussi intéressant pour le psychologue que pour l'historien littéraire. Comme on me le racontait dernièrement, Werner a passé quelque temps ici, à Paris, où les jolies péripatéticiennes qui, jadis, dans la toilette la plus brillante, parcouraient les galeries du Palais-Royal, l'amusaient beaucoup; elles couraient toujours derrière lui, l'agaçaient en riant de son accoutrement comique et de ses manières encore plus comiques. C'était le bon vieux temps! Hélas! comme le Palais-Royal Z. Werner a bien changé. La dernière étincelle du plaisir s'éteignit dans le cœur du pauvre homme; il devint morose et entra à Vienne dans l'ordre des Liguriens; là, dans la cathédrale de la métropole, il prêcha sur le néant des jouissances humaines; il avait trouvé que tout était vain sur terre. La ceinture de Vénus, disait-il, maintenant n'est qu'un serpent venimeux, et la grande Junon, sous sa tunique blanche, porte une paire de culottes de peau jaune comme les postillons. Le père Zacharie se mortifiait, jeûnait et prêchait contre l'aveuglement de nos plaisirs mondains. Maudite est la chair, criait-il si haut et avec un accent prussien si prononcé et si perçant que les statues des saints en tremblaient sur leurs bases, et les charmantes grisettes viennoises se pâmaient de rire. Outre cette nouveauté importante de la vanité des choses d'ici-bas, il racontait sans cesse qu'il était un grand pécheur. A le considérer de près, cet homme a toujours été conséquent avec lui-même, seulement il chanta d'abord ce qu'il ne fit que pratiquer plus tard. Les héros de la plupart de ses drames sont déjà des amoureux pleins de renoncement monacal, de voluptueux ascétiques qui ont découvert dans l'abstinence un raffinement de plaisir, qui spiritualisent leur besoin de jouissances par le martyre de la chair, qui cherchent dans les macérations du mysticisme religieux les plus terribles béatitudes, et qui mériteraient le nom de saints roués.

Peu de temps avant sa mort, Werner sentit s'éveiller encore une fois en lui le besoin de la composition dramatique; et il écrivit une dernière tragédie intitulée:

La Mère des Machabées. Ici, il ne s'agissait pas de festonner des pampres de la poésie romantique le profane sérieux de la vie. Aussi, pour traiter cette sainte matière, il choisit un large ton sacerdotal, les rhythmes sont mesurés solennellement, ils se meuvent lentement comme une procession de Vendredi-Saint accompagnée du glas des cloches. C'est une légende de Palestine dans la forme des tragédies grecques. La pièce, qui eut peu de succès parmi les hommes ici-bas, n'en sera que mieux goûtée par les anges du ciel.

Mais le père Zacharie mourut peu de temps après, au commencement de l'année 1823, après avoir erré cinquante-quatre ans sur cette terre de péchés.

Mais laissons-le en paix et tournons-nous vers le second poëte du triumvirat romantique. C'est l'excellent baron Frédéric de Lamotte-Fouqué, né dans la marche de Brandebourg, vers l'année 1777, et nommé professeur à l'Université de Halle, en 1833. Auparavant il était major au service du roi de Prusse. Il appartient aux poëtes héroïques, dont la lyre et l'épée retentirent avec plus d'éclat, pendant la soi-disant guerre de la liberté. Son laurier est de meilleur aloi que celui des Tyrtées contemporains. C'est un véritable poëte, et l'auréole de la poésie repose sur sa tête. Peu de poëtes ont reçu un accueil d'une bienveillance aussi générale. Maintenant encore il a des lecteurs dans le public des cabinets de lecture; mais ce public est toujours assez grand, et M. Fouqué peut se vanter d'être le seul écrivain de l'école romantique dont les écrits aient plu aux basses classes. Tandis qu'à Berlin, dans les esthétiques soirées de thé, on faisait fi du chevalier tombé si bas, je trouvai, dans une petite ville du Harz, une jeune fille d'une merveilleuse beauté qui parlait de Fouqué avec un enthousiasme enchanteur, et avouait en rougissant qu'elle donnerait bien une année de sa vie pour un baiser de l'auteur de l'*Ondine*. Et cette jeune fille avait les plus belles lèvres que j'aie jamais vues.

Mais quelle délicieuse poésie que l'*Ondine!* elle-même est un baiser. Le génie de la poésie baise au front le printemps endormi. Celui-ci ouvrit les yeux en souriant, et toutes les roses s'épanouirent et tous les rossignols chantèrent, et tout ce que disaient le parfum des roses et le gazouillement des rossignols, l'excellent Fouqué l'a revêtu de paroles, et l'appela *Ondine*.

Je ne sais pas si cette nouvelle a été traduite en français. C'est l'histoire d'une belle fée des eaux qui n'avait pas d'âme, et qui n'en reçoit une que parce qu'elle tombe amoureuse d'un homme. Mais, hélas! avec cette âme elle connaît toutes nos douleurs humaines: bon époux, le beau chevalier lui devient infidèle, et d'un baiser elle lui donne la mort; car la mort dans ce livre n'est aussi qu'un baiser.

On pourrait considérer cette *Ondine* comme la muse de Fouqué. Quoiqu'elle soit ineffablement belle, quoiqu'elle souffre comme nous et qu'elle plie assez sous le fardeau de nos peines terrestres, elle n'est véritablement

pas une créature humaine. Notre époque repousse
toutes ces filles de l'air et de l'eau, même les plus
jolies ; elle demande des images réelles de la vie, et ce
qui lui répugne le plus, ce sont les belles femmes-fan-
tômes qui s'amourachent de nobles chevaliers. Voici ce
qui arriva : ces tendances rétrogrades, ces louanges
continuelles en l'honneur de la noblesse, l'incessante
glorification du bon vieux temps, l'éternel panégyrique
de la féodalité, tout cela déplut à la fin aux savants
bourgeois du public allemand, et l'on se détourna du
poëte arriéré. Dans le fait, cette intéressante kyrielle de
harnais, haquenées, paladins, châtelaines, damoiseaux,
prud'hommes, nains, écuyers, moines, troubadours et
toute la friperie moyen âge finirent par nous fatiguer, et
comme l'ingénieux Hidalgo de la Manche, le pauvre
Frédéric de Lamotte-Fouqué s'enfonça de plus en plus
dans ses livres de chevalerie, et perdit de vue les idées
du présent au milieu des rêves du passé. Force fut
même à ses meilleurs amis de se détourner de lui avec
pitié.

Pour les ouvrages que le malheureux baron écrivit
dans les derniers temps, on ne peut guère les lire. Les
défauts de ses premiers écrits y sont poussés jusqu'aux
extrêmes. Les chevaliers qu'il avait créés, même dans sa
meilleure période, n'étaient que fer et sentiment, ils
n'avaient ni bon sens ni raison. Les femmes ne sont
que des poupées dont la chevelure dorée descend avec
grâce sur leur visage de roses. Comme les romans de

W. Scott, les contes de chevalerie de Fouqué vous rap-
pellent les énormes tapis ouvragés de grosse laine et
qui frappent plus nos yeux que notre âme par leur
abondance de figures et la magnificence de leur coloris.
Ce sont des tournois, des jeux de bergers, des fêtes
d'église, des duels, etc., etc.; tout cela est arrangé
d'une manière riche, variée et fantastique, mais super-
ficiel et manquant de tout sens profond. Chez les imita-
teurs de Fouqué comme chez ceux de W. Scott, cette
manière de peindre l'extérieur et le costume, au lieu de
la nature intime des hommes et des choses, se mani-
feste d'une manière encore plus déplorable. Ce genre
facile et plat pullule aujourd'hui en Allemagne tout
comme en Angleterre et en France, et quoique ces
compositions ne glorifient plus le temps de la chevalerie
et s'évertuent à traiter des sujets modernes, leur pro-
cédé est toujours le même, qui ne saisit dans les phé-
nomènes de la vie que l'accidentel au lieu d'en repré-
senter l'essence. Au lieu du cœur humain, nos
modernes faiseurs de romans, ne connaissent que la
vieille défroque des hommes, leurs vêtements plus ou
moins usés. Il en était bien autrement chez les anciens
romanciers, surtout chez les Anglais : Richardson nous
donne l'anatomie des sentiments, Goldsmith traite en
moraliste les mouvements du cœur de ses héros. L'au-
teur de Tristram Shandy nous révèle les profondeurs
les plus cachées de l'âme, il nous permet de jeter un
regard dans ses abîmes, ses paradis, ses enfers et ses

égouts, et soudain il laisse retomber le rideau. Nous avons eu le coup d'œil de ce singulier théâtre, comme le spectateur dans un parterre ; l'éclairage et la perspective n'ont pas manqué leur effet, et en croyant contempler l'infini nous ayons gagné un sentiment sans bornes, ineffable, idéal, tel que doit l'exciter toute vraie poésie. Quant à Fielding, il nous conduit tout de suite derrière les coulisses, il nous montre le fard dont se colorent tous les sentiments, les ressorts les plus lourds, des actions les plus délicates, la colophane et les poudres sulfureuses qui tout à l'heure lanceront les éclairs de l'enthousiasme, la baguette qui repose encore paisiblement près de la grosse caisse, et qui, plus tard, y tambourinera avec l'éclat du tonnerre les passions les plus orageuses. En un mot, il nous montre tout ce mécanisme intérieur, ce grand mensonge par lequel les hommes nous paraissent autres qu'ils ne sont, et par lequel nous perdons toute joyeuse illusion de la vie. Mais pourquoi choisir les Anglais comme exemple, lorsque Goëthe, dans son *Wilhelm Meister*, nous a laissé le meilleur modèle d'un roman ?

Le nombre des romans de Fouqué est considérable ; c'est un écrivain des plus productifs. *L'Anneau enchanté* et *Thiodolphe l'Islandais* méritent surtout une mention honorable. Les drames en vers qui ne sont pas destinés à la scène, contiennent de grandes beautés. Surtout *Segurd, le Tueur des dragons*, est une œuvre pleine d'audace, où les sagas héroïques de l'ancienne Scandi--

navie se reflètent avec tout leur monde de géants et de sorciers. Le personnage principal du drame, Ségurd, est une création monstrueuse. Ce héros est fort comme un rocher de Norvége, et impétueux comme la mer qui l'entoure. Il a du courage comme cent lions et de l'esprit comme deux ânes.

M. Fouqué a composé aussi des *Lieder*. Ils sont la gentillesse même. Ils sont si légers, si coloriés, si étincelants, d'une grâce si mignonne, qu'on pourrait les appeler colibris lyriques.

Mais le véritable poëte des *Lieder* c'est M. Louis Uhland, né à Tubingen en 1787. Il vit maintenant à Stuttgard en qualité d'avocat. Cet écrivain a écrit un volume de poésies, deux tragédies, un traité sur *Walter von der Vogelweide* et un autre traité sur les troubadours français. Ce sont deux petites monographies qui témoignent d'études sérieuses sur le moyen âge. Les tragédies s'appellent *Louis le Bavarois* et *Ernest de Souabe*. Je n'ai pas lu la première, et l'on ne m'en a pas parlé comme de la meilleure. La seconde contient des beautés du premier ordre et exerce un grand charme par la noblesse des sentiments et la dignité de ses tendances. On sent là un doux souffle de poésie que l'on ne trouvera jamais dans les pièces qui récoltent tant d'applaudissements sur la scène. La vieille fidélité allemande, voilà le sujet du drame, et nous la voyons là, forte comme un chêne, défier toutes les tempêtes. Dans le lointain fleurit, à peine sensible, un amour allemand dont le parfum, doux comme celui des violettes, vous pénètre le cœur avec plus d'intimité que de force. Ce drame ou plutôt cette poésie a des passages qui comptent parmi les perles de notre littérature. Mais le public des théâtres a accueilli ce drame avec indifférence, ou plutôt il l'a mis de côté. Je n'en veux pas blâmer trop amèrement les bonnes gens du parterre. Ils ont certains besoins, et ils en demandent la satisfaction au poëte. Les productions d'un auteur ne doivent pas répondre aux sympathies de son propre cœur, mais bien aux exigences du public. Ce dernier ressemble tout à fait à ce bédouin affamé qui, au milieu du désert, croit avoir trouvé un sac rempli de pois, et qui l'ouvre précipitamment; mais hélas ! ce ne sont que des perles. Le public dévore avec volupté les pois secs de M. *Raupach* et les fèves de madame Birch-Pfeifer. Il n'a pas de goût pour les perles d'Uhland.

Comme il est très-vraisemblable que les Français ignorent ce que c'est que madame Birch-Pfeifer et M. Raupach, je dois les prévenir que ces deux auteurs forment un couple divin, comme Diane et Apollon, et sont les dieux les plus vénérés dans nos temples de l'art dramatique. Oui, M. Raupach est aussi digne d'être comparé à Apollon que la grosse et débraillée madame Birch-Pfeifer peut prétendre au titre de Diane. Quant à sa position sociale, cette Phœbé tudesque est comédienne au théâtre impérial de Vienne, et Phœbus-Raupach occupe à Berlin l'emploi de poëte du théâtre de S. M. le roi de Prusse. La première a déjà écrit une quantité de

drames où elle joue elle-même les rôles principaux. Et
ici je ne puis m'empêcher d'exposer un fait qui paraîtra
presque incroyable aux Français, c'est qu'un grand
nombre de nos acteurs sont en même temps poëtes et se
font eux-mêmes leurs pièces. On prétend que c'est
M. Louis Tieck qui est cause de ce sinistre. C'est lui qui fit
remarquer dans ses critiques que les comédiens pou-
vaient toujours mieux jouer dans une méchante pièce
que dans une bonne. Se basant sur un pareil axiome,
Messieurs les acteurs se hâtèrent de prendre la plume et
d'écrire drames, vaudevilles, comédies, tragédies, tant
et plus. Et il est devenu parfois difficile de décider si le
comédien écrivait mal sa pièce avec intention, pour pou-
voir y jouer bien, ou s'il jouait mal dans la pièce de sa
propre composition pour nous faire croire que l'œuvre
était bonne. Le comédien et le poëte, qui jusque-là
avaient eu entre eux des relations de bons collègues (à peu
près comme le bourreau et le patient), se firent alors
ouvertement la guerre. Les acteurs cherchèrent à chasser
les poëtes entièrement du théâtre, sous prétexte qu'ils
n'entendaient rien aux exigences des planches, ne com-
prenaient rien aux effets dramatiques et aux coups de
théâtre, et qu'eux seuls, les acteurs, ayant appris ces
choses par la pratique, savaient comment il fallait char-
penter et faire réussir une pièce. Les comédiens, ou bien,
comme ils se nomment de préférence, les artistes dra-
matiques, préféraient donc jouer dans leurs propres
pièces, ou du moins dans celles qu'un des leurs, un ar-

tiste, avait composées. Et dans le fait ces pièces répon-
daient à toutes leurs exigences, ils y trouvaient leurs
costumes favoris, leur poésie couleur de chair, leurs in-
génuités en tricot, leurs sorties à applaudissements,
leurs grimaces traditionnelles, leurs phrases clinquantes,
leurs ruses du métier, leur afféterie guindée, tout leur
attirail de cabotins : une langue qui n'est parlée que sur
les planches, des fleurs qui n'éclosent que sur ce sol
mensonger, des fruits qui ne mûrissent qu'aux lampions
de la rampe, une nature que n'anime jamais le souffle
de Dieu, mais bien celui du souffleur, une fureur qui
n'ébranle que les coulisses, une douce mélancolie avec
accompagnement de flûtes, une innocence fardée avec
l'abîme qui s'ouvre sous les pas du crime, des sentiments
de louage, des rires aigus, des sanglots échevelés, des
fanfares, etc., etc.

C'est ainsi qu'en Allemagne les acteurs se sont éman-
cipés des poëtes et même de la poésie. Ce n'est qu'à la
médiocrité qu'ils permettent d'aborder leur terrain, et
ils veillent soigneusement à ce qu'aucun vrai poëte ne
s'y glisse en déguisant son esprit. Par combien d'épreuves
M. Raupach n'a-t-il pas dû passer, avant de prendre pied
sur le théâtre. Et même encore maintenant ces Messieurs
le surveillent, et quand par hasard il écrit un morceau
qui n'est pas tout à fait mauvais, il lui faut bien vite
écrire une douzaine des plus misérables pièces, pour
échapper à l'ostracisme dramatique. Le mot «douzaine»
vous surprend peut-être. Il n'y a là aucune exagération.

Cet homme sait réellement écrire chaque année une douzaine de drames, et l'on est forcé d'admirer cette productivité. Mais comme le dit Jantjen d'Amsterdam, l'illustre prestidigateur, quand nous admirons ses tours d'adresse, il n'y a pas de sorcellerie, ce n'est que la vitesse.

C'est l'association d'idées qui naît du contraste, qui m'a fait tomber sur M. Raupach et sur madame Birch Pfeifer lorsque je voulais parler de M. Uhland. Mais quoique ce couple divin, notre Diane encore moins que notre Apollon, n'appartienne pas à la vraie littérature, encore devais-je en parler, puisqu'ils représentent le monde dramatique d'à présent.

Je suis maintenant dans un singulier embarras. Je ne puis mentionner les poésies de M. Louis Uhland sans en parler avec quelque étendue, et pourtant je suis dans une disposition d'esprit qui n'est nullement favorable à ce sujet. Le silence paraîtrait ici lâcheté sinon perfidie, et il se pourrait bien qu'une honnête et loyale franchise fût interprétée comme manque de charité. Dans le fait, les séides de la muse d'Uhland et les vassaux de sa gloire seront difficilement satisfaits de l'enthousiasme que j'ai à ma disposition aujourd'hui. Mais je les prie de prendre en considération le temps et le lieu où j'écris ces pages. Il y a vingt-cinq ans, j'étais adolescent, et alors avec quel engouement frénétique n'eussé-je pas célébré le bon et excellent Uhland ! Alors peut-être sentais-je mieux ses qualités, qui étaient au niveau de mon intelligence juvénile. Mais depuis, combien d'événements ne sont-ils pas arrivés! Ce qui me semblait si beau, ce monde féodal et sacerdotal, ces preux qui frappent de si grands coups d'épée, ces pèlerins de terre sainte, ces tournois, ces doux écuyers, ces chastes damoiselles, ces batailleurs scandinaves, ces troubadours, ces moines et ces nonnes, ces souterrains de castel aux terreurs mystérieuses, ces renoncements d'amour, ce tendre tintement des cloches et ces éternelles lamentations mélancoliques, combien j'en ai été dégoûté depuis! Mais jadis il n'en était pas ainsi. Que de fois, sur les débris du vieux château de Dusseldorf sur le Rhin, ne me suis-je pas assis et n'ai-je pas déclamé la belle romance d'Uhland :

« Le beau berger passait si près, si près du château du roi. La jeune fi le du haut des créneaux le vit, et elle fut prise d'un désir langoureux.

« Elle lui envoie une douce parole : — Oh! si je pouvais descendre près de toi! comme ils brillent là-bas, tes blancs agneaux et les petites fleurs rouges !

« Le jouvenceau lui répondit : — Oh! si tu pouvais descendre vers moi! comme ils brillent, tes bras blancs et tes joues roses!

« Et lorsque chaque matin il passe devant le château avec un doux émoi, il est là qui regarde jusqu'à ce qu'apparaisse en haut sa jeune bien-aimée.

« Alors joyeux il lui crie : — Soyez la bienvenue, jolie fille de roi. Sa douce voix lui répond : — Merci, mon berger.

« L'hiver s'est enfui, le printemps est arrivé. Les petites fleurs sont écloses tout alentour. Le berger se dirige vers le château, mais elle ne parut pas.

« Il crie si plaintivement : — Sois la bienvenue, jolie fille de roi.

Une lugubre voix d'esprit lui répond: — Adieu! toi qui fus mòn berger. »

Lorsque j'étais assis sur les ruines du vieux château, et que je déclamais cette romance, j'entendais parfois les Ondines du Rhin qui coule tout auprès, parodier mes paroles et soupirer et gémir sous les eaux avec un pathos moqueur :

« Une lugubre voix d'esprit lui répond: — Adieu! toi qui fus mon berger. »

Je ne me laissais pas troubler par ces espiégleries des nymphes du Rhin, même lorsqu'elles riaient aux plus beaux passages des poésies de Uhland. Je m'attribuais modestement à moi-même ces ricanements, surtout vers le soir, lorsque la nuit tombait, et que je déclamais à haute voix pour surmonter la frayeur mystérieuse que m'inspiraient les vieilles ruines. J'avais même ouï-dire dans mon enfance qu'il se promenait nuitamment en cet endroit une femme sans tête. Je croyais parfois entendre près de moi le frôlement de sa longue robe de soie, et mon cœur battait... Voilà le lieu et le temps où j'étais enthousiaste des poésies de M. Uhland. C'est ce même livre de poésies que je tiens encore entre mes mains; mais vingt ans se sont écoulés depuis, et j'ai beaucoup vu, beaucoup entendu. Je crois bien encore aux femmes sans tête; mais les anciennes apparitions nocturnes n'ont plus de prise sur mon âme. La maison que j'habite est située sur le boulevard Montmartre.

C'est là que viennent se briser et écumer les vagues les plus agitées du jour. C'est là qu'on entend vociférer les passions les plus modernes. Ça criaille, ça gronde, ça rugit! On bat le tambour, la garde nationale s'avance au pas de charge, et tout le monde parle français. Est-ce bien là le lieu où l'on peut lire les poésies d'Uhland? Je viens de réciter trois fois à moi-même la fin de la précédente poésie. Mais je ne ressens plus l'ineffable mélancolie qui me saisissait jadis à l'endroit de la fille de roi morte, quand le beau berger, qui ignore son trépas, lui crie d'une voix si plaintive : « Sois la bienvenue, jolie fille de roi! » Mais

« Une lugubre voix d'esprit lui répond : — Adieu! toi qui fus mon berger. »

Peut-être mon enthousiasme pour ces sortes de poésies s'est refroidi depuis que j'ai fait l'expérience qu'il y a des amours bien plus douloureuses que l'amour de celui qui ne possède jamais l'objet aimé ou qui le perd par la mort. En effet, on souffre bien plus quand cet objet aimé repose nuit et jour dans nos bras, mais qu'il sait nous tourmenter nuit et jour par une opposition têtue et des caprices continuels, de telle manière que nous repoussons à la fin loin de notre cœur celle que ce pauvre cœur aime le mieux, et que nous sommes obligés de la conduire à la cour des Messageries et de l'aider nous-mêmes à monter en diligence pour aller se promener dans son pays. —

« Adieu! jolie fille de roi. »

Oui, plus douloureuse que la séparation par la mort, est la séparation par la vie, comme, par exemple, et quand la bien-aimée, par une obstination qui tient de la folie, veut absolument aller à un bal où un jeune Allemand qui se respecte n'oserait jamais l'accompagner, et, qu'attiffée d'une robe décolletée, à volants de mille couleurs, et avec une frisure mutine, elle prend le bras du premier galopin venu, et nous tourne le dos :

« Adieu! toi qui fus mon berger. »

Peut-être en est-il advenu à M. Uhland tout comme à nous ; ses inspirations ont dû aussi changer, et, à peu d'exceptions près, il n'a pas mis au jour de nouvelles poésies. Je ne crois pas que cette belle âme de poëte ait été si mincement dotée de la nature, qu'elle n'ait eu qu'un printemps. Non, je m'explique le silence de M. Uhland par l'opposition que les inclinations de sa muse ont dû trouver dans les exigences de sa position politique. Le poëte élégiaque qui savait chanter dans de belles romances et de belles ballades le passé catholico-féodal, l'Ossian du moyen âge, est devenu, dans l'Assemblée des États de Wurtemberg, un zélé défenseur des droits du peuple, un tribun hardi de l'égalité civile et de la liberté. M. Uhland a prouvé la pureté et le bon aloi de ses sentiments démocratiques et protestants, par les sacrifices personnels qu'il leur a faits. Si jadis il avait mérité le laurier des poëtes, maintenant il mérite aussi la couronne de chêne de la vertu civique.

Mais justement parce qu'il était si loyal et si convaincu des droits du présent, il ne pouvait plus entonner avec l'enthousiasme d'autrefois la vieille chanson du vieux temps, et comme son Pégase était un fier destrier qui aimait à caracoler dans le passé, et qui se câbrait ou ne bougeait plus dès qu'il s'agissait d'avancer dans la vie moderne, le bon et excellent M. Ulhand a mis pied bas, et, en souriant, il a fait desseller et reconduire à l'écurie sa rétive monture. Elle y est restée jusqu'au présent jour, et comme son fameux collègue, le cheval de Bayard, elle a toutes les qualités possibles et un seul défaut, c'est qu'elle est morte.

On prétend que des yeux exercés ont découvert depuis longtemps que ce haut destrier avec ses couvertures armoriées et ses magnifiques panaches n'avait pas toujours été en harmonie avec son cavalier roturier, qui, au lieu de bottes à éperons d'or, n'avait pour chaussures que des souliers aux modestes boucles d'acier d'un bourgeois de Tubingue, et dont la tête, au lieu d'un casque, ne portait qu'un bonnet de docteur en droit. Ils assurent avoir remarqué que M. Uhland n'a jamais pu se mettre entièrement d'accord avec son thème, qu'il ne rend pas dans toute leur vérité saisissante le coloris du moyen âge et ses sons naïfs et puissants jusqu'à la crudité, mais qu'il les décompose plutôt dans une mélancolie maladive, qu'il a amolli les accents énergiques et héroïques des traditions populaires du Nord, pour les rendre plus appétissantes au goût du public moderne. Et dans le fait, quand on regarde de près les femmes de M. Uhland, ce ne sont que de belles ombres, un clair de lune incarné, ayant du lait dans les veines et dans les yeux de douces larmes, c'est-à-dire des larmes sans sel. Si l'on compare les chevaliers d'Uhland avec ceux des vieux chants, on voit qu'ils ne consistent qu'en armures de fer-blanc remplies de fleurs au lieu d'os et de chair. Les chevaliers d'Uhland ont ainsi un parfum bien plus sentimental pour les nez délicats de nos jours que les anciens preux de la Germanie, qui portaient des culottes de véritable fer épais, mangeaient beaucoup et buvaient davantage.

Mais tout cela n'est pas un reproche. M. Uhland n'a jamais voulu faire passer sous nos yeux la véritable Allemagne d'autrefois; il n'a peut-être voulu nous charmer que par une reproduction aussi superficielle qu'inoffensive, et il laisse toutes ces douces images se refléter paisiblement dans le mirage crépusculaire et tendre de son esprit. Cela donne encore à ses poésies un charme particulier, et lui a peut-être valu l'affection de bien des hommes d'un tempérament doux et bon. Les tableaux du passé exercent leur charme, quelque décolorée que soit la peinture; même les hommes qui ont pris parti pour la vie positive, conservent toujours de secrètes sympathies pour la légende des anciens jours. Ces voix qui viennent à nous comme des chants d'esprits nous émeuvent singulièrement, même par leur plus faible écho. Et l'on comprendra facilement que les bal-

lades et les romances de notre bon et excellent
M. Uhland aient trouvé un si favorable accueil, non-
seulement près des patriotes de 1813, des jeunes gens
rêveurs et des jeunes filles amoureuses, mais même près
d'organisations plus robustes et qui aspiraient à une vie
nouvelle.

J'ai ajouté au mot patriote la date de 1813, pour les
distinguer des amis de la patrie d'aujourd'hui. Ces an-
ciens patriotes doivent faire leur plus douce jouissance
de la muse d'Uhland, puisque une grande partie de ses
poésies sont imbues de tout l'esprit d'une époque où eux-
mêmes rayonnaient dans tout l'éclat de la jeunesse,
et où fleurissaient leurs espérances printanières. Cette
sympathie pour les poésies d'Uhland, ils la transmirent
à leurs sectateurs, et l'emplète d'un exemplaire des poé-
sies uhlandoises était œuvre de patriotisme pour les jeu-
nes gens qui s'adonnaient aux exercices gymnastiques
fondés alors par le gallophobe Jahn pour régénérer le
physique de la nation allemande. Ils trouvaient chez
Uhland des poésies que Max de Schenkendorf et M. Er-
nest Moritz Arndt n'eussent pas mieux composées. Et,
en effet, quel est le petit-fils d'Arminius, prince des
Chérusques, et de la blonde Thusnelda, qui ne serait
pas édifié par cette chanson d'Uhland :

« En avant ! toujours et toujours ! La Russie a lancé ce cri plein
de fierté : En avant !

« La Prusse l'a entendu, l'a entendu avec plaisir et répète : En
avant !

« Debout, puissante Autriche ! En avant ! fais comme les autres
En avant !

« Debout, vieille Saxe ! Toujours en avant, en vous donnant la
main ! En avant !

« Bavière, Hesse, imitez-les ! Souabe, Franconie, portez-vous sur
le Rhin ! En avant !

« Dieu te salue, Confédération helvétique ! Alsace, Lorraine,
Bourgogne ! En avant !

« En avant Espagne, Angleterre ! Tendez la main à vos frères !
En avant !

« En avant ! toujours et toujours ! Bon vent et port prochain ! En
avant !

« En avant ! voilà le nom de votre général ! En avant ! vaillants
vainqueurs ! En avant !

Le général à laquelle cette chanson fait allusion est
Blücher, le fameux troupier.

Je répète que la génération de 1813 trouve dans les poé-
sies d'Uhland l'esprit de son temps conservé de la manière
la plus précieuse, et non-seulement pour la politique,
mais même pour les tendances morales et esthétiques
M. Uhland représente toute une période, et seul, à cette
heure, il la représente, puisque tous les autres sont tom-
bés dans l'oubli, et se résument réellement tous dans
cet écrivain. Le ton qui règne dans les *Lieder*, les bal-
lades, les romances d'Uhland est le ton de tous ses con-
temporains romantiques, et quelques-uns d'entre eux
ont fait, sinon mieux, du moins tout aussi bien. Il les
surpasse moins par sa valeur poétique que par la supé-
riorité de la forme. En effet, quel excellent poëte n'est
pas le baron d'Eichendorf. Les poésies dont il a entre-

mêlé son roman, *Pressentiment et Réalité*, ne diffèrent en rien des poésies d'Uhland, et même des meilleures. Toute la différence consiste seulement dans la fraîcheur plus verdoyante, la vérité plus limpide des poésies d'Eichendorf. M. Justin Kerner, qui n'est presque pas connu, mérite aussi une mention honorable. Il a composé les *Lieder* les plus charmants. C'est un compatriote de M. Uhland. Il en est de même de M. Gustave Schwab, poëte plus célèbre, qui fleurit aussi dans la belle Souabe, et qui, chaque année encore, nous envoie le parfum de jolies poésies. Il a un talent particulier pour la ballade, et il a chanté dans cette forme des légendes du pays, dont l'effet est le plus heureux. Wilhelm Müller, que la mort nous a ravi dans la plénitude et la sérénité de sa jeunesse, doit aussi être nommé. Dans l'imitation des chants populaires, il est tout à fait à l'unisson avec M. Uhland, et il me semble même que sur ce terrain il a été souvent plus heureux, et qu'il l'a surpassé par des accents de vérité. Il s'était plus profondément inspiré de l'esprit des vieux chants populaires, et il n'avait pas besoin d'en imiter les formes, l'extérieur. Chez lui, nous trouvons un maniement plus facile des transitions et une sobriété plus chaste dans l'imitation des vieilles tournures et des expressions surannées. Je dois rappeler le souvenir de feu Wetzel, qui est oublié maintenant. Lui aussi a une affinité avec notre excellent Uhland, qu'il surpasse en douceur et en effusion intime dans quelques poésies que j'ai lues. Ces poésies, moitié fleurs, moitié papillons, sont éparpillées, avec tout leur parfum et leur délicieuse folâtrerie, dans quelques almanachs que M. Brockhaus publie sous le nom d'Urania. Que M. Clément Brentano ait composé ses *Lieder* dans le même ton et dans le même sentiment que M. Uhland, cela se comprend naturellement. Ils ont puisé à la même source, aux chants populaires, et ils nous offrent la même boisson; seulement le vase, la forme est plus travaillée chez M. Uhland. Pour Adalbert de Chamisso, je ne devrais pas en parler. Quoique contemporain de l'école romantique, aux mouvements de laquelle il a pris part, le cœur de cet homme s'est tellement rajeuni dans ces derniers temps, qu'il a trouvé des sujets tout modernes, qu'il s'est fait valoir comme un des poëtes les plus originaux de notre temps, et qu'il appartient bien plus à la nouvelle qu'à la vieille Allemagne. Mais dans les poésies de sa première manière se joue le même souffle que nous respirons dans les poésies d'Uhland, le même ton, la même couleur, le même parfum, la même mélancolie, la même larme. Les larmes de Chamisso sont peut-être plus touchantes, parce qu'elles jaillissent d'un cœur plus fort, comme une source qui sort d'un rocher.

Les poésies que M. Uhland a composées dans les mètres méridionaux sont aussi les sœurs des sonnets, des assonnances, des *ottavérime* de ses confrères de l'école romantique, et il est impossible de les en distinguer quant à la forme et au fond. Mais, comme je l'ai dit, la plupart de ses contemporains tombèrent dans l'oubli. Nous ne les trouvons plus qu'en faisant des recherches dans des recueils dont on ne parle plus, comme, par exemple, la *Forêt des Poëtes*, le *Pèlerinage des chantres*, dans quelques almanachs de muses que MM. Tieck et Fouqué ont édités dans de vieilles revues, particulièrement dans la *Solitude consolatrice* d'Achim d'Arnim, et dans la *Baguette divinatoire*, rédigée par Henri Straube et Rodolphe Christiani, dans les journaux d'autrefois, et Dieu sait encore où!

M. Uhland n'est pas le père d'une école, comme Schiller ou Goëthe, ou tel autre, de l'individualité desquels ressortait un accent particulier qui trouva son écho dans les poésies des contemporains. M. Uhland n'est pas le père, mais bien le fils d'une école qui lui a donné le ton. Et ce ton même n'appartient pas originairement à cette école, puisqu'elle l'a trouvé dans les œuvres des vieux poëtes qu'elle a laborieusement déterrés. Mais, comme compensation à ce manque d'originalité, M. Uhland présente une foule de bonnes qualités qui resteront toujours estimables. Il est l'orgueil de l'heureuse Souabe, et tout homme qui parle la langue allemande se réjoui de cette noble âme de poëte. Comme la plupart des poëtes lyriques de l'école romantique se résument en lui, nous pouvons les aimer et vénérer dans le seul Uhland. Et nous le vénérons et l'aimons peut-être d'autant plus qu'il entre pour nous dans le domaine du passé.

TABLE DU TOME PREMIER

Paris.—Typ. de Mᵐᵉ Vᵉ DONDEY-DUPRÉ, r. St-Louis, 46

www.ingramcontent.com/pod-product-compliance
Lightning Source LLC
Chambersburg PA
CBHW050313030726
47505CB00003B/687